BIBLIOTHÈQUE SCIENTIFIQUE CONTEMPORAINE

SCIENCE ET RELIGION

PAR

TH. HUXLEY

Membre de la Société royale de Londres
Correspondant de l'Institut de France

PARIS
LIBRAIRIE J.-B. BAILLIÈRE ET FILS
19, RUE HAUTEFEUILLE, près du boulevard Saint Germain

—

1893

BIBLIOTHÈQUE SCIENTIFIQUE CONTEMPORAINE

SCIENCE ET RELIGION

DU MÊME AUTEUR

Les sciences naturelles et l'éducation. 1891. 1 vol. in-16 de 320 pages (*Bibliothèque scientifique contemporaine*).. 3 fr. 50

La place de l'homme dans la nature. 1892. 1 vol. in-16 de 360 pages, avec 84 figures (*Bibliothèque scientifique contemporaine*).. 3 fr. 50

Les problèmes de la géologie et de la paléontologie. 1892. 1 vol. in-16 de 312 pages, avec figures (*Bibliothèque scientifique contemporaine*).................................. 3 fr. 50

Les problèmes de la biologie. 1892. 1 vol. in-16 de 316 pages (*Bibliothèque scientifique contemporaine*).............. 3 fr. 50

L'évolution et l'origine des espèces. 1892. 1 vol. in-16 de 344 pages, avec 20 figures (*Bibliothèque scientifique contemporaine*).. 3 fr. 50

Science et religion. 1893. 1 vol. in-16 de 400 pages (*Bibliothèque scientifique contemporaine*)......................... 3 fr. 50

Les éditions françaises des œuvres de Th. HUXLEY qui font partie de la *Bibliothèque scientifique contemporaine* ont été publiées par M. Henry DE VARIGNY, docteur ès sciences.

Tours, imprimerie Deslis Frères, rue Gambetta. 6.

SCIENCE ET RELIGION

PAR

TH. HUXLEY

Membre de la Société royale de Londres
Correspondant de l'Institut de France

PARIS
LIBRAIRIE J.-B. BAILLIÈRE ET FILS
19, RUE HAUTEFEUILLE, près du boulevard Saint-Germain
1893

SCIENCE & RELIGION

INTRODUCTION

> « Le plus grand service qu'on puisse rendre à la science est d'y faire place nette avant d'y rien construire. »
>
> CUVIER.

La plupart des Essais compris dans ce volume ont été écrits, au cours des six ou sept dernières années, sans préméditation ni intention de les relier ensemble, en réponse à des attaques contre des doctrines que je tiens pour bien établies, ou pour réfuter des affirmations concernant le domaine des sciences de la nature, que je crois erronées. Ces Essais portent la marque de leur origine dans le ton de polémique qui les imprègne.

Je pense qu'on peut dire des polémiques, comme d'autres espèces de guerres, qu'elles sont souvent utiles, quelquefois nécessaires, et toujours plus ou moins nuisibles. La polémique est utile quand elle attire l'attention sur des sujets qui pourraient, sans elle, être négligés, et lorsque, ainsi qu'il arrive quelquefois, ceux qui sont venus pour assister à la lutte se mettent à réfléchir. Elle est nécessaire, quand les intérêts de la vérité et de la justice sont en jeu. Elle est nuisible, en ce que la controverse tend toujours à dégénérer en querelle, à dévier de la question du vrai et du faux pour tomber dans la très petite question de savoir qui a raison et qui a tort. J'ose espérer que les attributs utiles et nécessaires dans cette discussion ont été plus en lumière que le côté plus étroit, quand ces articles ont été publiés pour la première fois ; j'ai eu, pourtant, quelque hésitation à les réimprimer. Pour ma part, je trouve peu de ragoûts littéraires moins appétissants qu'une controverse refroidie. Il y a plus, il y a quelque chose de déloyal à présenter un seul côté de la discussion, et il y a peu de charité à reproduire des « paroles ailées » qui, quelque appropriées qu'elles fussent au temps où elles furent prononcées, seraient plus justement vouées à l'oubli.

Pourtant, puisque je ne pouvais m'attendre à ce que ceux qui m'ont honoré de leur polémique m'eussent permis, pour donner à cette collection un plus grand lustre, d'y présenter leurs élucubrations à côté des miennes, et comme il serait manifestement injuste de priver leurs fréquentes vivacités de langage de la justification que de semblables libertés de ma part leur donneraient, j'ai fini par conclure que ce que j'avais de mieux à faire était de laisser les Essais tels qu'ils avaient été écrits [1], donnant à mes honorables adversaires l'assurance que la chaleur dont il peut rester quelques signes avait été produite, selon la loi de la conservation de l'énergie, par la force de leurs propres

[1] A quelques exceptions près, qui sont d'ailleurs citées, quand elles sont plus qu'une simple modification verbale,

coups, et qu'elle s'est, depuis longtemps, dissipée dans l'espace.

L'expérience a vite appris aux hommes que les scènes changeantes du théâtre du monde ont un fond permanent ; qu'il y a de l'ordre au milieu de l'apparente confusion, et que beaucoup d'événements ont lieu selon des règles inflexibles. Ils ont donné le nom de « Nature » à cette région de régularité familière et habituelle. Mais, en même temps, leur raison enfantine, que rien ne gouvernait, et qui n'était guère encore que la compagne de jeu de l'imagination, les amena à croire que ce monde tangible, banal, méthodique de la Nature était environné et comme pénétré par un autre monde intangible et mystérieux, qui n'était pas plus lié par des règles fixes que, leur semblait-il, les pensées et les passions qui traversaient leur esprit et semblaient exercer un empire intermittent et capricieux sur leur corps. Ils attribuaient aux entités, dont ils peuplaient cette région obscure et terrible, une somme illimitée de cette puissance apte à modifier le cours des événements dont eux-mêmes avaient une petite part ; et, de la sorte, ils en vinrent à les considérer comme étant non seulement au-delà, mais au-dessus de la Nature.

De là naquit la conception d'un « Surnaturel », par opposition à la « Nature », le premier dualisme d'un monde naturel « à destinée fixe » et d'un monde surnaturel abandonné au jeu libre d'une volonté ; conception qui a envahi toutes les spéculations postérieures, et qui, durant des milliers d'années, a exercé une influence profonde sur la pratique ; car il est évident que, d'après cette théorie de l'Univers, il faut, pour réussir dans la conduite de la vie, donner une attention sérieuse aux deux mondes ; et, s'il en faut négliger un, il est moins dangereux que ce soit celui de la Nature. En toute circonstance donnée, il est, sans doute, désirable de savoir ce que l'on peut attendre, au cours ordinaire des choses ; mais il est tout aussi nécessaire d'avoir quelque connaissance de la ligne de conduite que peuvent suivre des agents surnaturels capables et peut-être désireux de suspendre ou de renverser cet ordre. En réalité, quand on la développe logiquement, la théorie dualistique doit nécessairement aboutir à une préoccupation presque exclusive du Surnaturel et à l'idée que sa force dirigeante s'exerce en faveur de ceux qui s'entendent bien avec ses agents.

D'autre part, les leçons de l'expérience semblent à peine s'accorder avec cette conclusion. Elles enseignent, avec beaucoup de netteté, qu'il en coûte de négliger la Nature, et que, tout compte fait, plus les hommes se soumettent à ses lois, et mieux ils s'en trouvent.

L'antithèse théorique a produit un antagonisme pratique. Dès les temps les plus reculés dont nous avons connaissance, le Naturalisme et le Surnaturalisme ont, consciemment ou inconsciemment, lutté l'un contre l'autre ; et les fortunes diverses de leurs combats sont inscrites dans les annales du cours de la civilisation, à partir de celles de l'Égypte et de la Babylonie, il y a six mille ans, jusqu'à celles de notre temps et de notre pays.

Ces annales nous apprennent que, tant que les hommes ont écouté la Nature, ils ont été payés de leurs peines. Ils ont développé les arts qui fournissent les conditions de la vie civilisée, et les sciences qui leur ont progressivement révélé la réalité, leur procurant la meilleure discipline intellectuelle, pour découvrir méthodiquement la vérité. Ils ont accumulé une masse considérable de connaissances universellement acceptées; et les conceptions de l'homme et de la société, de la morale et de la loi, qui sont basées sur ces connaissances, sont, de plus en plus, chaque jour, reconnues, soit ouvertement, soit tacitement, comme les fondements des actions droites.

L'Histoire nous dit aussi que le champ du Surnaturel a récompensé le labeur de ses cultivateurs par une moisson, non moins exubérante peut-être, mais d'une espèce différente. Il a produit une diversité presque infinie de religions. Ces dernières, si nous en séparons les concomitants éthiques sur lesquels la connaissance naturelle a aussi des droits, se composent de documents sur le Surnaturel; elles nous parlent des attributs d'êtres surnaturels, de leurs rapports avec la Nature, et des actes par lesquels on peut s'assurer ou éviter leur intervention, dans le cours ordinaire des événements. Il ne semble pas, cependant, que les surnaturalistes soient parvenus à s'entendre sur ces sujets, ni que l'Histoire indique une extension de l'influence du Surnaturalisme sur la pratique, au cours du temps. Au contraire, les religions, dans une grande mesure, s'excluent réciproquement; et leurs adhérents semblent prendre plaisir à s'accuser les uns les autres, non seulement d'erreurs, mais de crimes méritant et entraînant des punitions d'une sévérité infinie. De plus, en opposition singulière avec les connaissances naturelles, les rapports de l'Humanité avec le Surnaturel semblent avoir été plus étendus et plus exacts, et l'influence des doctrines surnaturelles sur la conduite plus grande en proportion de l'éloignement des temps et de l'infériorité de la phase de civilisation considérée. Le fait est qu'il paraîtrait exister un rapport inverse entre la connaissance naturelle et la connaissance surnaturelle. A mesure que la première s'est étendue, est devenue plus exacte et plus digne de foi, la dernière s'est repliée, est devenue vague et discutable; pendant que l'une remplissait de plus en plus le champ de l'action, l'autre se retirait dans la méditation, ou s'évanouissait derrière le paravent des mots.

Cette différence entre les destinées du Naturalisme et celles du Surnaturalisme est-elle un signe de progrès ou de décadence de l'Humanité? montre-t-elle que nous nous éloignons ou que nous nous rapprochons de la vie supérieure? Chacun a, là-dessus, son opinion. Le point sur lequel j'appelle l'attention, c'est que cette différence existe et se fait sentir. Les hommes commencent à comprendre que l'évolution historique de l'Humanité, que l'on considère généralement, et non sans raison, je pense, comme un progrès, a été et est encore accompagnée par une élimination proportionnelle du Surnaturel de sa place primitivement si grande dans la pensée de l'homme. La question de savoir jusqu'où ce processus doit continuer est, à mon sens, la question du temps où nous vivons.

La discussion sur ce sujet — discussion prolongée, amère, où les armes de la chair aussi bien que celles de l'esprit ont été employées — n'est pas chose nouvelle pour les Anglais. Ils s'en sont plus ou moins occupés pendant les cinq derniers siècles. Et, durant ce laps de temps, ils ont fait des tentatives pour établir un *modus vivendi* entre les antagonistes, dont quelques-unes ont eu une influence étendue, bien que par malheur aucune n'ait donné satisfaction d'une manière universelle et permanente.

Au XIVe siècle, la question en litige était de savoir si certaines parties du Surnaturalisme du Christianisme du moyen âge reposaient sur des bases sérieuses. John Wicliff proposa une solution du problème qui, au cours des deux siècles suivants, acquit une popularité étendue et une grande importance historique : les Lollards, les Hussites, les Luthériens, les Calvinistes, les Zwingliens, les Sociniens et les Anabaptistes, quelles que fussent leurs divergences d'opinion, s'accordaient pour proposer de réduire le surnaturel du Christianisme aux limites que sanctionnaient les Écritures. Aucun des chefs du Protestantisme n'a mis en question l'origine surnaturelle et l'autorité infaillible de la Bible, ni l'exactitude de l'exposé du monde surnaturel donné dans ses pages. En réalité, ils ne pouvaient se permettre des doutes sur ces articles de foi, puisque la Bible infaillible était le point fixe du levier avec lequel ils s'efforçaient de renverser le siège de saint Pierre. La « liberté de jugement personnel » qu'ils proclamaient ne signifiait, en pratique, pas autre chose que la permission pour eux de s'affranchir du jugement public de l'Église romaine, en ce qui concernait les canons et le sens attaché aux paroles des livres canoniques. Le « jugement personnel » — c'est-à-dire la raison — était (au moins théoriquement) libre de décider quels livres devaient ou ne devaient pas prendre rang dans les « Écritures », et de déterminer le sens d'un passage quelconque de ces livres. Mais ce sens, une fois accepté par l'esprit du sectaire, devait passer pour vérité pure, — pour la parole même de Dieu. L'efficacité, dans la controverse, du principe de l'infaillibilité biblique se trouvait dans le fait que les adversaires conservateurs des réformés n'étaient pas en mesure d'y contrevenir sans s'embarrasser dans des difficultés sérieuses ; d'autre part, les Papistes et les Protestants étant d'accord pour efficacement fermer la bouche des critiques plus radicaux, ceux-ci ne comptaient pas.

L'impuissance de leurs adversaires, toutefois, ne détruisit pas la faiblesse inhérente à la position des Protestants. Le dogme de l'infaillibilité de la Bible n'est pas plus évident que celui de l'infaillibilité du Pape. Si l'un est soutenu par la « foi », il en va de même pour l'autre. Si le dernier peut être accepté ou rejeté par le jugement personnel, pourquoi l'autre ne le serait-il pas ? Si même la Bible affirmait sa propre infaillibilité, on ne voit pas quelle valeur cette affirmation pourrait avoir pour ceux qui discutent la question. Si, d'autre part, l'infaillibilité de la Bible reposait sur celle d'une « Église primitive », il serait extrêmement gênant pour ceux qui nient son infaillibilité actuelle d'admettre que l'« Église » a été autrefois infaillible. En outre, on n'eut pas plus tôt mis en pratique le principe protestant que l'on s'aperçut que même un texte infaillible, quand il est interprété par le jugement personnel, peut encourager impartialement des déductions contradictoires et fournir des symboles et des confessions de foi aussi divers que la qualité et le savoir des intelligences qui portent de tels jugements, et les préjugés et les passions qui les inspirent. Chaque secte, pleine de confiance dans l'infaillibilité de matériaux infaillibles subtilement interprétés, était prête à fournir son contingent de martyrs et à donner à l'Histoire une preuve de plus que la fermeté à soutenir la persécution prouve bien la sincérité et la persévérance du croyant, mais très peu la vérité objective de ce à quoi il croit. Il n'est pas de martyrs qui aient scellé leur foi de leur sang avec plus de courage que les Anabaptistes.

Enfin, et ce n'est pas là le moins important, le principe protestant contenait en lui-même les germes de la destruction de la finalité que les autres églises protestantes, Luthérienne, Calviniste et autres, se flattaient d'avoir déjà atteinte. Leurs symboles étant *ex professo* basés sur les Écritures canoniques, il s'ensuivait qu'en fin de compte celui qui établissait le canon définissait la profession de foi. Si le jugement personnel de Luther pouvait conclure légitimement qu'il fallait laisser de côté l'Épître de saint Jacques, tandis que les Épîtres de saint Paul contenaient l'essence même du Christianisme, il doit être permis à quelque autre jugement personnel de prendre le contre-pied de ces conclusions. Le processus de critique qui excluait les livres apocryphes ne pouvait être empêché, à tout le moins par des gens qui rejetaient l'autorité de l'Église, d'étendre ses opérations à Daniel, aux Cantiques et à l'Ecclésiaste; et, arrivé là, il n'était pas facile d'invoquer une seule bonne raison pour arrêter les progrès de la critique. En réalité, le développement logique du Protestantisme ne pouvait manquer de mettre l'autorité des Écritures aux pieds de la Raison, et, entre les mains des latitudinaires et des théologiens rationalistes, le despotisme de la Bible fut bientôt converti en une monarchie très limitée. Tout en étant traitée avec autant de respect qu'auparavant, la sphère de son autorité pratique fut réduite au minimum, et ses décrets ne furent déclarés valables qu'à condition d'être contresignés par le sens commun, le ministre responsable.

Les champions du Protestantisme ont assez coutume d'exalter la Réformation du XVIe siècle comme étant l'émancipation de la Raison ; mais il est permis de douter que leur prétention ait des bases solides, tandis qu'il y a beaucoup de raisons de croire que les aspirations vers la liberté intellectuelle n'ont eu aucune part à ce mouvement. Le Dante, qui a porté à la Papauté des coups aussi rudes que ceux de Wicliff, Wicliff même et Luther aussi, quand ils commencèrent leur œuvre, étaient bien loin de vouloir toucher même aux dogmes les plus irrationnels du Surnaturalisme du moyen âge. De Wicliff à Socin, ou même à Münzer, Rothmann et Jean de Leyde, je ne découvre aucune trace du désir d'affranchir la raison. Tout au plus peut-on découvrir la proposition de changer de maître. D'esclave de la Papauté, l'esprit devait devenir serf de la Bible; ou, pour parler plus exactement, serf de l'interprétation qu'en donnait un homme qui, passant rapidement de l'attitude humble de celui qui émet un jugement personnel à l'arrogance d'un Pape-César, chef d'une foi d'État, n'hésitait pas plus que l'ancienne papauté du Pontife à supprimer de force les jugements personnels et les juges qui lui faisaient opposition.

C'étaient les iniquités, et non les déraisons du système papal, qui étaient au fond de la révolte des laïques, qui, essentiellement, fut une tentative pour secouer l'intolérable fardeau de certaines déductions pratiques d'un Surnaturalisme auquel, en principe, chacun acquiesçait. Que gagnait donc la liberté intellectuelle en abolissant la transsubstantiation, le culte des images, les indulgences, l'infaillibilité ecclésiastique, si la consubstantiation, les mystifications de la présence réelle ou non réelle, la bibliolâtrie, les prétentions à la « lumière intérieure », et la démonologie, qui sont les fruits du même arbre surnaturalistique, continuaient à jouir du soutien spirituel et temporel d'une infaillibilité nouvelle? On ne délivre point un prisonnier en grattant la rouille de ses fers.

Peut-être demandera-t-on si la Réforme n'est point un des produits de cette grande explosion d'activité mentale libre, et à faces diverses, que l'on a désigné sous le nom générale de *Renaissance?* Mélanchton, Ulrich de Hutten, de Bèze n'étaient-ils pas tous humanistes? et l'humaniste par excellence, Érasme, n'était-il pas le premier fauteur de la Réforme, jusqu'au moment où, effrayé, il la déserta lâchement ?

On pourrait croire, au langage des historiens protestants, qu'ils oublient souvent que Réforme et Protestantisme ne sont nullement des termes convertibles. Il y a eu beaucoup de réformateurs sincères et vraiment zélés avant, pendant et après la naissance et le développement du Protestantisme, qui ne voulaient rien avoir de commun avec lui. Nul doute que la renaissance de la science et des arts, que l'agrandissement du champ de la nature par les découvertes géographiques et astronomiques, la révélation des nobles types de la littérature ancienne par le réveil de l'érudition classique, l'ébranlement que subit la pensée, dans toutes les classes de la société, par la découverte de l'imprimerie, n'aient relâché les liens traditionnels et affaibli la puissance du Surnaturalisme du moyen âge. Les Humanistes, dans l'intérêt de la culture libérale et du bien-être de la nation, se prêtaient volontiers à tout ce qui tendait à dérouter leurs ennemis jurés, les moines, et ils appuyaient volontiers tout mouvement tendant à l'affaiblissement de l'intervention ecclésiastique dans la vie civile. Mais cet ennemi commun était le seul lien véritable entre l'humaniste et le protestant ; leur alliance devait, fatalement, être de courte durée et remplacée tôt ou tard par l'état de guerre. Le but des Humanistes, qu'ils en eussent conscience ou non, était d'atteindre à la liberté intellectuelle complète du philosophe de l'antiquité, ce qui était le comble de l'horreur pour un Luther, un Calvin, un de Bèze, ou un Zwingle.

L'explication de la conduite d'Érasme me semble se trouver dans ce fait. A la vérité, l'homme ne manquait pas de faiblesses; il le savait et ne se vantait point d'être un héros. Mais il n'a jamais abandonné le mouvement réformateur qu'il avait primitivement eu en vue ; et il n'a pas pu abandonner la Réforme protestante à laquelle il ne prit jamais part. C'était essentiellement un libéral en théologie, et le Radicalisme lui était aussi odieux qu'il l'est à tous les libéraux; ou, pour emprunter aux temps modernes une comparaison encore plus appropriée, c'était un *broad churchman* qui refusait également de s'associer aux fanatiques de la *High Church* ou de la *Low Church*[1], et qui, par suite, était traité des deux côtés de poltron, de courtisan et de traître.

Il y avait pourtant un fond de raison dans la remontrance pathétique, où il dit ne pas voir pourquoi il est obligé de devenir martyr pour ce à quoi il ne croit pas ; et il me semble que la considération impartiale des circonstances et des conséquences de la Réforme protestante justifient assez la conduite qu'il a tenue.

Peu d'hommes étaient mieux à même que lui de connaître l'état de l'Europe, nul ne pouvait être plus compétent pour sonder la légèreté intellectuelle et l'inconséquence de la critique du Catholicisme par les Protestants, et pour réduire à sa juste valeur l'illusion que les eaux, mises en liberté par la Renaissance, se

[1] La *High Church* est la plus voisine du catholicisme (anglicatholicisme) et la *Low Church* s'en éloigne plus. La *Broad Church* tend au rationalisme libéral. (Trad.)

calmeraient dans les impasses du nouvel Ecclésiasticisme. Le bâtard, autrefois pauvre étudiant, puis moine, devenu l'ami des évêques et des princes, reçu à tous les degrés de la société, ne pouvait manquer d'apercevoir la gravité de la position sociale, des dangers imminents causés par la débauche et l'indifférence des classes gouvernantes, non moins que par les tendances anarchiques du peuple qui gémissait sous leur oppression. Le voyageur qui avait vécu en Allemagne, en France, en Angleterre, en Italie, et qui comptait pour amis les hommes les plus influents de chacun de ces pays, ne pouvait guère se tromper sur le nombre des forces énormes dont disposait encore la Papauté. Si mauvais que fussent les hommes d'Église, les hommes d'État étaient pires ; et un caractère bien moins optimiste que celui d'Érasme n'eût aperçu aucun espoir pour l'avenir, à moins d'affranchir les établissements multiples de l'Église des corruptions qui, seules, pensait-il, l'empêchaient d'être aussi bienfaisante que puissante. La large tolérance du savant et de l'homme du monde pouvait à bon droit se révolter contre le ruffianisme, si gaillard qu'il fût, d'une des grandes lumières du Protestantisme, et contre le fanatisme étroit, bien que savant et logique de quelques autres ; et pour un penseur prudent, qui, quels que fussent ses manquements, estimait à toute sa valeur l'idéal éthique de l'Évangile chrétien, la question pouvait se poser de savoir s'il valait la peine d'amener un déluge politique et social dont nul ne pouvait prévoir le terme, dans l'unique but de mettre les Luthériens, les Zwingliens, et autres à la place de celui qui réclamait la succession des richesses spirituelles du Pêcheur galiléen.

Supposons que, au commencement du mouvement luthérien et zwinglien, une vision de ses conséquences immédiates eût été accordée à Érasme. Imaginez que le spectre de l'insurrection violente du Communisme anabaptiste, qui ouvrit l'Apocalypse, fût suivi de la procession ténébreuse du règne de la Terreur et de la spoliation en Angleterre, et du meurtre juridique de ses amis, More et Fisher; qu'il pût pressentir l'amère tyrannie du Cléricalisme évangélique à Genève et en Écosse; la longue agonie des guerres religieuses, des persécutions et des massacres qui dévastèrent la France et réduisirent l'Allemagne à un état presque sauvage, pour finir par le spectacle du luthérianisme réduit, dans sa patrie même, à un pur formalisme avant de compter même un siècle d'existence, tandis que le jésuitisme triomphait sur le protestantisme dans les trois quarts de l'Europe, amenant à sa suite une recrudescence de toutes les corruptions qu'Érasme et ses amis cherchaient à abolir. N'aurait-il pas, très loyalement, pensé qu'à ce prix le Protestantisme coûtait trop cher, surtout sachant mieux que personne combien les fondements dogmatiques des nouvelles confessions étaient peu capables de soutenir la lumière que le progrès inévitable de la critique des Humanistes projetterait sur elles? Ainsi qu'en jugea le plus sage de ses contemporains, Erasme n'était, au fond, ni protestant, ni papiste, mais un « chrétien indépendant »; et, ainsi que l'ont compris les plus sages de ses biographes modernes, il a été le précurseur, non de la réforme du XVIe siècle, mais des « Lumières » du XVIIIe siècle ; une sorte de Voltaire *broad church*, qui tenait à son « Christianisme indépendant », aussi fermement que Voltaire à son Déisme.

En réalité, le courant de la Renaissance, qui avait porté Érasme, laissa le Protestantisme enlisé dans les bancs de sable de ses articles et de ses symboles, tandis que sa véritable tendance devint visible pour tous, deux siècles plus tard. Alors ceux en qui s'était incarné le mouvement de la Renaissance s'aperçurent de l'esprit qui les animait, et ils attaquèrent le Surnaturalisme dans sa forteresse biblique, que Protestants et Romanistes défendaient avec un zèle égal. Aux yeux du « Patriarche », l'Ultramontanisme, le Jansénisme et le Calvinisme n'étaient que trois personnes de l'unique « Infâme » qu'il essaya toute sa vie d'écraser. S'il en haïssait une plus que l'autre, c'est probablement la dernière, tandis que d'Holbach et l'extrême gauche de l'armée libre-penseuse étaient disposés à ne pas montrer plus de miséricorde au Déisme et au Panthéisme.

L'insurrection sceptique du XVIIIe siècle fit un bruit terrible et effraya beaucoup d'estimables gens ; mais des juges calmes auraient pu prévoir dès le début que les efforts des derniers rebelles n'avaient pas plus de chances que ceux des premiers d'offrir un repos permanent à l'esprit d'enquête scientifique. Quelque admirables que soient la finesse, le bon sens, l'esprit, la large humanité qui abondent dans les écrits des meilleurs des Libres Penseurs, on ne peut guère citer leurs œuvres comme ayant conduit d'une façon adéquate une enquête sérieuse et difficile. Je ne crois pas qu'aucun juge impartial affirme que, à ce point de vue, ils vaillent beaucoup mieux que leurs adversaires. Il faut convenir qu'ils partagent la faiblesse fatale d'une philosophie *a priori*, non moins que la frivolité morale commune en ce siècle ; et un manque singulier d'appréciation de l'Histoire en tant que récit de l'évolution morale et sociale de la race humaine, leur permettait de recourir à d'absurdes théories pour expliquer les phénomènes religieux qui sont les produits naturels de cette évolution.

La plupart des adversaires romanistes ou protestants des Libres Penseurs leur opposèrent des arguments qui ne valaient pas mieux que les leurs, en y joignant du dénigrement d'ordre inférieur en ce que l'esprit y faisait défaut. Mais un grand apologiste chrétien conquit les canons de l'armée libre penseuse et tourna contre elle ses batteries. L'« Athéisme » spéculatif du type du XVIIIe siècle fut blessé mortellement par l'*Analogy*, pendant que le progrès des sciences historiques mit au jour le rôle important que jouait la faculté de créer des mythes, et, en démontrant l'extrême facilité qu'ont les hommes à se tromper eux-mêmes, rendit inutile d'avoir recours, en beaucoup de cas, à la coopération des prêtres.

De plus, de même qu'aux XIVe et XVIe siècles, les influences sociales et politiques furent en jeu. On attribua aux philosophes athées, qui repoussaient la religiosité sentimentale de Rousseau tout autant que l'*Infâme*, la responsabilité de presque tous les mauvais actes des disciples jacobins de Rousseau ; c'était aussi peu justifié que si l'on eût rendu Wicliff responsable de la révolte des paysans, ou Luther de la *Bauern-Krieg*. En Angleterre, bien que notre *ancien régime* ne fût pas entièrement aimable, l'édifice social n'avait jamais été aussi atteint qu'en France ; on pouvait encore le réparer, et nos ancêtres, avec beaucoup de sagesse, aimèrent mieux attendre que cette opération pût être pratiquée en toute sûreté, que de la démolir par-dessus leurs têtes, pour bâtir sur des fondements de spéculations toutes neuves une maison philosophiquement conçue. En de telles circonstances, il ne faut point s'étonner que, dans ce pays, les hommes pratiques aient préféré l'Évangile de Wesley et de Whitfield à celui de Jean-Jacques ; d'autre part, il restait assez du vieux levain du Puritanisme pour assurer la faveur et le soutien d'un grand nombre d'hommes religieux à un réveil du Surnaturalisme évangélique. Ainsi, peu à peu, la Libre Pensée ou l'indifférence, qui avaient prévalu chez nous pendant la première moitié du XVIIIe siècle, furent remplacées par une forte réaction surnaturalistique qui submergea l'œuvre des Libres Penseurs et parut même, pour un temps, avoir arrêté le mouvement naturalistique, dont cette œuvre était une imparfaite indication. Toutefois, ainsi que l'avait fait le Lollardisme, quatre siècles auparavant, la Libre Pensée se borna à travailler sous terre, bien assurée, tôt ou tard, de remonter à la surface.

J'ai le malheur de pouvoir me rappeler la quatrième décade du XIXe siècle, moment où le déluge évangélique commença à baisser et où les cimes de certaines montagnes devaient bientôt émerger dans le voisinage d'Oxford surtout, mais où la bibliolâtrie régnait toujours et ou église et chapelle proclamaient ensemble, comme étant des oracles divins, les affirmations indigestes de la moins instruite, et, par suite, de la plus obstinément bigote de toutes les écoles théologiques.

Pour remplir des promesses faites en mon nom, mais certainement sans mon autorisation, je fus, de très bonne heure, emmené écouter des « sermons dans la langue vulgaire ». Et certes, elle était souvent assez vulgaire, la langue dans laquelle le prédicateur, ignorant également la littérature, l'histoire, la science et même la théologie, sauf ce qu'on en professait dans son étroite école, déversait, sous la protection de la chaire, des invectives contre ceux qui s'éloignaient de sa notion d'orthodoxie. J'appris, par de mystérieuses allusions aux « sceptiques » et aux « athées », que certaines gens s'appuyaient sur la raison charnelle, osaient douter que le monde eût été fait en six de nos jours ordinaires, ou que le déluge eût été universel ; qu'ils allaient même jusqu'à mettre en doute l'exactitude littérale de l'histoire de la tentation d'Ève, ou celle de l'ânesse de Balaam ; et, par l'horreur du ton avec lequel on racontait ces énormités, j'aurais pu croire que ces hommes impudents appartenaient aux classes criminelles. Et, en même temps, ceux à qui incombait plus directement la responsabilité de me donner les connaissances essentielles à la conduite de ma vie (et qui souhaitaient sincèrement d'y parvenir) croyaient accomplir ce devoir sacré entre tous en gravant dans mon esprit enfantin la nécessité, sous peine d'être réprouvé en ce monde et damné dans l'autre, d'accepter au sens strict et littéral toute assertion contenue dans la Bible protestante. On me dit d'y croire, et je crus que c'était un péché, non moins répréhensible qu'un délit moral, que d'en douter. Je suppose que, sur mille de mes contemporains, neuf cents, au moins, ont eu l'esprit faussé et empoisonné, au nom du Dieu de vérité, par cette discipline. Je suis sûr que, même vingt ans après, ceux qui se hasardaient à mettre en question l'exactitude historique d'une partie quelconque de l'Ancien Testament et, *a fortiori*, des Évangiles, devaient s'attendre à une averse impitoyable d'épithètes, sans parler des autres conséquences désagréables qui retombent sur ceux qui, d'une façon quelconque, attaquent le chaos des préjugés qu'on appelle opinion publique.

Mes souvenirs de ce temps viennent d'être ravivés par la lecture d'un document remarquable [1], qui est signé des noms de trente-huit des vingt mille et quelques prêtres de l'Église établie. Il ne paraît pas que les signataires soient officiellement chargés de porter la parole pour la corporation ecclésiastique à laquelle ils appartiennent ; mais je crois devoir accepter leur dire, et les tenir pour « servants du Seigneur, qui ont reçu le Saint-Esprit », et, par conséquent, recevoir ce mémoire comme preuve que, bien que 'Evangélicisme de mes premières années ait été

[1] *Declaration on the Truth of Holy Scriptures* (*Times*, 18 décembre 1891).

déplacé de son siège, bien que tant de collègues des trente-huit répudient le titre même de Protestants, il n'en est pas moins vrai que le laurier de la bibliolâtrie est aussi florissant qu'il y a soixante ans. Et, comme cela se passait dans ce bon vieux temps, quiconque refuse de sacrifier à l'idole est tenu pour coupable de « déshonorer Dieu » en mettant en péril son propre salut.

C'est à l'honneur de la perspicacité des auteurs de cette *Déclaration* d'avoir discerné la vraie nature de la question controversée du siècle. Ils ont compris le fait indéniable que, si l'on a découvert que l'Écriture « ne mérite pas une foi qui ne discute pas », la foi « au surnaturel en soi » est, dans la même mesure, ruinée. Et je puis me féliciter d'une aussi puissante confirmation d'une opinion où j'ai eu le bonheur de les devancer. Mais il appartiendra à la génération prochaine de décider ce qu'il faut admirer le plus, du courage ou de l'intelligence des trente-huit signataires qui continuent à proclamer que les Écritures canoniques de l'Ancien et du Nouveau Testament « renferment la vérité historique absolue à l'égard de tous les récits d'événements passés et à l'égard de l'énoncé de prédictions à accomplir plus tard ».

Pour la plupart des hommes qui pensent, l'intérêt de ce singulier document consiste moins en ce qu'il est par lui-même, que dans l'état dont il est le signe révélateur. Chacun sait que cette *Déclaration* a été publiée comme réponse à une manifestation d'opinion d'un caractère opposé, de la part de quelques membres du même corps ecclésiastique, qui ont, par conséquent, je suppose, tout autant de droits à se déclarer « servants du Seigneur et participants du Saint-Esprit ». En réalité, le courant de la tendance vers le Naturalisme, dont j'ai retracé l'histoire brièvement, a, au cours des dernières années, été si puissant que les Églises elles-mêmes ont commencé, je n'oserais dire à courir en dérive, mais, à tout le moins, à chasser sur leurs ancres. J'ose douter que, dans le giron de l'Église anglicane, il y ait, à cette heure, autant de défenseurs absolus de « l'inspiration plénière » qu'il y avait de timides douteurs, il y a cinquante ans. Des commentaires, que sanctionne l'autorité la plus haute, renoncent à la « vérité historique littérale » des récits de la cosmogonie et du déluge. Des professeurs universitaires, d'une réputation méritée, acceptent la décision critique selon laquelle l'Hexateuque serait une compilation dans laquelle le rôle de Moïse, comme auteur ou comme éditeur, ne serait pas très clair ; des prélats haut placés nous disent qu'on peut négliger les récits antérieurs à Abraham ; que le livre de Daniel peut être considéré comme un roman patriotique du IIe siècle avant Jésus-Christ, et que les mots de l'auteur du quatrième Évangile ne se distinguent pas toujours facilement de ceux qu'il met dans la bouche de Jésus. Les commentateurs conservateurs, mais consciencieux, décident que des passages entiers, dont quelques-uns ont une importance dogmatique ou éthique, ne sont que des interpolations. Un sentiment inquiet de la faiblesse du dogme de l'infaillibilité biblique semble être au fond d'une tendance qui prévaut et de nouveau voudrait substituer l'autorité de l' « Église » à celle de la Bible. Il m'arrive, dans ma vieillesse, d'être attaqué aussi vertement pour considérer le Christianisme comme une « religion d'un livre » que je l'étais, dans ma jeunesse, quand je doutais de cette proposition. C'est un symptôme non moins intéressant que l'empressement mis par l'Église de l'État à répudier toute complicité avec les principes de la Réforme protestante, et à s'intituler « anglo-catholique ». L'inspiration, privée de son ancien sens intelligible, est délayée en mystification. Les Écritures sont réellement inspirées ; mais elles contiennent un élément entièrement indéfini et indéfinissable, l' « élément humain », et ce malheureux intrus est converti en une sorte de bouc émissaire. Dans tout ce qui se trouve erroné dans une étude scientifique, historique ou physique, l' « élément humain » en porte la responsabilité, tandis que l'inspiration divine d'affirmations, qui, par leur nature, ne peuvent ni être prouvées ni être rejetées, est encore proclamée avec la vigueur qu'inspire la conscience de la sécurité contre toute attaque. Bien que la proposition de traiter la Bible « comme tout autre livre », qui causa tant de scandale il y a quarante ans, ne soit pas encore généralement acceptée, et bien que les critiques de l'évêque Colenso soient encore au ban de l'Église, l'Église n'a pourtant pas fermé entièrement l'oreille à la voix du tentateur scientifique, et plus d'un ecclésiastique pudibond, tout en criant qu'il n'y consentira jamais, a, cependant, accédé aux propositions de cette critique scientifique dénoncée par les signataires du document cité plus haut.

Un humble laïque, pour qui ce serait le comble de la présomption que de se décerner même la dignité peu estimée de « servant de la science », peut bien trouver embarrassant ce conflit d'autorités ecclésiastiques apparemment égales — et il y aurait sagesse à renvoyer l'étude de l'une ou l'autre au moment où la question de préséance entre elles sera réglée. Et plus on étudiera de près la position fondamentale des signataires du document, et plus cette marche paraîtra la meilleure à suivre.

« Aucune opinion sur le fait ou la forme de la révélation divine, fondée sur la critique littéraire (et je pense pouvoir ajouter critique historique ou physique) des Écritures elles-mêmes, ne peut être admise à se heurter contre le témoignage traditionnel de l'Église quand ce témoignage a été constaté et vérifié par l'appel à l'antiquité [1]. »

Accordons que c'est « le témoignage traditionnel de l'Église » qui garantit le caractère canonique de tous les livres de l'Ancien et du Nouveau Testament. Accordons aussi que canonicité est synonyme d'infaillibilité ; pourtant, selon les trente-huit signataires, ce « témoignage traditionnel » doit être « constaté et vérifié par l'appel à l'antiquité » Mais la « constatation et la vérification » sont des processus purement intellectuels, qui doivent être dirigés selon les lois strictes de l'investigation scientifique, sous peine de perdre toute valeur. En outre, avant d'adresser un appel à l' « antiquité », le sens exact de ce terme si

[1] *Déclaration*, article 10.

commodément vague doit être défini par des moyens semblables. L' « Antiquité » peut comprendre un nombre quelconque de siècles, petits ou grands; et des questions compliquées telles que de savoir si l'« antiquité » doit comprendre le Concile de Trente, ou s'arrêter peu après celui de Nicée, ou finir au temps d'Irénée, ou à celui de Justin le martyr, ne peuvent être décidées, si elles le sont, que par ces méthodes critiques si cavalièrement traitées par les signataires. Et pourtant la solution de ces questions est fondamentale, car, à mesure que les limites des livres canoniques varient, les dogmes qu'on en déduit doivent aussi changer. Le Christianisme, où le quatrième Évangile, l'Épître aux Hébreux, les Épîtres pastorales et l'Apocalypse sont canoniques et (par hypothèse) infailliblement vrais, est tout autre chose que le Christianisme qui ne les admettrait pas. Je le répète, quiconque définit le canon, définit le symbole

Il est certain qu'en ce qui concerne quelques-uns de ces livres, tels que l'Apocalypse et l'Epître aux Hébreux, l'Église d'Orient et celle d'Occident ont été d'opinions différentes pendant des siècles; et pourtant ni l'une ni l'autre ne peuvent avoir considéré leur jugement comme infaillible, puisqu'elles ont fini par consentir à une transaction, où chacune renonce à son objection contre le livre que préconisait l'autre. En outre, les « Pères » défendent d'une manière plus ou moins rationnelle la canonicité de tel ou tel livre, et vont jusqu'à avancer des preuves, internes ou externes, en faveur des opinions qu'ils soutiennent.

En réalité, si imparfaites que puissent être leurs conceptions de la méthode scientifique, ils ont usé de celle-ci de leur mieux. Il paraîtrait de là que, bien que la Science, comme la Nature, puisse être chassée avec telle fourche ecclésiastique ou telle autre, elle trouve enfin moyen de revenir. L'appel à l' « Antiquité » au fond n'est qu'un appel à la science, pour demander premièrement ce qu'est l'« Antiquité » ; secondement, ce que l' « Antiquité » dit de la canonicité ; troisièmement, pour prouver que canonicité est synonyme d'infaillibilité. Et, quand la science, en grande partie sous la forme de la « critique » abhorrée, a fait cela et a montré que l' « Antiquité » a employé ses propres méthodes, bien que gauchement et imparfaitement, elle se retourne naturellement vers ceux qui en appellent à l'« Antiquité » et exige qu'ils lui prouvent pourquoi, de nos jours, la science ne pourrait pas reprendre l'œuvre que les anciens ont si imparfaitement faite et l'accomplir entièrement.

Mais aucune raison valable n'a été avancée. Si l' « Antiquité » a permis à Eusèbe, à Origène, à Tertullien, à Irénée de plaider en faveur de l'admission de tel livre parmi les canons et du rejet d'un autre, pour des raisons sérieuses, l' « Antiquité » a admis tout le principe de la critique moderne. Si Irénée a donné des raisons ridicules pour limiter à quatre le nombre des Evangiles, toute liberté a été laissée à d'autres pour en présenter de bonnes (s'il en était) pour le réduire à trois, pour l'augmenter jusqu'à cinq. Si la branche orientale de l'Église avait le droit de rejeter l'Apocalypse et d'accepter l'Épître aux Hébreux, et celle d'Occident un droit égal (avec raisons à l'appui) d'accepter l'Apocalypse et de rejeter l'Épitre, toute autre branche avait également le droit — en motivant sa décision — de les rejeter tous deux ou, ainsi que le fit plus tard l'Église catholique, de les accepter tous deux.

Aussi ne puis-je m'empêcher de penser que les trente-huit se sont fait sauter avec leur propre cartouche. Leur « appel à l'Antiquité » ne se trouve, après tout, être qu'une voie détournée d'en appeler au tribunal dont ils affectent de nier la compétence. Ayant fait reposer le monde du Surnaturalisme chrétien sur l'éléphant de l'infaillibilité biblique, et fourni à l'éléphant un point d'appui sur la tortue de l'antiquité, ils ont, comme les Hindous, refusé de regarder plus loin, ce qui leur a épargné l'horreur de découvrir que la tortue repose sur une construction des plus fragiles, qui est en grande partie le produit de cette même opération intellectuelle qu'ils maudissent et répudient.

Il reste un autre point à considérer. Il est sans doute vrai qu'une Église chrétienne (que l'Eglise chrétienne dépende ou non de la connotation de l'article défini) existait avant les Ecritures chrétiennes, et que l'infaillibilité de ces dernières dépend de l'infaillibilité du jugement des personnes qui ont choisi les livres qui les composent dans la masse de littérature familière aux premiers chrétiens.

La perspicacité logique d'Augustin lui fit comprendre que l'autorité de l'Évangile qu'il prêchait devait reposer sur celle de l'Eglise à laquelle il appartenait[1]. Mais il n'est pas moins vrai que la version juive et la version de la plupart des Septante, si ce n'est de tous, les livres de l'Ancien Testament existaient avant la naissance de Jésus de Nazareth, et que leur autorité divine est présupposée et ne peut, par conséquent, dépendre du corps religieux constitué par ses disciples. Chacun sait que la conception même d'un « Christ » est purement juive. La validité de l'argument tiré des prophéties méssianiques s'évanouit si leur autorité infaillible n'est point accordée, et il est de fait que soit que nous ayons affaire aux Evangiles, aux Epîtres ou aux écrits des premiers apologistes, les Ecritures juives sont reconnues comme Cour d'appel suprême des Ecritures chrétiennes.

La proposition de faire comparaître l' « Antiquité » chrétienne pour déposer en faveur de l'infaillibilité de l'Ancien Testament, quand ses propres droits à l'autorité disparaissent si certaines propositions contenues dans l'Ancien Testament sont erronées, ne saurait guère satisfaire les exigences de la logique laïque. C'est comme si un homme, plaidant pour être légataire universel, présentait son affirmation comme preuve suffisante de la validité du testament. Et si même ce n'était pas un cercle vicieux, l'infaillibilité de la Bible étant attestée par l'Église infaillible, dont l'infaillibilité, est attestée par la Bible infaillible, ce qui est le comble de l'absurde, on pourrait encore demander où et quand l'Eglise, dans sa période d'infaillibilité, telle que l'ont limitée les nécessités dogma-

[1] Ego vero evangelio non crederem, nisi Ecclesiæ Catholicæ me commoveret auctoritas. (*Contra Epistolam Manichæi*, cap. v.)

tiques anglicanes, a officiellement décrété la « vérité historique absolue de tous les riécts » de l'Ancien Testament? Augustin était-il hérétique lorsqu'il niait la vérité historique absolue du récit de la Création? Le Père Suarez, se basant sur la tradition romaine plus récente, peut avoir le droit de le déclarer tel, mais il n'appartient pas à ceux qui limitent leur appel à cette première « Antiquité », où Augustin a joué un si grand rôle, de porter contre lui cette accusation.

Parmi ceux qui observent, la marche du monde de la pensée, les uns notent avec joie, et quelques autres avec terreur, la recrudescence de Surnaturalisme qui se manifeste parmi nous sous des formes placées à tous les échelons de l'échelle qui séparent le sublime du ridicule, depuis le Néo-Catholicisme et le Mysticisme de la Lumière intérieure, tout en haut de l'échelle, jusqu'à des choses impures, qu'on ne saurait nommer dans la même phrase, tout au bas. A mon humble avis, on a souvent exagéré l'importance de ces manifestations. Les formes existantes du Surnaturalisme ont des racines profondes dans la nature humaine et auront de la peine à disparaître; mais, dans ces derniers temps, elles ont à se mesurer avec un ennemi dont la force entière commence à peine à se révéler, et dont l'armée, augmentant d'année en année, les environne de tous côtés. Cet ennemi est la science, dans l'acception de « connaissance systématique de la Nature», qui, pendant les deux derniers siècles, a étendu les méthodes de recherche dont la valeur est confirmée par un appel quotidien à la nature, en toute région où le Surnaturel avait seul régné jusqu'ici.

La critique historique scientifique avait relégué parmi les fables les annales de la Grèce héroïque et de la Rome royale ; l'unité des auteurs de l'Iliade avait été combattue avec succès par la critique scientifique. La critique scientifique physique, après avoir fait justice de la théorie géocentrique de l'Univers et réduit le système solaire lui-même à n'être qu'un des millions de groupes de petits points cosmiques semblables qui gravitent, à travers l'espace infini, à des distances incommensurables les uns des autres, avait démontré que les théories surnaturalistiques sur la durée de la terre et de la vie sur cette terre étaient aussi inadéquates que l'avaient été celles de sa dimension relative et de son importance. Il n'était donc guère besoin d'être prophète pour comprendre que, tôt ou tard, les récits juifs et les premiers récits chrétiens seraient traités de la même manière, que la paternité de l'Hexateuque et des Évangiles serait tout aussi sévèrement mise à l'épreuve, et qu'il faudrait que les preuves de la véracité de beaucoup des assertions rencontrées dans les Écritures fussent réellement très fortes pour être opposées aux conclusions de la science physique. Il est de fait, autant que j'en puis juger, que nulle personne apte à juger la force probante de ces conclusions ne se risque maintenant à affirmer que les récits bibliques de la création et du déluge sont vrais dans le sens naturel des mots de ces récits. Le plus que se hasarde à affirmer le conciliateur moderne, c'est que l'on peut appliquer un sens tout différent à ces mots, et que ce sens non naturel peut être, sans grande peine, transformé en une sorte de non-contradiction de la vérité scientifique.

J'ai essayé, dans les pages sur le récit de la création, de discuter l'assertion suivant laquelle la science moderne confirmerait soit l'interprétation que lui attribue M. Gladstone, soit toute interprétation compatible avec le sens général du récit, tout à fait à part de détails particuliers. Le premier chapitre de la Genèse enseigne l'origine successive : premièrement, de toutes les plantes ; secondement, de tous les animaux de l'eau et de l'air ; troisièmement, de tous les animaux terrestres qui existent maintenant, à des intervalles de temps distincts. La science moderne nous enseigne que, à travers toute la durée d'un passé infiniment long, autant que nous pouvons en avoir connaissance (c'est-à-dire jusqu'à l'époque Silurienne) les plantes aquatiques et aériennes et les animaux terrestres ont coexisté, que les premiers connus diffèrent de ceux qui existent maintenant, et que les espèces modernes sont venues au monde comme derniers termes d'une série dont les membres ont paru l'un après l'autre. Ainsi, loin de confirmer le récit de la Genèse, les résultats de la science moderne jusqu'ici sont, en principe, comme dans les détails, en désaccord complet avec lui.

Si les prétentions à l'infaillibilité élevées, non par les anciens écrits hébreux eux-mêmes, mais par les champions et amis ecclésiastiques, desquels ils peuvent bien prier le ciel de les délivrer, viennent ainsi échouer sur l'écueil de la science naturelle au sujet de deux événements des plus importants, l'origine des choses et le passé de la vie terrestre, quel crédit historique le penseur sérieux pourra-t-il accorder au récit de la fabrication d'Ève, de la Chute, du commerce entre les *Bene Elohim* et les filles des hommes, qui se trouvent entre la légende de la Création et celle du Déluge ? Et si ces récits perdent toute leur valeur historique, que devient l'infaillibilité de ceux qui, suivant les dernières Ecritures, les ont acceptées, ont basé sur elles leurs raisonnements et risqué des conclusions dogmatiques de longue portée sur leur exactitude historique ?

C'est une politique d'autruche que suit l'Ecclésiasticisme contemporain, en cachant sa tête — l'Hexateuque, — espérant qu'on oubliera le rapport inséparable de son corps avec les légendes pré-Abrahamiques. On persistera à demander comment il se fait, si les neuf premiers chapitres du Pentateuque ne sont pas historiques, qu'on puisse garantir l'exactitude historique du reste ? pourquoi l'histoire de l'Exode aurait-elle un droit plus intrinsèque à être crue que celle du Déluge ? Si Dieu n'a pas marché dans le jardin d'Eden, comment pouvons-nous être sûrs qu'il a parlé au Mont Sinaï ?

Dans quelques autres des Essais qui suivent, j'ai essayé de montrer qu'une critique physique et littéraire ne fait pas moins de tort à la doctrine que les Ecritures canoniques du Nouveau Testament « déclarent sans conteste la vérité historique entière, dans tous leurs récits ». On nous dit que les Evangiles contiennent une révélation vraie du monde spirituel, — proposition que, dans un des sens du mot « spirituel », je ne penserais pas nécessaire de contredire. Mais, si l'on entend par là que tout ce qui nous est dit du monde des esprits dans ces livres est infailliblement vrai, que nous sommes forcés d'accepter la démonologie qui constitue une partie inséparable de leur enseignement, et de croire en un Surnaturalisme aussi grossier que celui d'un peuple primitif quelconque, nous est-il au moins permis de demander pourquoi ? La science peut être incapable de définir les limites du possible, mais elle ne saurait échapper à l'obligation morale de peser le témoignage qui a été cité en faveur d'un événement merveilleux quelconque ; et j'ai essayé de démontrer que le témoignage en faveur du miracle des Gadaréniens est entièrement dépourvu de valeur. Nous n'avons que trois versions, se contredisant en partie, d'une histoire dont nous ignorons absolument la forme primitive, l'origine et l'autorité. Mais le témoignage en faveur du miracle Gadarénien est aussi bon que le témoignage en faveur de tout autre.

J'ai indiqué, ailleurs, que c'est rester à côté de la réalité que de déclamer contre ces conclusions sous prétexte d'une tendance à priver l'humanité des consolations de la foi chrétienne et à détruire les fondements de la moralité, et encore moins de les marquer du nom insultant d'« athéisme ». Il ne s'agit point de savoir si elles sont nuisibles, mais, au point de vue de la méthode scientifique, si elles sont irréfutablement vraies. Si elles le sont, on les acceptera, avec le temps, qu'elles soient nuisibles ou non. La Nature, autant que nous avons pu pénétrer ses façons d'agir, ne se soucie guère de consolation, et chemine vers la justice par des sentiers fort détournés. En tous cas, quoi qu'il en soit pour d'autres, il devient de moins en moins possible à l'homme qui croit aux méthodes scientifiques de constater la vérité, et s'est accoutumé à voir confirmer sa foi par une expérience quotidienne, d'être gratuitement et consciemment infidèle à ses principes en aucune matière. Le nombre d'hommes de ce genre, poussés à l'emploi des méthodes scientifiques et dressés à leur donner confiance, par leur éducation, leurs besoins professionnels, et les affaires quotidiennes, augmente et continuera d'augmenter. La phraséologie du Surnaturalisme peut rester sur les lèvres des hommes, mais en pratique ils sont naturalistes. Le magistrat qui le dimanche, écoute dévotement le précepte « tu ne laisseras pas vivre une sorcière », repousse le lundi, comme essentiellement absurde, l'accusation d'avoir ensorcelé une vache qu'on portera contre quelque vieille femme ; le directeur d'un asile d'aliénés qui substituerait l'exorcisme à un traitement rationnel ne garderait pas longtemps sa place ; les bedeaux eux-mêmes doutent de l'utilité des prières pour la pluie, tant que le vent est à l'est, et une épidémie envoie les gens, non aux églises, mais aux égouts. Malgré nos prières pour le succès de nos armes, et nos *Te Deum* pour la victoire, nous avons, en réalité, foi en nos gros bataillons, et nous gardons notre poudre au sec, nous confiant en la connaissance de l'art de la guerre, en l'énergie, le courage, et la discipline. En cela, comme dans toutes les autres affaires pratiques, nous agissons d'après l'aphorisme : *Laborare est orare;* nous admettons qu'un travail intelligent est le seul culte acceptable, et que, qu'il y ait ou non une Surnature, nous avons affaire à la Nature.

Il est important de remarquer que le principe du Naturalisme scientifique de la dernière moitié du XIXe siècle, en lequel le mouvement intellectuel de la Renaissance a atteint son comble, et qui fut, pour la première fois, formulé par Descartes[1], ne mène aucunement à nier l'existence d'une Surnature quelconque[2], mais simplement à nier la validité du témoignage allégué en faveur de telle ou telle forme existante de Surnaturalisme.

Si je considère, au point de vue rigoureusement scientifique, l'hypothèse que, parmi les myriades de mondes dispersés à travers l'espace infini, il ne peut y avoir aucune intelligence d'autant plus grande que celle de l'homme, que cette dernière est supérieure à celle d'un coléoptère, aucun être doué de la puissance d'influencer le cours de la Nature aussi supérieure à celle de l'homme que l'est cette dernière à celle d'un escargot, la chose me semble non seulement sans fondement, mais impertinente. Sans aller au-delà des analogies dans ce que nous connaissons déjà, il est

[1] Huxley, *Les Sciences naturelles et l'Éducation : Sur le Discours de la méthode*. Paris, 1891, page 1.

[2] J'emploie les mots *Surnature* et *Surnaturel*, dans leur sens populaire. Pour ma part, je dois dire que le terme de « Nature » comprend tout ce qui existe. Le monde des phénomènes psychiques me semble tout autant une partie de la « Nature, » que celui des phénomènes physiques, et je ne réussis pas à voir que quoi que ce soit justifie l'idée de couper en deux moitiés l'Univers, l'une naturelle et l'autre surnaturelle.

facile de peupler le cosmos avec des entités, en échelle ascendante, jusqu'à ce que nous arrivions à quelque chose d'impossible, en pratique, à distinguer de l'omnipotence l'omniprésence, et l'omniscience.

Si notre intelligence peut, en quelques sujets, reproduire sûrement le passé et prévoir l'avenir des millions d'années à l'avance, il est évidemment dans les limites du possible que quelque intelligence plus grande, même du même ordre, puisse être capable de refléter tout le passé et tout l'avenir ; si l'Univers est pénétré par un milieu de nature telle qu'une aiguille magnétique sur la terre réponde à une commotion dans le soleil, il est possible de concevoir un agent omniprésent ; si nos connaissances, si insignifiantes qu'elles soient, nous donnent quelque influence sur les événements, l'omniscience pratique peut conférer un pouvoir indéfiniment plus grand. Enfin, si le témoignage qu'une chose peut être équivalait à la preuve qu'elle existe, l'analogie pourrait justifier la construction d'une théologie et d'une démonologie naturalistiques, non moins merveilleuses que le surnaturel courant, tout comme elle pourrait autoriser à peupler Mars ou Jupiter de formes vivantes, dissemblables de celles du monde terrestre. Tant que la vie humaine ne sera pas plus longue et que les devoirs du temps présent pèseront aussi lourdement, je n'imagine pas que les hommes sages s'occuperont de l'histoire naturelle de Jupiter ou de Mars, et il est probable qu'ils prononceront un arrêt de « manque de preuves », en ce qui concerne la théologie naturalistique, se réfugiant dans cette confession agnostique, qui me semble être la vraie position à prendre pour ceux qui ne veulent pas prétendre savoir ce qu'ils sont certains d'ignorer. Quant aux intérêts de la moralité, j'incline à croire que, si l'Humanité pouvait agir selon ce dernier principe dans toutes les relations de la vie, il s'ensuivrait une réforme telle que le monde n'en a jamais encore vu, une approche vers l'âge d'or telle qu'aucune religion surnaturalistique n'a encore réussi, ni ne paraît devoir réussir, à réaliser.

Je n'ai, jusqu'ici, considéré le Naturalisme scientifique que sous son aspect critique et destructif. Mais l'incarnation actuelle de l'esprit de la Renaissance diffère de celle qui l'a précédée, au XVIIIe siècle, en ce qu'elle édifie en même temps qu'elle démolit.

Ce dont elle a jeté les fondations, ce dont elle élève déjà l'édifice, c'est la doctrine de l'évolution. Mais il y a tant d'étranges malentendus qui ont cours, au sujet de cette doctrine, elle est attaquée pour de si fausses raisons par ses ennemis, et employée à couvrir tant de terrain douteux, par quelques-uns de ses partisans, qu'il me paraît nécessaire de définir aussi clairement que possible ce que j'entends et n'entends pas par la doctrine en question.

Je n'ai rien à dire d'aucune « Philosophie de l'Evolution ». Les tentatives pour construire une philosophie de ce genre peuvent être aussi utiles et même aussi admirables que fut celle de Descartes, pour arriver à une théorie de l'Univers par la même route *a priori* ; mais, à mon avis, elles sont tout aussi prématurées. Je n'ai pas non plus, en cette occasion, affaire avec une théorie quelconque de l' « Origine des Espèces », quelle que soit l'estime en laquelle je tienne la théorie dite Darwinienne[1]. Il est très vrai que la doctrine de la sélection naturelle présuppose l'évolution ; mais il n'est pas vrai que l'évolution implique nécessairement la sélection naturelle. En réalité, on peut concevoir que l'évolution se soit produite sans le développement de groupes possédant les caractères d'espèces.

Pour moi, la doctrine de l'évolution est non une spéculation, mais la généralisation de certains faits qui peuvent être observés par quiconque prendra la peine nécessaire. Ces faits sont ceux que les biologistes classent sous les chefs de l'Embryologie et de la Paléontologie. L'Embryologie prouve que toute forme de vie individuelle supérieure devient ce qu'elle est par un processus de différenciation graduelle d'une forme extrêmement inférieure ; la Paléontologie prouve en quelques cas, et montre qu'il est probable pour tous, que les types les plus anciens d'un groupe sont les plus bas, et qu'ils ont été suivis d'une succession graduelle de formes plus ou moins différenciées. C'est un fait presque banal que l'évolution d'individus, animaux et plantes, qui se produit par un processus naturel, chaque jour, par millions de cas ; il est de fait que les espèces qui se sont succédé dans le passé présentent, en beaucoup de cas, les mêmes rapports morphologiques qu'ils devraient posséder s'ils avaient procédé les uns des autres par un processus analogue d'évolution.

[1] Voyez Huxley.

Le dilemme suivant se présente donc : ou les formes d'un même type — disons, par exemple, celles de la tribu chevaline [1] — sont nées successivement, mais indépendamment les unes des autres, par intervalles, durant des milliers d'années ; ou bien les formes récentes sont des descendants modifiés des premières. Et cette dernière supposition est tellement plus probable que l'autre que les hommes qui savent raisonner l'adopteront, à moins qu'on ne produise une preuve satisfaisante du contraire. L'objection quelquefois faite que personne jusqu'ici n'a encore vu une espèce se transformer en une autre paraît bizarre, venant de ceux qui croient toute l'Humanité descendue d'Adam. Quelqu'un a-t-il donc déjà vu des nègres issus de parents blancs, ou *vice versa ?* D'ailleurs est-il absolument nécessaire d'avoir étudié chaque phase du déplacement d'une planète pour être autorisé à conclure qu'elle gravite réellement autour du soleil ? S'il en est ainsi, l'Astronomie est bien malade.

Je ne veux point, même en passant, suggérer que quelqu'un de plus versé en astronomie et en physique que je ne le suis, ou qu'un maître de la nouvelle chimie aux révélations extraordinaires, ou qu'un expert en ce qui concerne le développement de la société humaine au point de vue du langage et des religions, ne puissent trouver une fondation suffisante pour la doctrine de l'évolution, dans ces divers domaines.

[1] Le lecteur trouvera un exposé excellent de la question dans l'ouvrage récent du Pr Flower : *The Horse : A Study in Natural History*. — Voir aussi Caudry : *Les ancêtres de nos animaux dans les temps géologiques.*

Au contraire, je me réjouis de voir que cette étude scientifique, dans toutes les directions, tend vers le même résultat Et il se peut bien que ce soient mes longues études biologiques seules qui me fassent me sentir plus en sûreté sur le terrain de la biologie, Quoi qu'il en soit, je m'appuie sur les faits de l'Embryologie et de la Paléontologie, et je tiens que notre connaissance actuelle de ces faits est suffisamment complète et étendue pour justifier l'assertion que toutes les spéculations philosophiques et théologiques de l'avenir auront à s'accorder avec un corps de vérités communes établies, telles que les suivantes :

I. — Les plantes et les animaux ont existé sur notre planète pendant plusieurs centaines de milliers, ou, probablement, de millions d'années. Pendant cette période, leurs formes ou leurs espèces ont subi une succession de changements qui finirent par donner naissance aux espèces qui constituent maintenant la population vivante de la terre.

Il n'y a ni preuve ni raison de soupçonner que ce processus séculaire d'évolution soit autre chose qu'une partie du cours ordinaire de la nature. Il n'y a pas plus de raisons pour imaginer l'occurence d'une intervention surnaturelle, à un moment quelconque du développement dans le passé, qu'il n'y en a pour supposer qu'une telle intervention a lieu, de nos jours, dans le développement d'un animal ou d'une plante quelconque.

II. — Actuellement, tout individu, soit animal, soit plante, commence à exister comme organisme de structure anatomique très simple et n'acquiert toute la complexité qu'il finit par posséder que par sa différenciation graduelle en parties de structure et de fonctions variées. Quand on examine une série de formes spécifiques du même type, s'étendant sur une longue période de temps passés, on trouve que le rapport entre les premières et les dernières formes est analogue à celui qui existe entre les premières et les dernières phases du développement individuel. Par conséquent, on a probablement le droit de conclure que, si nous pouvions suivre les êtres vivants en remontant vers leurs premiers états, nous trouverions qu'ils présentent des formes semblables à celles du germe de l'individu, ou, ce qui revient au même, des organismes les plus inférieurs qui soient connus, et qui occupent la frontière séparant la plante de l'animal.

Aujourd'hui, notre connaissance du monde vivant ancien s'arrête encore bien loin de ce point.

III. — On accorde généralement, et il n'y a certainement aucune preuve du contraire, que toutes les plantes sont privées de conscience, qu'elles ne peuvent ni sentir, ni désirer, ni penser.

On pourrait imaginer le cas où l'évolution de la substance vivante primordiale ne se serait opérée que dans le domaine des végétaux. Dans ce cas, le résultat aurait pu être une richesse de vie végétale, aussi grande, peut-être aussi variée que maintenant, bien que différant grandement de la flore actuelle, dans l'évolution de laquelle les animaux ont joué un si grand rôle. Mais le monde vivant ainsi constitué serait tout bonnement un admirable mécanisme inconscient, dont l'élaboration se trouvait, potentiellement, dans sa composition primitive ; le plaisir et la peine n'y auraient aucune place ; ce serait un véritable Jardin d'Eden sans l'arbre de la connaissance du bien et du mal. La question du gouvernement moral d'un monde semblable serait aussi oiseuse que si nous cherchions un but moral dans un kaléidoscope.

IV. — Il est impossible de fixer le point le plus bas, dans l'échelle de la vie animale, où se manifestent les phénomènes de la conscience.

Nul ne doute de leur présence chez ses semblables, et, sauf quelques Cartésiens très stricts, nul ne doute que l'on doive compter les oiseaux et les mammifères comme étant des créatures possédant des sensations analogues à celles que nous donnent l'odorat, le goût, la vue, l'ouïe, le toucher, et des sensations de plaisir et de douleur. Je serais, pour ma part, disposé à étendre ce jugement par analogie beaucoup plus loin. D'autre part, s'il faut refuser la conscience aux formes inférieures des plantes, je ne vois pas comment on peut l'attribuer aux animaux inférieurs. Il me semble difficile de croire qu'un infusoire, un foraminifère, ou un polype d'eau douce soient capables de sentiment, et, malgré Shakespeare, j'ai des doutes à l'égard de la grande sensibilité du « pauvre scarabée sur lequel nous marchons ».

La question est également embarrassante à résoudre si nous examinons les phases de développement de l'individu. Admettons qu'une poule sente, que le petit poulet nouvellement éclos sente, que le poussin dans l'œuf sente aussi ; mais que dira-t-on, au cinquième jour de l'incubation, du poussin qui est là, mais avec tous ses tissus à l'état naissant? et plus tôt, au premier jour d'incubation, quand il n'est qu'un disque cellulaire aplati? Je ne puis, certainement, me persuader que ce disque ait des sensations. Et cependant, en ce cas, il doit y avoir un moment, dans les trois semaines, entre le premier jour d'incubation et celui de l'éclosion, où, après que le cerveau du poussin est arrivé à une certaine étape d'évolution structurale, la conscience fait son apparition. J'ai souvent exprimé mon inaptitude à comprendre la nature du rapport entre la conscience et un certain tissu anatomique, qui se trouve établi par l'observation. Mais le fait est que toute notre observation et notre expérience nous enseignent que les phénomènes psychiques dépendent des phénomènes physiques.

De même, si les poissons, les insectes, les scorpions et des animaux tels que le nautile possèdent la sensation, il est indubitable que la conscience était présente dans le monde dès l'époque Silurienne. Mais, si les plus anciens animaux étaient semblables à nos Rhizopodes et à nos Monades, il a dû y avoir, entre cette époque beaucoup plus reculée, où ils constituaient toute la population animale, et l'époque Silurienne, un temps où la sensation a pris naissance, parce que l'organisme avait atteint l'étape d'évolution dont elle dépend.

V. — La conscience a diverses formes qui peuvent être manifestées indépendamment les unes des autres. Les sensations de lumière et de couleur, de son, de toucher, bien que si souvent associées à celles de plaisir et de douleur, sont, par leur nature, aussi entièrement indépendantes d'elles que l'est la pensée. Un animal privé des sensations de plaisir et de peine peut néanmoins présenter tous les effets de la sensation et de l'action ayant un but. Donc on serait autorisé à former l'hypothèse que longtemps après que l'évolution organique eût atteint la phase où la conscience existe, le plaisir et la douleur étaient encore absents. Pareil monde n'aurait ni bonheur ni malheur; aucun acte ne serait puni, et aucun ne saurait être récompensé et il ne pourrait avoir aucun but moral.

VI. — Supposons, pour faciliter le raisonnement, que tous les mammifères et les oiseaux sont sujets au plaisir et à la douleur. Nous serons alors sûrs que ces formes de conscience existaient au commencement de l'époque Mésozoïque. Depuis ce temps, le plaisir a été distribué sans rapport avec le mérite, et la douleur infligée sans rapport avec le démérite, à tous, sauf une fraction des animaux supérieurs. En outre, la somme et la violence de la douleur, non moins que la variété et la vivacité du plaisir, ont augmenté à chaque progrès dans l'échelle de l'évolution. La souffrance est entrée dans le monde, par suite non d'une baisse, mais d'une hausse, dans l'échelle de l'être, et chaque hausse ultérieure a amené plus de souffrances. Selon le témoignage existant, il semblerait que le cerveau qui caractérise les mammifères supérieurs, et qui, à notre connaissance, est la condition indispensable de la plus grande sensibilité, n'a pris existence qu'à l'époque Tertiaire. L'anthropoïde primordial était probablement, à cet égard, à peu près sur le même pied que ses parents pithécoïdes. Comme eux, il soutenait ses « droits naturels », satisfaisait tous ses désirs autant qu'il le pouvait et était aussi incapable qu'eux de faire le bien ou le mal. Il serait aussi absurde, que dans leur cas, de regarder ses plaisirs, ou les leurs, comme des récompenses morales, et ses douleurs, ou les leurs, comme un châtiment moral.

VII. — Dès les âges les plus reculés dont nous ayons connaissance, la mort a été l'accompagnement naturel et apparemment nécessaire de la vie. Dans le monde que nous avons supposé[1] habité seulement par des plantes, la mort a dû suivre, de très bonne heure, la lutte pour l'existence ; dans la foule, il a fallu se bousculer, et beaucoup ont arraché aux autres les conditions dont dépendait leur vie. L'occurrence de la mort, toutefois, jusqu'aux époques les plus reculées du passé de la vie, n'a pas besoin d'être prouvée par de semblables arguments ; car, s'il n'y avait pas eu de mort, il n'y aurait pas eu les restes fossiles tels que la plupart de ceux que nous trouvons. Non seulement la mort a existé dans le monde, du plus loin que les annales de la vie nous en parlent, mais encore, depuis que les animaux carnivores ont fait leur proie de mammifères et d'oiseaux, il y a eu la mort cruelle infligée par des mécanismes spécialement adaptés à cette fin.

VIII. — Ceux qui connaissent l'étroite ressemblance des relations structurales entre l'organisation

[1] Voyez III, page 41.

de l'homme et celle des mammifères qui s'en rapprochent le plus, d'une part, et de l'autre l'histoire paléontologique d'animaux, tels que les chevaux et les chiens, ne seront pas enclins à douter que l'homme n'ait pour origine des formes qui ont le même rapport avec l'*Homo sapiens* que l'*Hipparion* avec l'*Equus*.

Je crois que l'analogie nous autorisera pleinement à conclure que, tôt ou tard, nous découvrirons les restes de nos ancêtres primates les moins spécialisés dans les couches qui ont donné les quadrupèdes équins et canins les moins spécialisés. A l'heure actuelle, les restes humains fossiles ne remontent pas plus loin que la dernière partie de l'époque Quaternaire, et, ainsi qu'il fallait s'y attendre, ils ne diffèrent pas plus des hommes vivants que les chevaux quaternaires ne diffèrent de nos chevaux actuels. Plus loin encore dans le passé, nous trouvons des traces de l'homme dans des outils tels que ceux dont se servent les sauvages les plus grossiers de nos jours. Plus tard, les restes des phases Paléolithique et Néolithique nous mènent graduellement de l'état sauvage jusqu'aux civilisations de l'Égypte et de Mycène, bien qu'il y ait quelque incertitude sur le véritable ordre chronologique des restes découverts actuellement.

IX. — Nous avons encore beaucoup à apprendre, mais, pour le moment, les connaissances naturelles ne donnent aucun appui à l'idée que l'homme est tombé d'un état supérieur à un état inférieur. Au contraire, tout indique une lente évolution naturelle, qui, favorisée par les conditions ambiantes de localités telles que les vallées du Yang-tse-Kiang, de l'Euphrate et du Nil, atteignit un degré relativement élevé, il y a cinq ou six mille ans, tandis que dans d'autres régions l'état de sauvagerie a persisté jusqu'aujourd'hui. Il n'y a pas, dans ce vaste laps de temps, une seule trace d'une destruction générale de la race humaine, pas la moindre indication que l'homme ait été traité d'après d'autres principes que le reste du monde animal.

X. — Les résultats du processus d'évolution chez l'homme et chez ses contemporains les plus rapprochés ont différé d'une manière merveilleuse. Il est pourtant facile de voir que de petites différences primitives d'un certain ordre doivent à la longue amener une divergence considérable entre la race humaine et les autres. Il est raisonnable de supposer que, dans les organismes humains les plus primitifs, un cerveau perfectionné, une voix plus capable de moduler et d'articuler, des membres qui se prêtaient mieux au geste, une main plus parfaite, capable entre autres choses d'imiter les formes en matériaux plastiques ou autres, se combinaient avec la curiosité, la tendance mimétique, la puissante affection de famille du groupe inférieur le plus rapproché, et qu'ils étaient accompagnés d'une longueur de vie exceptionnelle et d'une période d'enfance prolongée. Les deux dernières particularités étaient évidemment propres à fortifier l'organisation familiale et à donner un grand poids aux influences de l'éducation. La virtualité du langage, comme signe vocal de la pensée, était renfermée dans la faculté de moduler et d'articuler la voix. La virtualité de l'écriture, comme symbole visuel de la pensée, appartenait à la main qui savait dessiner, et à la tendance mimétique qui se décelait par des dessins, même à l'époque Quaternaire. Grâce au langage qui racontait, par la tradition, l'expérience de plus d'une génération, grâce à l'écriture qui racontait celle d'un nombre quelconque de générations, l'expérience de la race, éprouvée et corrigée d'une génération à l'autre, pouvait être conservée et devenir le point de départ de progrès nouveaux. Avec ces facteurs, parfaitement naturels, du processus de l'évolution chez l'homme, il semble superflu d'aller en chercher d'autres plus loin.

XI. — Il est très vrai que la doctrine de l'évolution implique un état primitif d'innocence de l'humanité ; mais, ainsi que je l'ai déjà remarqué, c'est l'innocence du singe et du tigre dont il serait absurde de blâmer les actes, quand ils seraient le plus contraires aux principes de la moralité. La luxure de l'un et la férocité de l'autre ont été tout autant prévues dans leur organisme, et sont d'aussi claires marques de préméditation que tout autre trait qu'on pourrait citer.

L'observation et l'expérience relatives aux phénomènes sociaux apprirent bientôt aux hommes que, pour obtenir les avantages de l'existence en société, il fallait obéir à certaines règles. La moralité a commencé avec la société. La société n'est possible qu'à condition que chacun de ses membres cède plus ou moins de sa liberté d'action individuelle. Chez les sociétés primitives, l'égoïsme individuel était une force centrifuge d'une telle intensité qu'elle amenait constamment l'organisation sociale à deux doigts de sa destruction. De là, la prééminence des règles positives d'obéissance aux vieillards et de fidélité à la famille ou la tribu en toute difficulté, l'accomplissement des rites religieux, parce qu'on pensait que leur non-observance les compromettrait auprès des puissances surnaturelles dont le culte est un des premiers produits de la pensée humaine, et enfin les règles négatives qui empêchent chacun de s'ingérer dans la vie ou dans la propriété des autres.

XII. — La forme la plus élevée de la société humaine qu'il soit possible de concevoir est celle où le désir de faire ce qui convient à tous domine et limite l'action de chaque membre de la société. Plus l'organisation sociale est complexe, et plus grand est le nombre des actes dont chaque homme doit s'abstenir s'il désire faire ce qui convient à tous. Ainsi l'évolution progressive de la société est synonyme de la restriction croissante de la liberté individuelle en certaines directions.

Avec le progrès de la civilisation et le développement des villes et des nations par l'agglomération des familles et des tribus, les règles qui constituent le fondement commun de la moralité et de la loi devinrent plus nombreuses et plus compliquées, et les tentations d'en violer ou d'en éluder beaucoup devinrent plus fortes. En l'absence d'une claire compréhension des sanctions naturelles de ces règles, on accepta l'idée d'une sanction surnaturelle, et l'imagination fournit les motifs qu'on supposait la raison incapable de donner. La religion, d'abord indépendante de la moralité, prit peu à peu celle-ci sous sa protection, et les Surnaturalistes ont toujours depuis essayé de persuader à l'Humanité que l'existence de la morale est liée à celle du Surnaturalisme.

Je ne suis pas de cet avis. Mais, quoi qu'il en soit, il me paraît clair que, comme Belzébuth ne saurait être chassé avec l'aide de Belzébuth, de même la moralité ne saurait être établie par l'immoralité. On nous dit que ce qui caractérise particulièrement le diable, c'est qu'il a été menteur dès le commencement. Si nous commençons la vie en prétendant savoir ce que nous ne savons pas, en professant d'accepter comme preuve un témoignage que nous savons être insuffisant, en fermant volontairement nos yeux et nos oreilles à des faits qui militent contre telle ou telle hypothèse commode, nous faisons assurément tout notre possible pour mériter la même réputation..

Je n'ai pas la présomption d'imaginer que, malgré tous mes efforts, il ne s'est pas glissé d'erreur dans ces propositions, mais je suis à peu près sûr que le temps prouvera qu'elles sont, en substance, justes. Et, s'il en est ainsi, je ne vois pas comment aucun système surnaturalistique existant peut, lui aussi, prétendre à être vrai.

Il est évident que ces propositions sont inconciliables avec la cosmogonie, l'anthropologie et la théodicée bibliques ; mais elles ne le sont pas moins avec le Déisme sentimental du *Vicaire savoyard* et de sa nombreuse progéniture moderne. Il me semble aussi impossible de supposer que le processus de l'évolution a été mis en marche avec une pleine prévision de ses résultats, et pourtant avec ce que nous pourrions juger être une intention purement bénévole, qu'il l'est d'imaginer que l'intention a été purement malveillante. Et le fait que les théories dualistiques, des plus anciens temps jusqu'à nos jours, sous forme de la doctrine du mal inhérent à la matière, ou celle d'Ahriman, ou encore celle d'un Demiurge dur et cruel, ou d'un « prince de ce monde » diabolique, ont prévalu, montre combien le sentiment de cette difficulté a été général.

Beaucoup de gens semblent croire qu'en admettant que la littérature ancienne contenue dans nos Bibles n'a pas plus de droits à l'infaillibilité qu'aucune autre littérature ancienne, et en prouvant que les Israélites et leurs successeurs les Chrétiens ont accepté beaucoup de théories et de légendes surnaturalistiques qui n'ont pas plus de fondement que celles du paganisme, il ne reste plus rien à faire qu'à jeter la Bible dans la corbeille à papier.

J'ai toujours été d'un avis contraire. Il me semble que, s'il y a quelque chose de pire que le Bibliolâtre orthodoxe, c'est le Philistin hétérodoxe qui ne peut découvrir, dans une littérature, qui à certains égards dépasse toutes les autres, rien qu'un sujet de raillerie et une occasion d'étaler son ignorance à l'égard de ce qu'il doit aux générations précédentes.

J'ai préconisé, il y a vingt-deux ans, l'emploi de la Bible comme instrument d'éducation populaire, et j'ose répéter ce que je disais alors :

« Prenez en considération le grand fait historique que, depuis trois siècles, ce livre a été comme la trame de la vie de tout ce qu'il y a eu de meilleur et de plus noble dans l'histoire de l'Angleterre. Il est devenu l'épopée nationale de la Grande-Bretagne, et il est aussi familier aux savants et aux simples, d'un bout à l'autre du pays, que le Dante et le Tasse le furent autrefois aux Italiens. Il est écrit dans l'anglais le plus noble et le plus pur et abonde en beautés littéraires exquises, et enfin il empêche que le dernier des rustres qui n'a jamais quitté son village ignore l'existence d'autres pays et d'autres civilisations et d'un grand passé qui remonte jusqu'aux plus anciennes nations du monde. Par l'étude de quel autre livre les enfants pourraient-ils être autant humanisés et amenés à comprendre que chaque figure dans cette vaste procession historique ne remplit, comme ils le font eux-mêmes, qu'un espace momentané dans l'intervalle entre les éternités, et gagne la bénédiction ou la malédiction de son époque, selon ses efforts pour faire le bien et haïr le mal, tout comme eux-mêmes gagnent le salaire de leur travail [1]. »

J'insistai, en même temps, sur la nécessité de placer cet enseignement entre des mains laïques, dans l'espérance et la conviction qu'il s'accommoderait ainsi, graduellement, aux changements futurs de l'opinion, que la théologie et la légende seraient de plus en plus perdues de vue, tandis que les sujets historiques, littéraires et éthiques, d'un intérêt permanent, seraient de plus en plus amenés au premier plan.

Je puis encore ajouter un motif pour que la Bible

[1] Huxley, *Les Sciences naturelles et l'Éducation. — Ce que doit enseigner l'École*, Paris, 1891, p. 233.

obtienne le respect et l'attention d'un âge démocratique. Dans toute l'histoire du monde occidental, les écritures, juives et chrétiennes, ont incité la révolte contre les pires formes du despotisme clérical et politique. La Bible a été la *Magna Charta* du pauvre et de l'opprimé ; jusqu'au présent jour, aucun État n'a eu une constitution où les intérêts du peuple aient été plus respectés, et où l'on ait plus insisté sur les devoirs — opposés aux privilèges — des gouvernants, que celle qui fut écrite, pour Israël, dans le Deutéronome et le Lévitique. Nulle part on n'a autant proclamé le principe fondamental que le bien-être de l'État, à la longue, dépend de l'intégrité du citoyen. Assurément, la Bible ne fait pas de sentimentalité à propos des droits de l'homme ; mais elle insiste sur l'égalité des devoirs, sur la liberté d'établir cette rectitude qui diffère quelque peu de la lutte pour « les droits », et sur la fraternité qui fait qu'on se préoccupe de son prochain comme de soi-même.

Si les principes démocratiques connus sous les noms d'Égalité, de Liberté et de Fraternité justifient ces noms, la Bible est le livre le plus démocratique du monde. C'est ainsi qu'elle commence, par les sectes hérétiques, à miner le despotisme clérico-politique du moyen âge, presqu'aussitôt qu'il s'établit, au XIe siècle. Le pape et le roi avaient fort à faire pour réprimer les Albigeois et les Vaudois au XIIe et au XIIIe siècle. Les Lollards et les Hussites leur donnèrent encore plus de peine au XIVe et au XVe siècle. Depuis le XVIe siècle, les sectes protestantes ont favorisé la liberté politique dans la mesure où elles ont refusé de reconnaître aucune autorité ultime autre que celle de la Bible.

Mais l'énorme influence qu'ont ainsi exercée les Écritures juives et chrétiennes n'a aucun rapport nécessaire avec les cosmogonies, les démonologies et les interventions miraculeuses. Leur puissance consiste dans leurs appels, non à la raison, mais au sens moral. Je ne dirai point que l'idéal biblique le plus élevé soit en dehors de tout autre, ou soit absolument complet. Mais je crois que la race humaine n'est pas encore, et peut-être ne sera jamais, en position de s'en passer.

II

LES INTERPRÈTES DE LA GENÈSE ET LES INTERPRÈTES DE LA NATURE [1]

Notre fabuliste Gay avertit « ceux qui mettent le doigt entre l'arbre et l'écorce » du sort qui leur est réservé, et, en me hasardant à m'interposer entre un polémiste aussi puissant que l'est M. Gladstone et l'éminent théologien qu'il attaque si vigoureusement je sais parfaitement que je cours grand risque. En outre, il est fort possible que l'on accuse d'indiscrétion mon zèle à appuyer un combattant aussi capable de se défendre que l'est M. Réville.

Il y a, toutefois, deux considérations qui m'ont engagé à courir ce double risque. La première, c'est que, bien qu'à mon avis M. Réville ait absolument raison dans la partie de la discussion à laquelle je me propose de limiter mes observations, il a, néanmoins, en sa qualité d'étranger, très peu de chances de faire triompher la vérité chez les Anglais, se trouvant en lutte avec l'autorité et la savante dialectique du plus grand des maîtres de la rhétorique persuasive entre

[1] *The Nineteenth Century*, Décembre 1885.

les [illegible] re temps qui parlent l'anglais. De mên[illegible]eur de la reine intervient, en certains [illegible] plaideurs, dans l'intérêt de la justice, [illegible] permis d'intervenir comme une sorte [illegible] des sciences, sans mandat. Ma second[illegible] mon immixtion est que des questions i[illegible] science naturelle — sur lesquelles aucun [illegible]nts ne professe parler par expérience – [illegible]s à la discussion. Je pense qu'il est à souhai[illegible]blic sache ce que les sciences naturelles on[illegible]nt, à dire sur ces sujets, à ce que croit, du [illegible] de ceux qui les ont étudiées avec ardeur pe[illegible] quarante dernières années.

Plus que [illegible]e livre que j'eusse lu auparavant, les *Prolégo*[illegible] *l'Histoire des Religions*, de M. Réville, m'on[illegible] l'impression de ce qu'un homme de sentimen[illegible]eux profonds, mais possédant, en même temps [illegible]uction et la puissance de raisonnement lui [illegible]ant d'estimer la valeur des méthodes d'étud[illegible]ntifique et le poids de la vérité scientifique, d[illegible]enser des rapports entre la science et la religion.

Dans le chap[illegible]raitant de la *Révélation primitive*, la valeur scien[illegible]ue du récit de la Création est appréciée en ter[illegible] que je trouve aussi incontestablement respectueu[illegible] ue justes. A la fin du chapitre sur la *Tradition prim*[illegible]*ve*, M. Réville apprécie la valeur de l'anthropologie [illegible]u Pentateuque d'une manière qui me semblait méri[illegible]r l'assentiment de tous les juges compétents, même [illegible]en l'étendant à toute la cosmogonie et la biologie d[illegible] la Genèse :

« Cependant, comme les traditions primitives des nations commencèrent à une époque moins éloignée que la nôtre de la vie primitive, il est indispensable de les consulter, de les comparer et de les associer avec d'autres sources d'information à notre disposition. A ce point de vue, les traditions racontées dans la Genèse possèdent, outre leur charme particulier, une valeur d'un ordre supérieur; mais nous ne pouvons, définitivement, voir en elles qu'un fragment vénérable, très digne d'attention, de la grande genèse de l'humanité. »

M. Gladstone est d'un autre avis. Il diffère de M. Réville sur l'estime qu'il faut accorder aux traditions du Pentateuque non moins que sur l'interprétation de ces mythes homériques qui ont fait l'objet de son étude spéciale. Dans le cas de ces derniers, M. Gladstone dit à M. Réville qu'il a tort, d'après sa propre autorité que, dans un tel sujet, tous respecteront. Dans le premier cas, il affirme être entièrement dépourvu de l'espèce de science qui impose l'autorité, et sa mercuriale est administrée au nom et par l'autorité des sciences naturelles.

Il y a un air de gravité magistrale dans le passage suivant :

« Mais il ne s'agit point ici d'un poème sublime, ou d'un récit habilement composé, il s'agit de savoir si la science de la nature, exerçant patiemment sa fonction élevée d'examiner les faits, trouve que les œuvres de Dieu protestent contre ce que nous aimons à croire être sa parole, et racontent une autre histoire; ou bien si, dans ce XIXe siècle de progrès chrétien, elle fait écho, en substance, au son majestueux qui se répandait en tous pays, avant qu'elle n'existât.

« D'abord, en envisageant en gros la dernière partie du récit de la création des organismes vivants et négligeant les détails, dont quelques-uns (comme dans V, 24) varient dans la version des Septante de ce qu'ils sont dans la version hébraïque, il se présente quatre grandes divisions, exposées comme suit dans l'ordre du temps :

« Le cinquième jour :

« 1° La population aquatique ;

« 2° La population aérienne ;

« Et le sixième jour :

« 3° La population terrestre animale ;

« 4° La population terrestre couronnée par l'homme.

« Cette quadruple division, on peut admettre qu'elle a été à tel point confirmée de notre temps, par les sciences naturelles, qu'on peut la considérer comme une conclusion démontrée et un fait établi [1]. »

On peut « admettre » ? Qui donc ? Je ne puis me résoudre à croire que M. Gladstone ait émis une affirmation aussi solennelle, aussi autoritaire, sur un sujet d'une telle importance sans s'être livré d'abord à une enquête sérieuse, sans pouvoir se reposer sur une autorité scientifique reconnue. Je regrette qu'il n'ait pas jugé à propos de citer la source de ses renseignements; dans ce cas, j'aurais pu m'attaquer à son autorité et j'aurais ainsi évité d'avoir l'air d'attaquer M. Gladstone lui-même, ce qui m'est fort déplaisant de toutes manières.

Car je ne puis répondre à l'affirmation du dernier paragraphe de la citation précédente que par une dénégation complète. Si je connais quelque chose aux

[1] *Loc. cit.*, p. 696.

résultats obtenus dans le domaine des sciences naturelles de notre temps, « la conclusion démontrée et le fait établi », c'est que « l'ordre quadruple » dont parle M. Gladstone n'est pas celui où le témoignage dont nous disposons tend à montrer que les populations aquatiques aériennes et terricoles du globe ont fait leur apparition.

On me dira peut-être que M. Gladstone indique des sources, qu'il cite Cuvier, Sir John Herschel et le Dr Whewell à l'appui de ses vues. Si telle a été l'intention de M. Gladstone en nommant ces noms éminents, je ferai remarquer que, pour cette question particulière, la seule autorité compétente est celle de Cuvier. Mais, si grand qu'ait été Cuvier, il faut se rappeler que, ainsi que M. Gladstone le remarque incidemment, on ne peut maintenant plus voir en lui une autorité récente. En réalité, il est mort depuis plus d'un demi-siècle, et la paléontologie de nos jours est à celle de Cuvier à peu près ce que la géographie du XVIe siècle est à celle du XIVe. Depuis 1832, année où Cuvier est mort, on a découvert non pas un, mais plusieurs nouveaux mondes de vie ancienne, et ceux qui ont le plus fidèlement continué l'œuvre du principal fondateur de la Paléontologie sont ceux qui ont le plus fait pour renverser les raisons essentiellement négatives de son attachement spéculatif à la tradition.

Si M. Gladstone tient ses dernières informations du fameux discours qui sert de préface aux *Ossements Fossiles*, je comprends la position qu'il a prise, mais, s'il a jamais ouvert un bon manuel moderne de paléontologie ou de géologie, je ne le puis. Les faits qui détruisent tout son raisonnement sont, en effet, d'une notoriété générale. Mais, avant d'en venir à la preuve de cette assertion, il faut bien nous entendre sur la signification des termes employés.

Je suppose que, lorsque M. Gladstone se sert du mot de « population aquatique », il désigne les animaux dont il est parlé dans la Genèse, I, 21 (version revue et corrigée), « les grands monstres marins, et toute créature vivante que les eaux produisirent abondamment, selon leur espèce ». Et je suppose que l'on conviendra que ceci désigne les baleines, les marsouins, les poissons de mer et l'innombrable armée des animaux marins invertébrés. Pareillement, la « population aérienne » doit représenter les oiseaux du verset 20, et « tout oiseau ayant des ailes, selon son espèce », du verset 21. Je pense que je puis tenir pour accordé que nous devons, par « volatiles », entendre tous les oiseaux, du moins essentiellement. Il se peut qu'accessoirement les chauves-souris et les ptérodactyles disparus, qui étaient des reptiles volants, doivent être compris sous le même chef. Mais c'est un point à décider par les exégètes hébreux que de savoir si tous les insectes sont les « choses qui rampent » de la population terrestre, ou si les insectes qui volent doivent être compris sous la dénomination de « volatiles ailés ». Enfin je suppose qu'il m'est permis d'affirmer que la « population terrestre » signifie le « bétail » et les « bêtes de la terre », et « toute chose rampante qui rampe sur terre », aux versets 25 et 26 ; il est à présumer que cela comprend toutes les espèces d'animaux terrestres, vertébrés et invertébrés.

excepté ceux qui peuvent être compris sous le chef de « population aérienne ».

Ce que je veux maintenant faire clairement entendre, c'est que, si les termes de « population aquatique », « population aérienne » et « population terrestre » sont compris dans les sens que nous venons de définir, la science naturelle n'a rien à déclarer en faveur de l'idée qu'elies se sont succédé dans l'ordre donné par M. Gladstone, mais que, au contraire, tous les témoignages que nous possédons plaident en sens opposé. D'où il suit que, si M. Gladstone a correctement interprété la Genèse (point sur lequel, je le dis bien haut, je n'émets aucune opinion), cette interprétation est absolument inconciliable avec les conclusions qu'acceptent maintenant les interprètes de la nature, avec tout ce qu'on peut appeler « une conclusion démontrée et un fait établi » de la science naturelle. Et qu'on remarque qu'ici je ne traite point une question de spéculation, mais une question de fait.

Les annales géologiques sont-elles assez complètes pour nous donner les moyens de déterminer dans quel ordre les animaux ont fait leur apparition sur le globe ? Si elles le sont, la détermination de cet ordre n'est guère plus qu'un simple fait d'observation. Si elles ne le sont pas, la science naturelle n'affirme ni ne réfute la « quadruple division », mais garde le silence.

On peut grouper en tableau les séries des dépôts fossilifères contenant les restes d'animaux qui ont vécu sur la terre aux siècles passés de son histoire, restes qui peuvent seuls donner le témoignage requis par la science à l'égard de l'ordre d'apparition des espèces différentes.

Le tableau suivant énumère les formations géologiques, la plus ancienne étant la dernière.

FORMATIONS :	PREMIÈRE APPARITION DES :
Quaternaire.	
Pliocène.	
Miocène.	
Eocène	Animaux *aériens* vertébrés. (Chauve-souris.)
Crétacée.	
Jurassique	Animaux *aériens* vertébrés. (Oiseaux et Ptérodactyles.)
Triasique.	
Paléozoïque supérieure.	
— moyenne...	Animaux *terrestres* vertébrés. (Amphibiens et Reptiles.) (?)
Paléozoïque inférieure.	
Silurienne	Animaux *aquatiques* vertébrés. (Poissons.) Animaux *aériens* et *terrestres* invertébrés. (Insectes volants et Scorpions.)
Cambrienne............	Animaux *aquatiques* invertébrés (beaucoup plus tôt si l'*Eozoon* est animal.)

J'ai noté, dans la colonne de droite, le groupe de couches dans lesquelles, suivant nos renseignements actuels, les animaux *terrestres*, *aériens* et *aquatiques* ont apparu respectivement pour la première fois ; par suite de l'ambiguïté de la signification de « volatile », j'ai indiqué séparément la première apparition des chauves-souris, des oiseaux, des reptiles volants et des insectes volants. On observera que, si « volatile » ne signifie qu' « oiseau », ou au plus un vertébré qui vole, la première apparition certaine de ce dernier, à l'époque Jurassique, est postérieure à la première apparition des véritables *amphibiens* terrestres, peut-être même des vrais reptiles, dans l'époque Carbonifère (Paléozoïque moyen) par un intervalle de temps prodigieux.

Les animaux aquatiques vertébrés apparaissent, pour la première fois, dans le Silurien supérieur [1]. Par conséquent, si nous nous fondons sur les animaux vertébrés et ne donnons le nom de « volatiles » qu'aux oiseaux, ou tout au moins aux vertébrés qui volent, la science naturelle dit que l'ordre de succession a été : population aquatique, population terrestre et population aérienne, et non, comme M. Gladstone, se fondant sur la Genèse, le dit être : population aquatique, population aérienne et population terrestre. Si un chroniqueur de la Grèce affirmait que le siècle d'Alexandre a précédé celui de Périclès et a succédé immédiatement à la guerre de Troie, M. Gladstone ne dirait probablement pas que cet ordre peut être considéré comme si bien affirmé par la science historique « qu'on peut le tenir pour une conclusion démontrée et un fait établi ». Cependant la science de la nature « affirme » son ordre « quadruple » dans la même mesure, — ni plus ni moins.

Supposons, cependant, que « volatile » doive être entendu comme comprenant les insectes qui volent. En ce cas, la première apparition d'une population aérienne doit être reculée de nombreux siècles, de récentes découvertes ayant montré qu'on en rencontre dans les roches de la période Silurienne. On aurait

[1] Plus tôt même, si les derniers documents découverts sont exacts.

pu encore espérer le maintien de l'ordre quadruple, n'était que la destinée a voulu, méchamment, que des scorpions, « choses rampantes qui rampent sur terre » par excellence, se soient trouvés, en même temps à peu près dans des couches siluriennes. De sorte que, si le mot hébreu primitif traduit comme « volatile » signifiait après tout « cancrelat », aussi — et j'ai grande foi dans l'élasticité de cette langue aux mains d'un exégète biblique — l'ordre primitivement suggéré par le témoignage existant :

2. Population terrestre et aérienne ;
1. Population aquatique ;

et l'ordre de M. Gladstone :

3. Population terrestre ;
2. Population aérienne ;
1. Population aquatique ;

ne pourraient aucunement coïncider. Il est de fait donc que l'affirmation avancée avec tant d'assurance se trouve être dépourvue de fondement et est en contradiction directe avec le témoignage dont nous disposons pour le moment [1].

[1] On pourrait objecter que mon exposé n'est pas impartial en ce que l'unique aile d'insecte découverte il y a un an, dans des roches Siluriennes, et qui est, jusqu'ici, la seule preuve de l'existence d'insectes plus anciens que l'époque Dévonienne, provient de couches du Silurien Moyen, et par conséquent est plus ancienne que les scorpions qui, ces deux dernières années, ont été trouvés dans les couches supérieures du Silurien de Suède, d'Angleterre, et des États-Unis Mais aucun de ceux qui connaissent la nature du témoignage que donnent les restes fossiles n'oserait affirmer que le fait de n'avoir pas découvert, jusqu'à ce jour, de scorpions dans les couches du Silurien Moyen, offre plus de raisons de supposer qu'ils n'existaient pas que celui de n'avoir pas encore découvert d'insectes volants dans les couches Siluriennes supé-

Si, passant au-delà de ce qu'on peut apprendre des faits de l'apparition successive des formes de la vie animale sur la surface du globe, en tant que la science naturelle nous les a fait connaître jusqu'ici, nous appliquons nos facultés de raisonnement à découvrir ce que signifient ces faits observés, les conclusions des interprètes de la nature ne semblent pas moins opposées à celles du dernier interprète de la Genèse.

M. Gladstone paraît admettre que la doctrine de l'évolution renferme quelque vérité, et en réalité il la place sous une haute protection :

« Je soutiens que l'évolution, dans sa forme la plus élevée, n'a point été chose inconnue jusqu'ici dans l'histoire, la philosophie ou la théologie. Je soutiens qu'elle était présente à l'esprit de saint Paul quand il prêchait que, les temps étant accomplis, Dieu envoya son Fils, et à celui d'Eusèbe quand il écrivait la *Préparation à l'Evangile*, et à celui d'Augustin quand il composait la *Cité de Dieu*[1]. »

Quelqu'un a-t-il jamais contesté l'affirmation, si solennellement énoncée, que la doctrine de l'évolution n'a pas été inventée d'avant-hier? Quelqu'un a-t-il jamais rêvé d'en faire une innovation moderne? Y a-t-il quelqu'un d'assez ignorant de l'histoire de la

rieures ne fait douter de la certitude qu'ils ont existé, certitude qui repose sur l'existence de l'aile du Silurien Moyen. En réalité j'ai été un peu loin en admettant que ces fossiles donnent une certaine couleur à l'idée que la population terrestre et la population aérienne ont une origine contemporaine.

[1] *Loc. cit.*, p. 706.

philosophie pour ne pas savoir que c'était une des formes dans lesquelles s'incarnait la spéculation longtemps avant le temps de l'évêque d'Hippone ou celui de l'apôtre des Gentils. M. Gladstone, entre tous, peut-il être disposé à passer sous silence les fondateurs de la philosophie grecque pour ne rien dire des sages de l'Inde à qui l'idée de l'évolution était familière plusieurs siècles avant la naissance de Paul de Tarse ? Mais il y aurait de l'ingratitude à chicaner à propos de l'acquiescement, même le plus indirect, à la valeur possible d'une de ces affirmations de la science naturelle, dont on peut réellement dire qu'elles sont « une conclusion démontrée et un fait établi ». J'en prends note, avec plaisir, ne fût-ce que pour pouvoir ajouter l'observation que, s'il y a réellement quelque vérité dans la doctrine de l'évolution appliquée aux animaux, le commentaire de M. Gladstone à propos de la Genèse, dans le passage suivant, n'est guère heureux :

« Dieu créa :
« *a*) La population aquatique ;
« *b*) La population aérienne ;
« Et elles reçoivent sa bénédiction (V, 23).
« Suivant cette progression régulière de l'inférieur au supérieur, du simple au composé, le texte nous donne maintenant l'œuvre du sixième « jour », qui fournit la population terrestre, l'air et l'eau ayant déjà été pourvus[1]. »

Le point sur lequel je veux attirer l'attention est la supposition que la « population aérienne » forme un

[1] *Loc. cit.*, pp. 695, 696.

terme dans l'ordre de la progression de l'inférieur au supérieur, du simple au complexe ; — que c'est la zone située entre la population aquatique au dessous et la population terrestre au dessus ; — et j'en parle comme d'un « commentaire », parce que l'écrivain du Pentateuque n'en est aucunement responsable.

Mais il n'est pas vrai que la population aérienne, considérée dans son ensemble, soit « inférieure » ou moins « complexe » comparée à la population terrestre. Au contraire, tout commençant dans l'étude de l'anatomie des animaux sait que l'organisation d'une chauve-souris, d'un oiseau ou d'un ptérodactyle présuppose celle d'un animal terrestre, et qu'elle n'est intelligible que comme modification extrême de l'organisation d'un mammifère terrestre ou d'un reptile. De même tous les insectes ailés (s'ils doivent être comptés dans la « population aérienne ») présupposent des insectes qui étaient aptères, et qui par conséquent, en qualité de « choses rampantes », faisaient partie de la population terrestre. Ainsi la théorie est aussi contraire que l'observation à l'idée que la science de la nature démontre la succession de la vie animale telle que M. Gladstone la découvre dans la Genèse. Au contraire, beaucoup de représentants des sciences naturelles seraient disposés à admettre, pour des raisons théoriques, qu'il est difficile de croire que la « population aérienne » ait paru avant la « population terrestre », et que, si cette affirmation se trouve dans la Genèse, elle démontre uniquement le manque de valeur scientifique de l'histoire dont elle forme une partie.

En réalité, il y a plus. On ne peut pas même admettre que la population aquatique, dans son ensemble, ait paru avant les populations aérienne et terrestre. Selon la version autorisée, la Genèse fait mention spéciale, parmi les animaux créés le cinquième jour, de « grandes baleines », qui se trouvent remplacées dans la version corrigée par « grands monstres marins ». Loin de moi la présomption de décider laquelle de ces traductions est la meilleure. Tout ce que je veux faire remarquer, c'est que, si les baleines et les marsouins, les dugongs et les lamentins doivent être considérés comme membres de la population aquatique (et s'ils ne sont regardés comme tels, quels animaux pourraient réclamer ce titre ?), il y a lieu de conclure qu'une grande partie de la population aquatique a aussi, certainement, pris naissance plus tard que la population terrestre que l'ont fait les chauves-souris et les oiseaux. Car je ne sache pas qu'aucun juge compétent puisse hésiter à admettre que l'organisation de ces animaux révèle les signes les plus évidents de leur descendance par rapport à des quadrupèdes terrestres.

Pareille critique s'applique à la déclaration de M. Gladstone, selon laquelle, au quatrième acte de cette « succession régulière des temps » énoncée dans la Genèse, « la population terrestre s'acheva dans l'homme ».

Si l'on entend, simplement, par là, que l'homme est le terme final de l'évolution dont il fait partie, je ne pense pas qu'il se soit élevé la moindre objection contre cette affirmation par ceux qui étudient les sciences naturelles. Mais si l'auteur du Pentateuque va plus loin, et s'il veut dire ce que lui attribue M. Gladstone, je crois que la science naturelle devra faire entendre une protestation. Il n'est nullement certain que l'homme — je veux dire l'espèce *Homo sapiens* de la nomenclature zoologique — ait « achevé » la population terrestre en ce sens qu'il aurait fait son apparition après tous les animaux. Un exemple éclaircira ce que je veux dire au point de vue anatomique ; notre bel et utile contemporain — je pourrais presque l'appeler collègue, — le cheval (*Equus caballus*), est le dernier terme de la série à laquelle il appartient, tout comme l'*Homo sapiens* est le dernier terme de la série dont il est membre. Si je veux savoir si l'espèce *Equus caballus* a fait son apparition sur la surface du globe avant ou après l'*Homo sapiens*, je ne puis être aidé par une déduction de lois connues. Il n'y a pas de raison, que je sache, pour que l'un ait apparu plus tôt que l'autre. Si j'ai recours à l'observation, je trouve d'abondants restes d'*Equus caballus* dans les couches du Quaternaire, et peut-être un peu plus tôt. L'existence de l'*Homo sapiens* à l'époque Quaternaire est certaine aussi. On a recueilli des témoignages en faveur de l'existence de l'homme durant l'époque Pliocène et même durant l'époque Miocène. Je ne suis pas convaincu, mais je n'ai néanmoins aucune raison de douter qu'il puisse en être ainsi. En réalité, je crois très possible que des recherches ultérieures montrent que l'*Homo sapiens* a existé non seulement avant l'*Equus caballus*, mais avant beaucoup d'autres des formes existantes de la vie animale; de sorte que, si toutes les espèces d'animaux ont été créées séparément, l'homme, dans ce cas, ne serait nullement l' « achèvement » de la population terrestre.

Je n'élève pas d'objections contre la position du quatrième terme de l' « ordre » de M. Gladstone ; tels que sont les faits, il est permis à chacun de croire pieusement que la création de l'homme a été le point culminant, le couronnement du processus de peuplement du globe. Mais il ne faut pas dire que la science de la nature compte cette opinion parmi ses « conclusions démontrées et ses faits établis », car il y aurait tout autant — ou aussi peu — de raisons *pour* que *contre* l'opinion contraire.

Il peut sembler superflu d'ajouter à la preuve que M. Gladstone s'est entièrement fourvoyé en supposant que son interprétation de la Genèse reçoit quelque appui de la science de la nature. Mais il ne faut jamais faire les choses à demi, et je crois utile d'indiquer que les faits, tels que nous les connaissons maintenant, non seulement réfutent l'interprétation de la Genèse offerte par M. Gladstone dans les détails, mais encore qu'ils sont en opposition avec l'idée centrale sur laquelle elle est basée.

Il doit y avoir une position où les conciliateurs de la science et de la Genèse se retranchent derrière quelque idée centrale dont l'affirmation est d'intérêt vital, dont la réfutation serait fatale. Si même ils admettent maintenant que les mots « le soir et le matin » ne se rapportent nullement au jour que nous connaissons, mais signifient une période d'un nombre quelconque de millions d'années selon les besoins de la cause; si même ils en viennent à admettre que le mot « création », que tant de millions de pieux juifs et chrétiens ont tenu et tiennent encore pour un acte soudain de la Divinité, ne signifie qu'un processus d'évolution graduelle d'une espèce à l'autre, s'étendant à travers un temps impossible à calculer; si même ils veulent accorder que la coïncidence qu'on a affirmé exister entre l'ordre de la nature et l' « ordre quadruple » attribué à la Genèse est une erreur évidente et non une vérité établie, ils sont sans doute décidés à se défendre énergiquement pour la conception qui est à la base de tout et qui constitue l'essence de la « division quadruple produite en une succession régulière des temps » de M. Gladstone. Cette conception, c'est que les espèces animales composant la population aquatique, la population aérienne et la population terrestre, respectivement, ont pris naissance durant trois périodes de temps distinctes et successives, et seulement durant ces périodes.

Cet exposé me semble être l'interprétation de la Genèse soutenue par M. Gladstone, réduite à sa plus simple expression. « Période de temps » est substituée à « jour »; « pris naissance » substitué à « créé », et « tout ordre requis » fait place à celui que M. Gladstone a adopté. Il faut faire cette réserve, car si « jour » signifie quelques millions d'années, et que « création » puisse vouloir dire évolution, il est évident alors que l'ordre : 1, population aquatique, 2, population aérienne, 3, population terrestre, peut également signifier : 1, population aquatique, 2, population terrestre, 3, population aérienne ; et il y aurait peu de grâce à lier les mains des conciliateurs par ce détail quand on en a tant sacrifié d'autres pour leur plaire.

Mais cette essence de la doctrine du Pentateuque (si tant est que ce soit bien celle-ci), même dans ces conditions, reste en désaccord tout aussi grand que jamais avec la science naturelle.

Il n'est pas vrai que les espèces composant l'un quelconque des trois groupes aient pris naissance pendant une seule des trois périodes successives de temps et non durant une autre.

Sans aucun doute, il est très probable que la vie animale est apparue d'abord dans les eaux, qu'ensuite vinrent les formes terrestres, et les animaux qui volent ne parurent qu'après les terrestres; mais, en même temps, tout le témoignage que nous possédons constate que la plupart, si ce n'est toutes les espèces primordiales de chaque division, se sont éteintes depuis longtemps, et ont été remplacées par une vaste succession de formes nouvelles. Des centaines de mille d'espèces animales, aussi distinctes que celles qui composent nos populations aquatique, aérienne, et terrestre actuelles, sont venues au monde et en ont disparu pendant les éternités de temps géologique qui nous séparent de l'époque Paléozoïque inférieure, période où commence, ainsi que je l'ai déjà indiqué, la preuve actuelle de l'existence de ces populations distinctes. Si les espèces animales ont toutes été créées séparément, il s'ensuit qu'il a dû se produire des centaines de mille actes d'énergie créatrice, à intervalles divers, pendant tout le temps que racontent les roches fossilifères, et, pendant la plus grande partie de ce temps, la « création » des membres dés populations aquatique, terrestre et aérienne a dû s'opérer simultanément.

Si nous représentons les populations aquatique, terrestre et aérienne par *a*, *b*, *c* respectivement, et si nous indiquons par la succession verticale sur la page l'ordre du temps, le tableau suivant exprimera, en gros, le contraste que j'ai essayé d'expliquer :

GENÈSE (telle que l'interprète M. Gladstone).	NATURE (telle que l'interprète la Science naturelle).
$b\ b\ b$	$c^1\ a^3\ b^2$
$c\ c\ c$	$c\ a^2\ b^1$
$a\ a\ a$	$b\ a^1\ b$
	$a\ a\ a$

Autant que je puis voir, il ne reste qu'une ressource à ces représentants modernes de Sisyphe, à ceux qui voudraient réconcilier la Genèse et la Science ; elle a l'avantage d'être fondée sur un appel parfaitement légitime à notre ignorance. On a vu que, quelle que soit l'interprétation des termes population aquatique et population terrestre, il faut admettre que des représentants invertébrés de ces populations ont existé pendant la période Paléozoïque inférieure. Aucun évolutionniste n'hésitera à admettre que d'autres animaux terrestres (même des vertébrés) puissent avoir existé durant ce temps dont l'histoire nous est si peu connue, et en outre que les scorpions sont des animaux d'une organisation si élevée qu'il est fort probable que leur existence indique une population terrestre de caractère semblable les ayant précédés de beaucoup.

Donc, puisque la population terrestre, dit-on, n'aurait été créée que le sixième jour, il s'ensuit, nécessairement, que la preuve de l'ordre dans lequel les animaux ont apparu doit être cherchée dans les annales de ces temps paléozoïques plus anciens où l'on n'a jusqu'ici découvert que des traces de population aquatique.

Par conséquent, si quelqu'un s'avise de dire que l'œuvre créatrice a eu lieu à l'époque Cambrienne ou Laurentienne, de la manière qu'affirme M. Gladstone, et que n'affirme pas la science naturelle, celle-ci n'est pas en mesure de convaincre d'erreur cette assertion. Mais, en revanche, cette sécurité contre la contradiction de la science signifie la perte de son appui.

Le récit de l'œuvre des premier, second et troisième jours, dans la Genèse, serait-il confirmé par la démonstration de la vérité de l'hypothèse de la nébuleuse ? Serait-il corroboré par ce qu'on sait de la nature et de l'antiquité probable des corps célestes ? Le mot hébreu traduit « firmament » dans la version autorisée signifie-t-il réellement « étendue » ? L'assertion que les eaux sont en partie sous cette « étendue » et en partie au dessus serait-elle plus confirmée qu'auparavant par les faits reconnus de la géographie physique et de la météorologie ? La création de tout le monde végétal, et en particulier d' « herbe, portant grains selon son espèce, et d'arbres portant fruit », avant aucune espèce d'animal, est-elle « affirmée » par l'enseignement apparemment simple de la paléontologie botanique qui dit que les herbes et les arbres à fruit ne prirent naissance que longtemps après les animaux ? Tout cela, ce sont autant de questions qui, si je ne me trompe, seraient, sans hésitation, négativement tranchées par ceux qui sont particulièrement versés dans les sciences qui les concernent. Et il faut se rappeler que la question soulevée par M. Gladstone est celle de savoir non pas si, par quelque effort de subtilité, on peut prouver que la science ne réfute pas l'histoire du Pentateuque, mais si elle la soutient :

« Il n'y a rien, dans les critiques de M. Réville, qui ne tende plutôt à confirmer qu'à infirmer notre vieille croyance, un peu démodée, qu'il y a une révélation dans le livre de la Genèse[1]. »

La forme sous laquelle M. Gladstone a jugé bon d'énoncer cette opinion me laisse des doutes sur sa substance. Je ne puis comprendre comment une critique hostile peut, dans des circonstances quelconques, tendre à confirmer ce qu'elle attaque. Si, toutefois, M. Gladstone n'entend exprimer que son impression personnelle, « tout en étant entièrement dépourvu de l'espèce de science qui donne de l'autorité, » d'avoir détruit la valeur de ces critiques, je n'ai ni le désir ni le droit d'essayer de troubler sa foi. D'autre part, je demande qu'il me soit permis d'exprimer la conviction que, en ce qui concerne la science naturelle, les observations de M. Réville conservent

1. *Loc. cit.*, p. 694.

exactement la valeur qu'elles possédaient avant que M. Gladstone ne les attaquât.

Je pense en avoir assez dit pour assurer à l'auteur d'une dissertation sage et modérée sur un sujet qui semble destiné à exciter profondément la sottise et le fanatisme, une plus complète mesure de justice qu'on ne lui en a encore accordé, et je me retire de l'arène où je suis entré de mon propre mouvement avec l'espoir que je n'aurai pas, un jour, à demander pardon à M. Réville d'avoir nui à sa cause si solide par un plaidoyer imparfait et passionné. Peut-être me sera-t-il permis d'ajouter quelques mots pour mon propre compte, au sujet de la grande question des rapports entre la science et la religion, question à laquelle j'ai beaucoup réfléchi, depuis que j'ai commencé à réfléchir, et sur laquelle j'ai, plus d'une fois, dans les trente dernières années, exprimé, en public, ma manière de voir.

L'antagonisme entre la religion et la science dont nous entendons tant parler me semble être purement factice, créé, d'une part, par des gens religieux, de vue courte, qui confondent une certaine branche de la science, la théologie, avec la religion ; et d'un autre côté par des hommes scientifiques, également myopes, qui oublient que le domaine spécial à la science est uniquement ce qui est susceptible d'être clairement compris par l'intelligence, et que, en dehors des limites de cette province, ils doivent se contenter de l'imagination, de l'espérance et de l'ignorance.

Il me semble que la vie morale et intellectuelle des nations civilisées de l'Europe est le produit de cette action réciproque, ici antagonisme et là échange entre les races sémitiques et aryennes, commençant à l'aube de l'histoire, avec les Grecs et les Phéniciens, et se continuant, jusqu'à nos jours, par les Carthaginois et les Romains, par les Juifs et les Gentils. Nos arts (sauf, peut-être, la musique) et nos sciences sont des contributions des Aryens ; mais l'essence de notre religion nous vient des Sémites. Au VIIIe siècle avant Jésus-Christ, au cœur d'un monde de polythéistes idolâtres, les prophètes hébreux promulguèrent une conception de la religion qui me semble une inspiration de génie aussi merveilleuse que l'art de Phidias ou la science d'Aristote.

« Et que demande de toi le Seigneur, si ce n'est de vivre dans la justice, d'aimer la miséricorde, et de marcher humblement avec ton Dieu ? »

Toute religion qui voudrait ôter quelque chose à cette belle parole de Michée mutilerait de gaieté de cœur l'idéal parfait de la religion. Celle qui voudrait y ajouter, la rendrait obscure.

Mais quelle étendue de savoir et de fine critique pourrait l'entamer, si toutefois quelqu'un en possession de science et de subtilité avait l'absurdité d'engager la bataille. Le progrès des recherches prouvera-t-il que la justice est sans valeur, et la miséricorde odieuse ? Adoucira-t-il jamais l'amer contraste qui règne entre nos actions et nos aspirations ; ou, en nous montrant les bornes de l'Univers, nous fera-t-il dire : Allez ! maintenant nous comprenons l'infini ?

Il y avait des trésors de colère chez ces anciens Israélites, et le bâton du prophète eût, sûrement, fait bonne connaissance avec la tête du disciple qui eût demandé à Michée si, par hasard, le Seigneur exigeait de lui une foi implicite dans l'exactitude de la cosmogonie de la Genèse.

Ce que nous appelons religion, de nos jours, est en grande partie un judaïsme hellénisé ; il arrive, fréquemment, que l'élément hellénique amène avec lui un reste considérable de paganisme du vieux monde, et une grande proportion des pires et plus faibles produits de la spéculation scientifique grecque, tandis que des fragments de mythologie Persane et Babylonienne, ou plutôt Acadienne, augmentent la contribution du judaïsme à la masse commune.

La science n'est point l'ennemie de la religion, mais celle des survivances païennes et de la mauvaise philosophie, sous laquelle la religion elle-même est souvent écrasée. Et, pour ma part, je crois que cet antagonisme ne cessera jamais, mais que, jusqu'à la fin des temps, la vraie science continuera à remplir une de ses fonctions les plus bienfaisantes, celle de soulager les hommes du fardeau de la fausse science qu'on leur impose au nom de la religion.

C'est l'œuvre que M. Réville et d'autres comme lui accomplissent pour nous ; c'est l'œuvre que ses adversaires essayent, consciemment ou inconsciemment, d'entraver.

III

SCIENCE ET MORALE[1]

Malgré de longues hésitations, qui sont peut-être justifiées, je commence à croire qu'il doit y avoir quelque chose dans la télépathie. Un récent numéro de la *Fortnightly Review* fournit en effet une preuve que je ne puis laisser passer inaperçue, suivant laquelle, parmi les dons encore inconnus de l'espèce humaine, il se trouverait une faculté, encore plus merveilleuse que celle qui permettait au sage ésotérique bouddhiste « sur la montagne la plus éloignée du Cathay » de lire les pensées intimes de l'habitant de l'enceinte familière du district postal de Londres. Un tel voyant est grandement doué à coup sûr ; mais combien mieux encore l'est celui qui unit l'art de lire non seulement les pensées connues du penseur, à l'art de lire celles qu'il ignore ; qui le voit inconsciemment tirer des conclusions qu'il répudie, et soutenir des doctrines qu'il déteste.

Il est dangereux de réfléchir à la confusion que l'exercice d'une telle faculté peut introduire dans

[1] *Fortnightly Review*, novembre 1886.

les idées de personnalité et de responsabilité. La folie n'est pas loin. Mais la vérité est la vérité, et je suis près de croire en ce qui n'existe pas quand il n'y a pas d'autre alternative que la supposition que l'auteur de l'article sur « le Matérialisme et la Moralité[1] » s'est, malgré sa capacité et son honnêteté manifestes, porté garant de ce que, en tant que je puis me fier à ma propre connaissance de mes propres pensées, je dois considérer comme une multitude d'erreurs de première grandeur.

J'admire tant la sincérité de M. Lilly, je suis si complètement persuadé de la droiture de ses intentions, qu'il me répugne d'avoir à combattre rien de ce qu'il peut dire, et je sympathise si chaudement avec son dédain viril de beaucoup de ce qui passe sous le nom de littérature, de notre temps, que je garderais volontiers le silence au sujet de l'exposition, d'ailleurs bienveillante, de sa théorie de mes propres principes, si je pensais que cette abnégation personnelle pût servir les intérêts de la cause que tous deux nous chérissons. Mais je ne puis le croire. Ma croyance peut être laide, mais elle est bien à moi, ainsi que disait Touchstone de la dame de ses pensées, et j'ai une trop haute opinion des vertus solides de l'objet de mes affections pour supporter de la voir calmement représentée comme beaucoup plus laide et dépourvue de toute vertu. J'espère être toujours prêt à soutenir une cause qui chancelle, du moment où je l'ai adoptée ; mais souffrir pour une cause per-

[1] Lilly, *Fortnightly Review*, vol. XL (1886).

due, qu'on a fait tout au monde pour faire tomber, est une sorte de martyre que je ne goûte point du tout. A mon avis, la théorie philosophique que M. Lilly m'attribue — mais que j'ai répudiée mainte et mainte fois — est insoutenable et vouée à l'extinction, et je me refuse, non sans raison, à me laisser compter parmi ses défenseurs.

Selon le procédé des polémistes du moyen âge, M. Lilly dresse trois thèses qui, selon lui, incarnent les principales hérésies propagées par le Pr Clifford, M. Herbert Spencer, et moi-même. Il dit que nous nous accordons « pour rejeter, comme impossible à vérifier : 1° tout ce que les sens ne peuvent vérifier ; 2° tout ce qui dépasse les bornes de la science physique ; 3° tout ce qui ne peut être apporté à un laboratoire et étudié par les procédés de la chimie [1] ».

Mon jeune et regretté ami Clifford, qui avait la plus douce des natures, bien qu'il fût le plus ardent des polémistes, est hors de la portée de nos petites controverses, mais ses œuvres répondent pour lui, et il est facile à qui sait lire d'y trouver la réfutation des assertions de M. Lilly.

M. Herbert Spencer jusqu'ici a toujours su se défendre, et s'y est toujours montré prêt, et il serait superflu, pour ne pas dire impertinent de ma part, de vouloir rompre des lances en sa faveur.

Mais, en ce qui me regarde, si ma connaissance de ma propre conscience peut être considérée comme adéquate (et je ne prétends pas le moins du monde

[1] *Loc. cit.*, p. 578.

connaître ce qui se passe dans mon *Unbewusstsein*, je demande la permission de faire observer que la première proposition ne me paraît point vraie ; que la seconde est dans le même cas, et que, s'il y a des degrés dans le manque de véracité, le troisième est d'une fausseté si monstrueuse qu'elle côtoie les limites de l'absurde, si même elle n'y nage. Donc, à ces trois thèses, je réponds, ainsi qu'il convient, *Nego*, je dis non, et je vais donner les motifs de cette négation, que les convenances ne me permettent pas de rendre tout à fait aussi catégorique que je le voudrais.

Commençons par la première assertion, que « je rejette, comme impossible à vérifier, tout ce que les sens ne peuvent vérifier ». Est-il possible d'affirmer ceci sérieusement d'un être humain quelconque ? Je ne suis pas défenseur attitré de l'humanité en général, et, bornant mes observations à moi-même, je demande la permission d'indiquer que, au moment actuel, j'ai la conviction inébranlable que M. Lilly est victime d'un malentendu énorme et évident, et que je n'ai pas la moindre intention d'écarter cette conviction parce que je ne puis la « vérifier » par le toucher, ou le goût, ou l'odorat, ou l'ouïe, ou la vue, qui (en l'absence de toute trace de faculté télépathique) forment le total de mes sens.

Et, encore, je puis me risquer à admirer la langue claire et énergique dont M. Lilly habille sa pensée ; mais la source de cette admiration ne se trouve en rien que mes cinq sens me laissent découvrir dans les pages de son article, et qu'un orang-outang pourrait percevoir aussi nettement que moi. Non, elle se trouve dans l'appréciation de la forme littéraire et de la structure logique par des facultés esthétiques et intellectuelles qui ne sont pas des sens, et qui, souvent, ne sont que trop absentes alors que les sens sont en pleine vigueur. Mon parent pauvre peut bien me dépasser quand il s'agit de sensation, mais je suis bien sûr, quand il est question de style et de syllogismes, qu'il n'y est plus.

S'il existe quelque chose au monde dont je sois fermement convaincu, c'est l'universelle validité de la loi de causation; mais cette universalité ne saurait être prouvée par une somme quelconque d'expérience, et pas même par celle qui nous vient des sens. Et, quand un effort de volition change le courant de ma pensée, ou quand une idée en appelle une autre qui lui est associée, je ne doute pas que le processus auquel est dû, en chaque cas, le premier des phénomènes ne soit la cause du second. Cependant, essayer de vérifier cette croyance par la sensation serait une pure folie. Je suis bien sûr que M. Lilly ne met point en doute ma raison, et la seule alternative semble être d'admettre que sa première proposition est erronée.

La seconde thèse m'accuse de rejeter comme invérifiable « tout ce qui dépasse les limites de la science physique ». Je répète : Non. Personne, j'imagine, ne me supposera le désir de limiter l'empire de la science physique ; mais je suis réellement obligé d'avouer qu'un grand nombre de phénomènes très familiers, et en même temps très importants, sont tout à fait en dehors de ses bornes légitimes. Je ne puis concevoir, par exemple, comment les phénomènes de la conscience, comme tels, et séparés du processus physique par lequel ils sont appelés à l'existence, peuvent être ramenés dans les bornes de la science physique. Prenons l'exemple le plus simple qu'il soit possible de choisir, la sensation de la couleur rouge. La science physique nous dit qu'elle naît, d'ordinaire, en conséquence de changements moléculaires propagés de l'œil à une certaine partie de la substance du cerveau, quand des vibrations de l'éther lumineux d'un certain caractère tombent sur la rétine. Supposons que le processus d'analyse physique soit poussé assez loin pour qu'on aperçoive le dernier anneau de cette chaîne de molécules, et qu'on puisse étudier leurs mouvements, comme si elles étaient des billes de billard, les peser, les mesurer, et savoir d'elles tout ce qu'on en peut savoir. Eh bien, même dans ce cas, nous serions aussi incapables que maintenant de renfermer le phénomène de conscience qui en résulte, la sensation de la couleur rouge, dans les limites de la science physique. Ce phénomène resterait aussi différent de ceux que nous connaissons sous le nom de *force* et de *mouvement* qu'il l'est maintenant. Si jamais j'ai cru devoir insister, à plusieurs reprises, sur un principe, c'est sur celui-ci. Et qu'il soit vrai ou non, le fait de mon insistance ne laisse pas une ombre de justification à l'assertion de M. Lilly.

Mais, ici aussi, je demande comment il se peut concevoir qu'un homme, en possession de toutes ses facultés naturelles, soutienne une telle opinion ? Je ne pense pas être doué d'une façon exceptionnelle parce que j'ai, toute ma vie, vivement joui des beautés que m'ont offertes la Nature et l'Art. La science physique pourra peut-être, quelque jour, selon toute probabilité, permettre à notre postérité de connaître les concomitants physiques exacts et les conditions de l'étrange plaisir que produit la beauté. Mais, si ce jour arrive jamais, le plaisir restera, tout comme maintenant, au dehors et au-delà du monde physique, et même dans le monde intellectuel ce sera quelque chose de surajouté à la simple sensation. Je ne voudrais pas trop me vanter de ma supériorité sur mon humble cousin, l'orang-outang, mais je crains fort que, dans le domaine de l'esthétique comme dans celui de l'intelligence, il ne compte guère. Sans doute il peut découvrir facilement un fruit au milieu d'un amas de feuillage où je ne verrais rien, mais je suis à peu près sûr qu'il n'a jamais été impressionné, comme je l'ai été, par la vague obscurité religieuse de la forêt tropicale qu'il habite, comme si elle était un temple voué aux dieux de la terre. Pourtant, je ne doute pas que notre pauvre ami aux longs bras et aux jambes courtes, tandis que, perché dans les branches, il croque d'un air méditatif son fruit, ait derrière sa triste figure socratique quelque chose qui est entièrement « au-delà des bornes de la science physique ». La science physique peut savoir comment il attrape, mâche et digère le fruit, et comment la titillation physique de son palais est transmise à quelques cellules microscopiques de la matière grise de son cerveau. Mais les sentiments de douceur et de satisfaction qui, pendant quelques instants, éclairent d'une lueur ses yeux mélancoliques, sont aussi entièrement en dehors des bornes de la physique que l'est la « belle frénésie » d'un rhapsode humain.

M. Lilly croit-il réellement, me mettant entièrement hors de cause, qu'il y ait un seul homme ayant le sentiment de la musique qui doute de la réalité du plaisir qu'il en reçoit, parce que ce plaisir est en dehors des bornes de la science physique, non moins qu'en dehors de la région du sens de l'ouïe? Mais, peut-être comprend-il la musique, la peinture et la sculpture sous le chef de science physique, et en ce cas je ne puis que regretter d'être incapable d'approuver cet anoblissement de mes goûts favoris.

La troisième thèse m'accuse de rejeter comme invérifiable « tout ce qui ne peut être apporté à un laboratoire et étudié par les procédés de la chimie »; et, une fois encore, je répète : Non. Cette affirmation étonnante n'est pas nouvelle; elle m'a été souvent jetée à la tête, lancée de la région où une douce (ou aigre) bêtise règne si souvent, — de la chaire. Mais je m'étonne qu'un écrivain aussi intelligent et loyal que M. Lilly consente à patroner pareille absurdité! S'il me faut traiter ce sujet sérieusement, je me trouve en présence d'un dilemme. Ou bien quelque signification, aussi inconnue à l'usage qu'aux dictionnaires, s'attache aux mots « laboratoire » et « chimique »; ou bien la proposition (comment faire pour trouver un mot poli et cependant exact?) est, par exemple, fantaisiste.

M. Lilly suppose-t-il que je mets de côté « comme invérifiables » tous les principes des mathématiques, de la philologie, de l'histoire? Et si je ne le fais pas, aura-t-il l'extrême bonté de dire comment on peut étudier « chimiquement » le Binôme de Newton, même dans le mieux pourvu des « laboratoires », ou bien en quel endroit se gardent les balances et les creusets par lesquels on essaye les diverses théories de la nature de la langue basque ; ou quels réactifs tireront la vérité d'une histoire de Rome en laissant au fond les erreurs comme résidu.

Je ne puis véritablement répondre à ces questions, et, si M. Lilly ne le peut pas plus, je crois qu'il fera mieux à l'avenir de réfléchir à deux fois avant d'attribuer des idées aussi absurdes à ses semblables qui, après tout, comme l'a dit un jurisconsulte rempli de sagesse, sont des animaux vertébrés.

Tout ceci m'embarrasse fort, et je suis sûr qu'il doit y avoir une explication qui laissera intacte la réputation de bon sens et de loyauté de M. Lilly. M. Lilly serait-il — j'avance ceci timidement — victime d'une confusion assez commune chez les gens étourdis, et où il serait tombé sans s'en apercevoir? Il est évident que dire que les méthodes logiques de la science physique sont applicables d'une manière universelle, et affirmer que tous les sujets de la pensée sont renfermés dans le domaine de la science physique, sont deux choses bien distinctes. J'ai souvent proclamé ma conviction qu'il n'y a qu'une méthode pour arriver à la vérité intellectuelle, que la matière à étudier appartienne au monde de la physique ou à celui de la conscience ; et un des arguments en faveur de l'étude de la science physique comme instrument d'éducation que j'ai le plus souvent employé, c'est qu'à mon avis elle exerce les jeunes esprits à apprécier le témoignage inductif mieux que toute autre étude. Mais, tout en répétant que les sciences physiques fournissent probablement les exemples les meilleurs et les plus faciles à apprécier de la méthode une et indivisible de découvrir la vérité à l'aide de la raison, je demande la permission d'ajouter que je n'ai jamais entendu prétendre que d'autres branches de connaissances ne puissent utiliser la même discipline ; et je n'ai assurément jamais prêté à me laisser attribuer la ridicule affirmation qu'il n'y a rien de vrai en dehors des bornes de la science physique. Sans doute, des gens désireux de me nuire, et n'ayant pas un respect exagéré pour la vérité, ont assez souvent travesti ce que je voulais dire. Mais M. Lilly n'est point un de ceux qu'on passe sans se détourner, et je ne puis que m'étonner et m'attrister de le trouver en telle compagnie.

En voilà assez sur les trois thèses de M. Lilly. Je crois avoir prouvé que la première est inexacte, que la seconde est inexacte, que la troisième est inexacte, et que ces trois inexactitudes constituent une erreur d'exposition prodigieuse, bien que, je n'en doute pas, involontaire. Si nous étions, M. Lilly et moi, des gladiateurs de la dialectique, combattant dans l'arène de la *Fortnightly*, sous les yeux d'un directeur-impresario pour le grand amusement du public, il serait pour moi de bonne tactique d'abandonner le champ de bataille. Car la question de savoir si j'ai, ou n'ai pas, certaines opinions, est un fait au sujet duquel il est probable que mon témoignage sera considéré comme concluant, — du moins tant que la télépathie de l'inconscient ne sera pas plus généralement reconnue.

Toutefois, M. Lilly énonce quelques autres affirmations relativement à des sujets sur lesquels il est moins facile de connaître le vrai et le faux, et à propos desquels il me semble être aussi sérieusement dans l'erreur qu'en ce qui concerne ceux que nous avons jusqu'ici discutés. L'importance de ces sujets m'engage à en dire quelques mots, bien qu'en ce faisant il me faille abandonner le terrain solide de mes connaissances personnelles.

Avant de lancer les trois torpilles qui ont si tristement éclaté à bord de son propre navire, M. Lilly dit que, quels que soient « les ornements de rhétorique dont j'ai pu dorer mon enseignement », c'est du « Matérialisme ». Qu'on me permette de remarquer, en passant, que l'ornement de rhétorique n'est pas mon fort, et qu'à mon sens dorer de l'or pur serait moins blâmable que d'enduire la face de la vérité de ce cosmétique malfaisant qu'on appele rhétorique. Si je croyais avoir un droit quelconque au titre de « Matérialiste », comme ce terme s'entend dans le langage philosophique, et non dans celui de l'injure, je n'essayerais de le cacher sous aucune dorure. Je n'ai pas trouvé de raison de m'affliger des invectives qui m'ont été adressées, au cours des trente dernières années, et je suis trop vieux maintenant pour inaugurer un nouveau genre de sensibilité. Mais, pour répéter ce que j'ai, plus d'une fois, pris la peine de dire, dans le plus simple des langages, je répudie, comme étant une erreur philosophique, la doctrine du Matérialisme telle que je la comprends, tout comme je répudie la doctrine du Spiritualisme telle que la présente M. Lilly ; et ma raison pour agir ainsi, dans les deux cas, est la même. Quelles que soient leurs différences d'opinions, Matérialistes et Spiritualistes s'accordent à énoncer des affirmations très positives relativement à des sujets dont je ne sais rien, et dont je crois qu'ils sont, en réalité, tout aussi ignorants. En outre, lors même que leurs affirmations ont trait à des sujets qui sont du domaine de mes connaissances, ils me semblent souvent avoir tort. Il y a une autre raison qui me fait repousser toute assimilation avec l'une ou l'autre de ces sectes : c'est que chacune d'elles aime beaucoup à attribuer à l'autre, sous forme de reproches, des conclusions qui n'appartiennent à aucune, bien qu'elles découlent infailliblement du développement logique des premiers principes de toutes deux. Assurément, on ne saurait reprocher à un homme prudent de se tenir à l'écart des querelles de ces Blancs et Noirs philosophiques en refusant d'avoir quoi que ce soit à faire avec eux !

Si je le comprends bien, le principe fondamental du Matérialisme est qu'il n'y a rien dans l'univers que de la matière et de la force, et que tous les phénomènes de la Nature peuvent s'expliquer par déduction des propriétés assignables à ces deux facteurs primitifs. Le grand champion du Matérialisme que M. Lilly semble considérer comme une autorité dans les sciences physiques, le Dr Büchner, résume cet article de foi [1]. Force et Matière sont proclamées

[1] Buchner, *Force et Matière*. Paris, C. Reinwald, p. 1.

l'alpha et l'oméga de l'existence. C'est là, j'imagine, l'article fondamental de la foi matérialiste : et quiconque n'y souscrit point est condamné par les plus zélés de la secte (ainsi que j'ai des raisons de le savoir) à l'Enfer institué pour recevoir les sots ou les hypocrites. Mais je me refuse absolument à croire cela, et, au risque d'être accusé d'ennuyer en répétant une vieille histoire, je vais donner brièvement les raisons que j'ai de persister dans mon incrédulité.

En premier lieu, ainsi que je l'ai déjà fait pressentir, il me semble assez clair qu'il y a, dans l'univers, un troisième élément qui est la conscience, que, dans la dureté de mon cœur, ou de ma tête, je ne puis classer comme matière ni comme force, ni comme modification quelconque de ces dernières, quelle que soit l'intimité des rapports entre les manifestations des phénomènes de conscience et les phénomènes attribuables à la matière et à la force.

En second lieu, les arguments employés par Descartes et Berkeley pour montrer que notre connaissance certaine ne s'étend pas au-delà de nos états de conscience me semblent aussi irréfragables maintenant qu'ils l'étaient lorsque j'en ai pris connaissance, il y a quelque cinquante ans. Tous les auteurs matérialistes que je connais ont tout bonnement cassé leurs dents quand ils ont essayé de mordre à cette lime. Mais, s'il en est ainsi, notre unique certitude est l'existence du monde mental, et celle de *Force et Matière* tombe au rang d'une hypothèse, tout au plus très probable.

Troisièmement, lorsque j'étais un jeune garçon, doué de la malheureuse manie de penser, lorsque j'aurais dû jouer, mon esprit était grandement préoccupé par ce problème formidable : Que deviendraient les choses si elles perdaient leurs qualités ? Les qualités n'ayant aucune existence objective, et la chose sans qualités n'étant rien, le monde solide semblait s'effriter en copeaux — à ma grande horreur ! A mesure que je grandis, et que je pus apprendre le sens des termes Matière et Force, le problème de mon adolescence se dressa de nouveau devant moi, *mutato nomine*. D'une part, la notion de la Matière sans la Force semblait faire du monde une série de fantômes géométriques, trop morts pour pouvoir même balbutier. D'autre part l'hypothèse de Boscovich, d'après laquelle la Matière se résout en des centres de Force, était très attrayante. Mais, lorsqu'on essayait de la raisonner, que devenait la force, considérée comme entité objective ? La force, le plus matérialiste des philosophes s'accordera sur ce point avec le plus idéaliste, n'est autre chose que le nom de la cause du mouvement. Et si, avec Boscovich, je résolvais les choses en centres de Force, alors la Matière disparaissait complètement et laissait des entités immatérielles à sa place. Autant vaudrait alors accepter franchement l'Idéalisme et en avoir fini.

Je dois faire un aveu, quelque humiliant qu'il soit pour moi. Je n'ai jamais pu réussir à me faire la moindre idée de ces « forces » dont parlent les Matérialistes, et dont on croirait qu'ils ont des échantillons en bouteille depuis des années. Ils me disent que la Matière se compose d'atomes qui sont séparés par un espace vide qui ne contient rien, et qu'à travers ce vide rayonnent les forces attractives et répulsives par lesquelles les atomes agissent les uns sur les autres. Si quelqu'un peut concevoir clairement la nature de ces choses qui non seulement existent dans le néant, mais y vont et viennent avec grande aisance, je lui envie la possession d'une intelligence d'une plus grande portée, non seulement que la mienne, mais celle de Leibnitz ou de Newton[1]. Pour moi, la *chimæra bombinans in vacuo quia comedit secundas intentiones* des scolastiques est un animal familier et domestique, comparé à de telles « forces ». En outre, de par l'hypothèse, les forces ne sont pas de la matière, et de la sorte tout ce qui a quelque valeur particulière, dans ce monde, se trouve n'être pas de la Matière selon le Matérialiste lui-même. Qu'on n'aille point supposer que je veux mettre en doute la convenance de l'emploi des termes « Atome » et « Force », tels qu'ils figurent dans les hypothèses de la science physique. Ils sont d'une valeur incalculable comme formules qu'on peut employer, avec une parfaite précision et une grande commodité, dans l'interprétation de la Nature; mais, comme entités réelles, ayant une existence objective, une parcelle indivisible qui occupe néanmoins de l'espace est, assurément, inconcevable, et quant à l'action de cet atome, là où il

[1] Voir la fameuse *Collection of Papers*, publiée par Clarke en 1717. Leibnitz dit : « C'est aussi une chose surnaturelle que les corps *s'attirent* l'un l'autre, à distance, sans moyens intermédiaires. » Et Clarke, pour le compte de Newton, ajoute ce qui suit : « Qu'un corps en attire un autre sans aucun *moyen* intermédiaire est, en réalité, non un *miracle*, mais une contradiction ; car c'est supposer que quelque chose agit là où elle n'est pas. »

n'est pas, à l'aide d'une « force » qui réside dans le néant, je suis aussi incapable de me le représenter que tout autre, j'imagine.

Donc, je crois avoir le droit de me tenir à l'écart du Matérialisme, à moins que, et jusqu'à ce que, ces doutes et ces difficultés me soient éclairés. Quant au Spiritualisme, il me jette dans des difficultés plus grandes encore quand je veux avoir la monnaie de ses billets en numéraire solide et réel. Car l'entité substantielle supposée, l'Esprit, qu'on suppose être à la base des phénomènes de la conscience, comme la Matière est à la base de ceux de la nature physique, ne laisse pas même derrière elle un fantôme géométrique, une fois que ces phénomènes sont retirés. Et même, si nous allons jusqu'à supposer une entité semblable à part de qualités — c'est-à-dire une pure existence — pour l'intelligence, comment saura-t-on qu'elle diffère de cette autre entité séparée de ses qualités qu'on suppose être le substratum de la Matière? Le Spiritualisme, après tout, n'est guère plus que le Matérialisme retourné sens dessus dessous. Et, si j'essaie de penser à l' « esprit » que l'homme, selon cette hypothèse, porte sous son chapeau, comme étant entièrement privé de rapports avec l'espace, et comme quelque chose d'indivisible, même dans la pensée, tandis qu'en même temps il est supposé occuper cette place et posséder une demi-douzaine de facultés différentes, j'avoue que je m'y perds.

Ainsi que je l'ai dit ailleurs, si j'étais forcé de choisir entre le Matérialisme et l'Idéalisme, je préférerais le dernier et je ne voudrais certainement avoir aucunement affaire à la mythologie éventée du Spiritualisme. Mais je ne suis pas, que je sache, obligé de choisir l'un ou l'autre. J'ai toujours fortement soupçonné que le sage qui affirmait que l'homme est la mesure de l'univers était dans l'erreur; l'âge et l'expérience n'ont point affaibli ma conviction à cet égard. Je me trouve ramené au souvenir de mes promenades sur le gaillard d'arrière durant ma jeunesse, quand je considère ces variétés de spéculations philosophiques. Dans ce genre d'exercice, on peut circuler d'un point à l'autre du compas en parfaite sécurité, pourvu qu'on reste dans de certaines limites; mais si, dans votre ardeur, vous oubliez ces limites, vous barbotez et vous perdez haleine, si les choses ne sont pires encore. Pour ma part, je m'en tiens au pont, et je jette de temps à autre une bouée de sauvetage à la foule qui a passé par-dessus le bord et grouille le long du navire; et tout ce que je gagne à être humain est d'être injurié par tous, dès qu'ils cessent de s'injurier réciproquement.

J'ai découvert, d'assez bonne heure dans la vie, qu'un des péchés les plus impardonnables, aux yeux de la plupart des gens, est le fait, pour un homme, d'avoir l'audace de circuler sans étiquette. Le monde regarde de telles gens comme la police considère un chien non muselé qui n'est pas surveillé. Je n'ai pu trouver d'étiquette à mon goût; aussi, voulant me ranger et paraître respectable, j'en ai inventé une, et, comme le point principal, dont j'étais sûr, était que j'ignorais beaucoup de choses que les ...*istes* et les

...*ites* autour de moi prétendaient connaître, je me donnai le nom *d'agnostique*. Assurément, aucune dénomination ne pouvait être plus modeste ni plus appropriée, et je ne comprends pas pourquoi de temps à autre on vient me tirer de ma niche et me traiter parfois de matérialiste, parfois d'athée, parfois de positiviste, et même, hélas! d'obscurantiste poltron ou réactionnaire.

J'espère avoir enfin expliqué ma situation, et peut-être, désormais, me permettra-t-on de reposer en paix, — après une ou deux explications de plus, que M. Lilly m'a prouvé être nécessaires. On a vu que mon excellent critique a des idées originales sur la signification des mots « laboratoire » et « chimique »; et il me semble que sa définition de « matérialiste » lui est également personnelle, car, à moins que je ne l'aie mal compris — et j'ai pris beaucoup de peine pour éviter ceci — il me classe parmi les matérialistes (outre les raisons que j'ai montré être dénuées de fondement) premièrement, parce que j'ai dit que la conscience est une fonction du cerveau et, secondement, parce que je tiens pour le Déterminisme. En ce qui concerne le premier point, il n'est personne, que je sache, qui doute qu'au sens physiologique propre du mot fonction la conscience, sous certaines formes au moins, ne soit une fonction cérébrale. Nous appelons, en physiologie, fonction l'effet ou la série d'effets résultant de l'activité d'un organe. Ainsi la fonction du muscle est de donner naissance au mouvement, et le muscle donne naissance au mouvement quand le nerf qui s'y rend est excité. Si l'on met à nu les nerfs du bras d'un homme et si l'on excite certains filets nerveux, il en résultera la production de mouvements dans ce bras. Excitez-en d'autres, et il en résultera la production d'un état de conscience appelé douleur. Si, maintenant, je suis le trajet de ces derniers filets nerveux, je découvre qu'ils sont, en dernier lieu, reliés à une partie de la substance du cerveau, tout comme les autres se trouvent unis à la substance musculaire. Pourquoi, si l'on s'accorde à dire dans l'un de ces cas que la production du mouvement est la fonction de la substance musculaire, ne pourrait-on appeler fonction de la substance cérébrale la production de l'état de conscience dans l'autre cas? Il fut un temps, il est vrai, où l'on supposait que certains « esprits animaux » résidaient dans les muscles et étaient le véritable agent actif. Mais nous en avons fini avec cette fiction, totalement superflue, en ce qui concerne les organes musculaires. Pourquoi nous faut-il conserver une fiction du même genre pour les organes nerveux?

Si l'on répond qu'aucun physiologiste, si porté qu'il soit vers le Spiritualisme, n'a jamais songé à supposer que des sensations simples ont besoin d'un « esprit » pour se produire, je ferai observer que nous nous accordons tous sur le fait que la conscience est une fonction de la Matière, et qu'il faut renoncer à donner ce principe comme une marque de matérialisme. Tout argument ultérieur reposera donc sur la question de savoir, non si la conscience est une fonction du cerveau, mais si toutes les formes de conscience le sont. Je répète qu'il serait très exact de dire que des changements matériels sont des causes de phénomènes psychiques (et, par suite, que les organes où se passent ces changements ont pour fonction de produire ces phénomènes), même si l'hypothèse spiritualiste avait quelque fondement, car nul n'hésite à affirmer que l'événement A est la cause de l'événement Z, quand même il y a autant de termes intermédiaires, connus ou inconnus, dans la chaîne de la causation qu'il y a de lettres entre A et Z. L'homme qui tire la détente d'un pistolet chargé placé près de la tête d'un autre est certainement la cause de la mort de celui-ci, bien que strictement il ne cause que le mouvement du doigt sur la détente; et, de la même manière, le changement moléculaire amené dans une certaine portion de la substance cérébrale quand on excite une partie éloignée du corps, serait justement appelée la cause de la sensation qui en serait la conséquence, quels que fussent les termes inconnus interposés entre l'agent physique et le produit psychique réel. Donc, à moins que le Matérialisme n'ait le monopole de l'usage correct du langage, je ne vois rien de matérialiste dans la phraséologie que j'ai employée.

La seule excuse qui reste à M. Lilly pour me qualifier de matérialiste, *malgré moi*, vient d'un passage qu'il cite, où je dis que les progrès de la science signifient l'extension de la province de ce que nous appelons « Matière et Force », et la disparition graduelle qui l'accompagne, dans toutes les régions de la pensée humaine, de tout ce que nous appelons « Esprit et Spontanéité ». Je soutiens cette opinion, s'il se peut, avec encore plus de fermeté que lorsque je l'énonçai pour la première fois, il y a une vingtaine d'années, car elle a été justifiée par les événements. Mais je ne vois pas que cette opinion ait rien de matérialiste. A mon sens, elle est compatible avec l'idéalisme le plus absolu, et les raisons de ce jugement sont vraiment très évidentes et très simples.

Le développement de la science, en général, et non de la science physique seulement, signifie la démonstration de l'ordre et de la causation naturelle parmi les phénomènes qui n'avaient pas encore été ramenés à ces conceptions. Nul de ceux à qui est familière la marche progressive de la pensée scientifique dans toutes les provinces de la connaissance humaine, au cours des deux derniers siècles, ne sera disposé à nier l'immense extension du royaume de la science, ou à douter que les deux siècles qui suivront le nôtre ne soient témoins d'une conquête encore plus grande. On est autorisé à croire, en particulier dans le domaine de la physiologie du système nerveux, que, d'après les progrès déjà faits dans l'analyse des relations entre les phénomènes matériels et psychiques, l'on fera ultérieurement de plus grands progrès, et que, tôt ou tard, toutes les opérations soi-disant spontanées de l'esprit auront non seulement leurs rapports entre elles, mais aussi leurs rapports avec les phénomènes physiques unis en séries naturelles de causes et d'effets, strictement définis. En d'autres termes, tandis que, maintenant, nous ne connaissons que la moitié la plus rapprochée de nous de la chaîne des causes et des effets par lesquels les phénomènes que nous appelons *matériels* donnent lieu à ceux que nous nommons *mentaux*, plus tard nous atteindrons l'autre extrémité de la série.

Dans mon innocence, j'avais, habituellement, supposé que c'était là un simple exposé de faits, et que le bon évêque Berkeley, s'il vivait encore, ferait cadrer ces faits avec son système sans la moindre difficulté. Quand M. Lilly fait le jeu de ses adversaires en déclarant que des faits incontestables sont en leur faveur, c'est là un exemple de procédés obscurs et tout à fait inintelligibles pour moi. M. Lilly ne pense assurément pas que ne pas croire en la spontanéité — terme qui, s'il a quelque sens, semble signifier une action sans cause — soit une marque de Matérialisme? Si cela est, il lui faudra donner à beaucoup de Cartésiens (sinon à Descartes lui-même), à Spinoza et à Leibniz parmi les philosophes, à saint Thomas d'Aquin et à ses disciples, à Calvin et ses successeurs parmi les théologiens, l'épithète de matérialistes, — et c'est assurément là une suffisante *reductio ad absurdum* d'une semblable classification.

La vérité, c'est que dans son zèle à écrire en grosses lettres « Matérialisme » sur tout ce qu'il déteste, M. Lilly oublie un fait très important qui, toutefois, saute aux yeux de quiconque a fait attention à l'histoire de la pensée humaine, et ce fait, c'est que chacune des difficultés spéculatives qui hantent les trois problèmes de Kant, l'existence d'une Divinité, le libre arbitre et l'immortalité, existaient pendant des siècles avant que ce qu'on peut appeler science physique n'eût pris naissance, et continueraient à exister même si la science physique moderne était balayée. Tout ce que la science physique a fait a été de rendre, pour ainsi dire, visibles et tangibles quelques difficultés qui, auparavant, étaient plus difficiles à saisir. D'ailleurs, ces difficultés existent dans l'hypothèse de l'Idéalisme comme dans celle du Matérialisme.

L'observateur de la nature, dont le point de départ est l'axiome de l'universalité de la loi de causalité, ne peut se refuser à admettre une existence éternelle, et, s'il admet la conservation de l'énergie, il ne peut nier la possibilité d'une énergie éternelle ; s'il admet l'existence des phénomènes immatériels sous la forme de conscience, il doit admettre la possibilité, à tout le moins, d'une série éternelle de phénomènes semblables, et si ses études lui ont fourni quelque peu du meilleur fruit de l'étude de la nature, il lui restera assez de sens pour voir que, lorsque Spinoza dit : *Per Deum intelligo ens absolute infinitum, hoc est substantiam constantem infinitis attributis*, le Dieu ainsi conçu ne saurait être renié que par un prodigieux imbécile, même dans le fond de son cœur. La science physique est aussi peu athée que matérialiste.

Il en est de même pour l'immortalité. Tel que la science physique énonce le problème, celui-ci semble se résumer ainsi : Existe-t-il un moyen de savoir si la série des états de conscience qui ont été associés, pendant soixante-dix ans, avec les arrangements et les mouvements d'innombrables millions de molécules matérielles successivement différentes, peut se continuer dans une association semblable, avec quelque substance qui n'a pas les propriétés de la matière et de la force ? Ainsi que l'a dit Kant, dans un cas semblable, s'il est quelqu'un qui puisse répondre à cette question, il est précisément l'homme que j'attends. S'il dit que la conscience ne peut exister, sauf en relation de cause à effet avec certaines molécules organiques, je lui demanderai comment il le sait ; et s'il dit qu'elle le peut, je devrai lui faire la même question. Et j'ai grand'peur que, comme Pilate, je ne pense pas qu'il vaille la peine, étant un peu pressé, d'attendre sa réponse.

Enfin, considérons la vieille énigme du librearbitre. Dans l'unique sens où je comprends le mot de liberté — c'est-à-dire l'absence de toute contrainte dans ce qu'on veut faire, en de certaines limites, — la science physique ne donne certainement pas plus de raisons de douter que ne le fait le sens commun de l'humanité. Et si la science physique, en fortifiant notre croyance en l'universalité de la causation, et en abolissant le hasard comme étant absurde, mène aux conclusions du Déterminisme, elle ne fait que suivre la piste de penseurs logiques et réfléchis en philosophie et en théologie, avant que le Déterminisme n'existât, ou qu'on n'y eût pensé. Quiconque accepte l'universalité de la loi de causation comme dogme philosophique nie l'existence de phénomènes sans cause. Et l'essence de ce qu'on appelle improprement « la théorie du libre arbitre » est que, à l'occasion du moins, la volition humaine est causée par elle-même, c'est-à-dire sans cause ; car, pour se servir de cause à soi-même, il faudrait s'être précédé, ce qui, à tout le moins, est difficile à imaginer.

Quiconque accepte l'existence d'une Divinité omnisciente comme dogme théologique affirme que l'ordre des choses est fixe d'éternité en éternité ; car la prescience d'un événement indique que l'événement se produira sûrement, et là où il y a certitude de l'arrivée d'un événement, on dit l'événement fixé ou fatal [1].

Quiconque affirme l'existence d'une Divinité toute-puissante qui a créé et qui maintient toutes choses, et

[1] Je puis citer à l'appui de cette conclusion évidente d'un raisonnement juste deux autorités qui ne seront certainement pas considérées légèrement par M. Lilly. Ce sont saint Augustin et saint Thomas d'Aquin. Le premier déclare que la « Destinée » n'est qu'un nom mal choisi pour la Providence.

« Prorsus divina Providentia regna constituuntur humana. Quæ si propterea quisquam fato tribuit, quia ipsam Dei voluntatem vel potestatem fati nomine appellat *sententiam teneat, linguam corrigat.* » (*De Civitate Dei*, V, cap. 1.)

L'autre grand docteur de l'Église catholique, « Divus Thomas, » ainsi que le nomme Suarez, dont l'intelligence; d'une portée et d'une sensibilité merveilleuses, me semble presque sans pareille, résume admirablement la question, quand il dit que le motif pour faire une chose, dans l'esprit de celui qui la veut faire, est pour ainsi dire la préexistence de la chose faite :

« Ratio autem alicujus fiendi in mente actoris existens est quædam præexistentia rei fiendæ in eo. » (*Summa*, Qu. XXIII, art. 1.)

Si cela ne suffit point, je puis encore demander quel « matérialiste » a jamais donné un meilleur exposé du Déterminisme, sur des bases déistes, que celui qu'on trouve dans le passage suivant de la *Somme* (Qu. XIV, art. 13) :

« Omnia quæ sunt in tempore, sunt Deo ab æterno presentia, non solum ea ex ratione qua habet rationes rerum apud se presentes, ut quidam dicunt, sed quia ejus intuitus fertur ab æterno supra omnia, prout sunt in sua præsentialitate ; et tamen sunt futura contingentia, suis causis proximis comparata. »

Comme je n ai pas dit que Thomas d'Aquin ait professé le Déterminisme, je ne vois pas l'importance de citations de lui qui peuvent être plus ou moins en désaccord avec ce qui précède.

est la *causa causarum*, ne peut, sans une contradiction dans les termes, affirmer qu'il y ait une cause indépendante d'elle, et c'est un bas subterfuge que d'affirmer que la cause de toutes choses peut « permettre » à une de ces choses d'être une cause indépendante.

Quiconque affirme la réunion de l'omniscience et de l'omnipotence, comme attributs de la Divinité, affirme implicitement la prédestination; car celui qui fait une chose et la place dans des circonstances dont il sait parfaitement quel sera l'effet sur cette chose, la prédestine au sort quelconque qui lui échoit.

Ainsi, pour en venir, enfin, à la partie réellement importante de toute cette discussion, si la croyance en Dieu est essentielle à la moralité, la science physique n'a pas d'obstacles à lui opposer ; si la croyance en l'immortalité est essentielle à la moralité, la science physique n'a rien de plus à dire contre la probabilité de cette doctrine que n'a la plus ordinaire expérience, et elle ferme définitivement la bouche à ceux qui prétendent la réfuter par des objections déduites de données purement physiques. Enfin, si la croyance en la non-causation de la volonté est essentielle à la moralité, celui qui étudie la science physique n'a rien de plus à dire contre cette absurdité que le logicien ou le théologien. La science physique, je le répète, n'a pas inventé le Déterminisme, et la doctrine déterministe reposerait sur une fondation tout aussi ferme qu'elle le fait s'il n'y avait pas de science physique. Que celui qui en doute lise Jonathan Edwards, dont les démonstrations sont entièrement tirées de la philosophie et de la théologie.

Donc, quand M. Lilly s'en va criant : « Malheur à cette cité perverse ! » et dénonce la science physique comme étant le mauvais génie des temps modernes — la mère du Matérialisme, du Fatalisme et de toutes sortes d'autres condamnables *ismes*, — j'ose lui demander de blâmer qui de droit, ou, du moins, de mettre au banc des accusés, à côté de la Science, ses sœurs pécheresses, la Philosophie et la Théologie, qui, étant tellement les aînées, auraient dû en savoir plus long que la pauvre Cendrillon des écoles et des universités sur laquelle elles ont si longtemps pesé. Nul doute que la société moderne ne soit assez malade, mais elle ne diffère pas en cela des civilisations plus anciennes. Les sociétés humaines sont des masses en fermentation, et, de même que la bière a ce que les Allemands appellent *Oberhefe* et *Unterhefe*, de même, toute société qui a existé a eu son écume en haut et sa lie au fond ; mais je doute que les « siècles de foi » aient eu moins d'écume ou moins de lie, ou même produit une plus grande quantité de boisson salutaire dans la tonne. Je pense que M. Lilly, ou tout autre, serait embarrassé s'il lui fallait apporter un témoignage probant qu'à aucune période de l'histoire du monde il y a eu un sentiment plus généralement répandu du devoir social, ou un plus grand sentiment de justice ou de l'obligation de l'aide réciproque que dans notre Angleterre d'aujourd'hui. Ah ! dira M. Lilly, ce sont là les produits de notre héritage chrétien ; quand les dogmes chrétiens auront disparu, la vertu disparaîtra aussi, et le singe et le tigre auront beau jeu. Mais il y a beaucoup de gens qui croient que le Christianisme a aussi hérité beaucoup du Paganisme et du Judaïsme, et que, si les Stoïciens et les Juifs reprenaient leurs legs, l'avoir moral du Christianisme serait peu de chose. Et si la moralité a survécu au dépouillement de plusieurs séries d'habits qu'on a trouvé ne pas l'habiller bien, pourquoi ne réussirait-elle pas à porter les vêtements légers et commodes que la Science est prête à lui procurer.

Ceci en passant. Si les plaies de la société consistent en la faiblesse de sa foi en l'existence du Dieu des théologiens, dans un état futur, et en des volitions sans cause, l'indication, comme disent les médecins, est de supprimer la Théologie et la Philosophie, dont les chamailleries sur des choses qu'elles ignorent ont été la cause première et l'aliment continuel de ce mauvais scepticisme qui est la Némésis de ceux qui touchent à l'inconnaissable.

Cendrillon a modestement conscience de son ignorance en ces graves matières. Elle allume le feu, balaye la maison et fait le diner ; et on la récompense en lui disant qu'elle est une créature inférieure, vouée à des intérêts bas et matériels. Mais, dans son grenier, elle a des visions féeriques qu'ignore le couple de mégères qui se disputent en bas. Elle voit l'ordre qui règne au-dessus du désordre apparent du monde ; le grand drame de l'évolution, avec toute sa part de pitié et de terreur, mais aussi son abondance de bonté et de beauté, se déroule devant ses yeux ; et elle apprend, au fond de son cœur, que la base de la moralité est d'en avoir fini, une fois pour toutes, avec le mensonge ; qu'il faut renoncer à faire semblant de croire ce qui n'est pas prouvé, et à répéter des propositions inintelligibles sur des choses en dehors des possibilités de la connaissance.

Elle sait que la sécurité de la moralité ne consiste dans l'adoption ni de telle spéculation philosophique, ni de telle autre, ni d'une croyance théologique ou d'une autre, mais dans une foi réelle et vivante dans cet ordre fixé de la Nature qui envoie la désorganisation sociale sur la piste de l'immoralité aussi sûrement qu'elle envoie la maladie physique après les délits physiques. Et c'est sa haute mission que d'être la prêtresse de cette foi ferme et vivante.

IV

RÉALISME SCIENTIFIQUE ET PSEUDO-SCIENTIFIQUE[1]

Le péché intellectuel le plus commun et le plus pernicieux pour ceux qui se vouent au progrès de la science, après celui d'une précipitation exagérée à devancer les résultats de recherches incomplètes, c'est la négligence de l'expérience de leurs prédécesseurs, telle qu'elle est incorporée dans l'histoire de la science et de la philosophie. Il est vrai que, de nos jours, il y a plus d'excuses qu'autrefois à cette négligence. Il faut beaucoup de travail pour se mettre au courant des acquisitions déjà réalisées, et les hommes capables qui en sont arrivés là savent que, s'ils se consacrent, corps et âme, à augmenter leur provision, et évitent de regarder en arrière, avec autant de soin que s'ils avaient reçu l'injonction adressée à Lot et à sa famille, leur dévouement sera, à coup sûr, richement récompensé par les joies de la découverte et la consolation de la gloire, si ce n'est pas des fruits d'un ordre moins élevé.

Aussi, selon l'avis de Francis Bacon, nous nous refu-

[1] *Nineteenth Century*, février 1887.

sons à *inter mortuos quærere vivum;* nous laissons le passé ensevelir ses morts, et nous négligeons le culte de nos ancêtres intellectuels. Ce n'est même point assez pour nous. Nous suivons le mauvais exemple qui nous a été donné, non seulement par Bacon, mais par presque tous les hommes de la Renaissance, et nous accablons de dédain l'œuvre de nos aïeux spirituels immédiats, les érudits du moyen âge. On admet généralement comme vérité certaine que, durant sept ou huit siècles, une longue succession d'hommes distingués, dont quelques-uns possédaient une intelligence très élevée et un savoir véritablement encyclopédique, ont consacré des vies laborieuses à la grave discussion de pures frivolités et à la poursuite ardue de feux follets intellectuels. Pour ne rien dire de la modestie, il suffirait de réfléchir impartialement à son expérience personnelle pour ressentir quelque doute à l'égard de la suftisance de cette méthode expéditive et commode de liquider un grand chapitre de l'histoire de l'intelligence humaine. La simple connaissance de la littérature populaire, y compris cette partie des dires de Sam Slick, où se trouve son aphorisme : « Il y a beaucoup de nature humaine dans toute l'humanité, » pourrait provoquer un doute, et faire se demander si, tout compte fait, les hommes de cette époque, qui, à tout prendre, étaient à peu près aussi riches de sagesse et de folie que nous, ne possédaient rien de plus que des qualités d'idiots énergiques quand ils consacraient leurs facultés à élucider des problèmes qui, pour eux, et en réalité pour nous, étaient les plus sérieux que puisse offrir la vie. En ce qui me concerne, plus je vis et plus je serai disposé à croire que, dans ce monde, il y a beaucoup moins de pure folie et de pure méchanceté qu'on ne le suppose d'ordinaire. Il est possible de douter qu'un homme sain d'esprit ait jamais dit : « Mal ! soit mon bien ! » et je n'ai jamais eu, pour ma part, l'heur de rencontrer un imbécile complet. Quand j'ai apporté à cette étude la patience et l'esprit d'endurance qui conviennent à un chercheur scientifique, les échantillons qui promettaient le plus en ce genre se sont trouvés avoir bien des choses à dire pour leur défense, à leur point de vue. Et, parfois, le calme de la réflexion m'a appris l'humiliante leçon que leur point de vue ne différait pas tant du mien que je m'étais plu à l'imaginer. Ici comme partout, comprendre, c'est presque sympathiser.

Si nous tournons notre attention vers la philosophie scolastique dans l'état d'esprit que suggèrent ces remarques, elle apparaît avec un caractère très différent de celui qu'elle présente dans l'opinion générale. Nul doute qu'elle ne soit entourée d'épaisses broussailles, d'épineuses logomachies, et obscurcie par les nuages de poussière d'une terminologie barbare et embarrassante. Mais, supposons que, sans se laisser arrêter par la poussière et les égratignures, l'explorateur traverse cette jungle ; il arrive dans un pays découvert qui ressemble étonamment à son cher pays natal. Les collines à grimper, les ravins à éviter ont tout à fait le même air ; il y a, au dessus, le même espace infini, et au dessous le même abîme de l'inconnu ; les moyens d'y voyager sont les mêmes ; même est le but.

Ce but des Scolastiques, qui est aussi le nôtre, c'est de résoudre la question de savoir en quelle mesure l'Univers manifeste un ordre rationnel ; en d'autres termes, dans quelle mesure la déduction logique, en partant de prémisses incontestables, peut expliquer ce qui est arrivé et ce qui arrive. C'était le but de la Scolastique ; et il me semble que le but de la science moderne peut s'exprimer dans les mêmes termes. En poursuivant ce but, la science moderne fait entrer en ligne de compte tous les phénomènes de l'Univers que l'observation ou l'expérience portent à notre connaissance. Elle admet qu'il y a deux mondes à considérer, l'un physique et l'autre psychique ; et que, bien qu'il y ait une très intime relation et une connexion réciproque entre les deux, le pont qui les relie n'a pas été découvert ; leurs phénomènes ne se trouvent pas en une série unique, mais suivent deux lignes parallèles.

La dualité de l'Univers apparaissait aux Scolastiques sous un aspect différent. Pour comprendre comment cela eut lieu, il faut se rendre compte du fait qu'ils croyaient réellement au Christianisme dogmatique, tel que le formulait l'Église romaine. Ils ne se bornaient pas à donner leur assentiment pur et simple à ce que l'Église leur enseignait le dimanche, en négligeant ses enseignements pendant le reste de la semaine, mais ils vivaient, se mouvaient et avaient leur existence dans ce monde théologique au-dessus du monde sensible qui fut créé, ou plutôt qui se développa pendant les quatre premiers siècles de notre ère, monde qui occupait beaucoup plus leur pensée que le monde sensible où les plaçait leur destinée terrestre.

La plupart du temps, nous apprenons l'histoire par les compilations incolores ou les plaidoyers violents de simples érudits, qui connaissent trop peu la vie pratique ; ils pénètrent trop mal les problèmes spéculatifs pour comprendre les sujets qu'ils traitent. Dans la science historique, comme en toute science traitant de phénomènes concrets, la fréquentation d'un laboratoire est essentielle ; et cette pratique de laboratoire est donnée dans les sciences historiques, d'une part par la vie sociale et pratique active, et, de l'autre, par l'étude de ces tendances et de ces opérations de l'esprit qui s'incarnent dans les systèmes philosophiques et théologiques. Thucydide et Tacite et, pour nous rapprocher de notre temps, Hume et Grote étaient des hommes d'affaires et avaient acquis par le contact direct avec l'histoire sociale et politique en train de se faire le secret de comprendre comment se fait pareille histoire. Nos idées de l'histoire intellectuelle du moyen âge sont, malheureusement, trop souvent tirées d'écrivains qui n'ont jamais sérieusement attaqué les problèmes philosophiques et théologiques, et de là vient cet étrange mythe d'un âge d'or de clair de lune auquel j'ai fait allusion.

Cependant il n'est pas besoin d'une étude très profonde des œuvres des contemporains qui, sans se consacrer spécialement à la Théologie ou à la Philosophie, étaient savants et éclairés, — des hommes, par exemple, tels qu'Eginhard et le Dante, pour se convaincre que, pour eux, le monde du théologien était une réalité terrible et toujours présente. Du centre de ce monde, la Trinité divine, entourée d'une hiérarchie d'anges et de saints, contemplait et gouvernait le monde sensible, insignifiant, où les esprits inférieurs des hommes, accablés du fardeau de l'abaissement de leur incarnation matérielle, et continuellement tentés par une hiérarchie non moins nombreuse et presque aussi puissante de diables, luttaient incessamment au bord de l'abîme de la damnation éternelle [1].

Les hommes du moyen âge croyaient que par les Ecritures, les traditions des Pères et l'autorité de l'Eglise, ils étaient en possession de connaissances plus étendues et plus dignes de foi concernant la nature et l'ordre des choses dans le monde théolo-

[1] Il n'y a aucune exagération dans ce tableau court et sommaire du Cosmos catholique. Mais il ne serait pas juste de laisser croire que la Réformation ait opéré aucun changement essentiel, si ce n'est pour empirer la chose, dans la cosmologie qui se disait « chrétienne ». Le protagoniste de la Réformation, de qui toutes les sectes évangéliques sont descendues en ligne directe, exprime la chose avec cette simplicité de langage — pour ne pas dire brutalité — qui le caractérisait. Luther dit que l'homme est une bête de somme qui ne bouge que suivant l'ordre de celui qui la monte; quelquefois c'est Dieu, et quelquefois Satan. « Sic voluntas humana in medio posita est, ceu jumentum ; si insederit Deus, vult et vadit quo vult Deus . Si insederit Satan, vult et vadit quo vult Satan; nec est in ejus arbitrio ad utrum sessorem currere, aut eum quærere, sed ipsi sessores certant ob ipsum obtinendum et possidendum. » (*De servo Arbitrio*, M. Lutheri Opera, ed. 1546, tome II, p. 468.)

La même doctrine, en substance, est prêchée dans les parcs et aux coins de rue par les zélés missionnaires volontaires évangéliques, le dimanche, dans notre Londres moderne. Il est permis au juge impartial de demander pourquoi ces doctrines, dont l'absence dans les quatre Evangiles est frappante, s'arrogent le titre de Christianisme évangélique, en opposition avec le Christianisme catholique ; car, à choisir entre les deux, si l'on y était forcé, il serait naturel de préférer celui qui laisse une petite liberté de choix à la pauvre bête de somme.

gique qu'ils n'en possédaient à l'égard de la nature et des choses du monde sensible. Et, si ces deux sources de connaissances venaient à se contredire, tant pis pour le monde sensible qui, après tout, était plus ou moins sous la domination de Satan ! Supposons qu'un télescope assez puissant pour nous montrer ce qui se passe dans les nébuleuses d'Orion nous révélât un monde où les pierres tomberaient de bas en haut, où les lignes parallèles se rejoindraient, et où la quatrième dimension de l'espace serait évidente. Les hommes de science n'auraient alors à choisir qu'entre deux alternatives : ou les faits de la Terre et d'Orion auraient à être accordés par de ces sophismes subtils dont l'esprit humain est toujours capable quand il est acculé ; ou bien la science lèverait les bras, désespérée, et se suiciderait, soit en admettant que l'Univers, après tout, est irrationnel parce que ce qui est vérité dans un coin est absurdité dans l'autre ; ou en se déclarant incompétente.

Au moyen âge, les travaux des grands hommes qui essayèrent de concilier le système de pensée qui part des données de la pure raison avec celui qui partait des données de la théologie romaine, produisirent le système de pensée connu sous le nom de *Philosophie Scolastique ;* l'alternative de la défaite et du suicide est représentée par Avicenne et ses disciples quand ils déclarent que ce qui est vrai en théologie peut être faux en philosophie, et *vice versa ;* et par Sanchez dans sa fameuse défense de la thèse *Quod nil scitur.*

Pour ceux qui nient la validité d'une des affirmations fondamentales des disputants — qui refusent, sous le prétexte de l'insuffisance complète de preuves, de croire à la réalité de cet autre monde, dont la géographie et les habitants sont décrits avec tant d'assurance dans le soi-disant [1] Christianisme catholique, — la lutte longue et amère qui a occupé les meilleurs esprits pendant tant d'années peut paraître un exemple terrible de la façon prodigue dont est conduite la lutte pour l'existence dans le monde de la pensée, tout comme dans celui de la matière. Mais il est une manière moins triste de considérer l'histoire de la Scolastique. Elle a forgé et aiguisé les instruments dialectiques de notre race comme peut-être rien n'eût pu le faire, par ces discussions au résultat desquelles les hommes croyaient que leurs intérêts temporels et éternels étaient attachés. Lorsqu'une erreur de logique peut entraîner le supplice du feu, non seulement dans l'autre monde, mais dans celui-ci, la construction des syllogismes acquiert un intérêt tout particulier. En outre, les écoles entretinrent la vivacité et l'activité de la faculté de penser, alors que l'état troublé de la vie civile, l'atmosphère méphitique engendrée par le Cléricalisme dominant, et l'absence presque totale de connaissances naturelles, eussent bien pu l'étouffer. Et, enfin, il faut se rappeler que la Scolastique a éclairé certains problèmes qui s'étaient présentés à l'Humanité dès que les hommes avaient

[1] Je dis « soi-disant » sans y attacher d'intention offensante, mais pour protester contre l'affirmation monstrueuse que le Christianisme catholique est contenu, explicitement ou implicitement, dans un seul récit, digne de foi, de l'enseignement de Jésus de Nazareth.

commencé à penser, et qui, je suppose, continueront à se présenter tant qu'ils continueront à ce faire. Considérez, par exemple, la dispute des Réalistes et des Nominalistes, qui s'est poursuivie avec des fortunes différentes, et sous divers noms, depuis le temps de Scot Erigène jusqu'à la fin de la période Scolastique. Cette controverse n'a-t-elle plus, maintenant, qu'un intérêt purement archéologique? Le Nominalisme, dans ses modifications, a-t-il si complètement remporté la victoire que l'on puisse considérer le Réalisme comme mort et enterré, sans espoir de résurrection? Beaucoup de gens semblent le croire; mais il me paraît que, même sans compter la philosophie catholique, il ne faut pas aller bien loin pour trouver des preuves que le Réalisme est encore debout, et même très vivant [1].

Il m'est tombé sous les yeux, l'autre jour, le compte rendu d'un sermon prêché récemment à la cathédrale de Saint-Paul. Je suis porté à croire, par des preuves internes, que ce compte rendu est exact en substance. Mais, comme je n'ai pas la moindre intention

[1] Il est peut-être bon de faire observer que, dans les temps modernes, le terme « Réalisme » a pris une signification entièrement différente de celle qu'on y attachait au moyen âge. Nous l'employons d'ordinaire comme le contraire d'Idéalisme. L'idéaliste croit que le monde des phénomènes n'a qu'une existence subjective; le réaliste, lui, croit une existence objective Je ne sache pas qu'aucun philosophe du moyen âge ait été idéaliste dans le sens où nous appliquons ce terme à Berkeley. Au fond, le défaut cardinal des spéculations de ce genre consiste en leur oubli des considérations qui mènent à l'Idéalisme. Si quelques-uns d'entre eux considéraient le monde matériel comme une négation, c'était une négation active; ce n'était pas zéro, mais une quantité négative.

de chercher querelle au théologien éminent, à l'éloquent prédicateur à qui l'on attribue ce discours, parce qu'il a employé le langage scientifique d'une manière dont il ne pourrait trouver que trop de précédents scientifiques, l'exactitude des détails du compte rendu n'a pas d'importance. Je puis accepter celui-ci en toute sécurité, comme incorporant les opinions que beaucoup de gens excellents, instruits et intelligents croient être tout à fait d'accord avec la science.

« Le prédicateur déclara ensuite qu'il était encore plus difficile de s'imaginer que notre patrie terrestre deviendrait le théâtre d'une immense catastrophe physique. L'imagination recule devant l'idée que le cours de la nature — la phrase aide à déguiser la vérité, — si invariable et si régulier, et la séquence ordonnée du mouvement et de la vie cesseront soudainement. L'imagination semble plus raisonnable quand elle prend le maintien de la raison scientifique. Les lois physiques, dit-elle, empêcheront la production de catastrophes que seul a prévues un apôtre, dans une époque non scientifique. Ne pourrait-il, pourtant, y avoir une suspension d'une loi inférieure par l'intervention d'une loi supérieure ? Ainsi, toutes les fois que nous levons les bras, nous violons les lois de la gravitation, et dans nos chemins de fer et nos bateaux à vapeur de puissantes lois sont maîtrisées par d'autres. Le déluge et la destruction de Sodome et de Gomorrhe ont été produits par l'action de lois existantes. Ne se peut-il pas que, dans l'univers sans limites, il y ait des lois plus importantes que celles qui entourent notre vie chétive, — des forces morales et non uniquement physiques ? Est-il inconcevable qu'un jour vienne où ces lois royales et ultimes renverseront l'ordre de choses naturel qui nous semble si stable et si juste ? Les tremblements de terre n'appartiennent pas à l'antiquité la plus reculée, ainsi qu'en témoignent une île sur la côte d'Italie, l'archipel oriental, la Grèce et Chicago. En présence d'un grand tremblement de terre, les hommes sentent combien ils sont faibles, et leur science même ajoute à leur faiblesse. La fin du temps d'épreuve de l'Humanité, la dissolution finale de la société organisée, et la destruction de l'habitation de l'homme à la surface du globe, ne sont ni les unes ni les autres absolument contraires à notre expérience actuelle ; ce ne sont que l'extension des faits présents. Le pressentiment de la mort est commun ; on sent que beaucoup de choses menacent l'existence de la société ; et, comme notre globe est une boule de feu, à tout moment les forces comprimées qui s'enflent et bouillonnent sous nos pieds pourraient être déversées sur nous[1]. »

Le prédicateur semble avoir l'idée que l'occurrence d'une « catastrophe[2] » implique une infraction à l'ordre actuel de la Nature, — que c'est un événement incompatible avec les lois physiques qui règnent actuellement. Il semble croire que la « raison scientifique » autorise la supposition que la loi physique empêchera l'occurrence des « catastrophes » redoutées par un apôtre dépourvu de connaissances scientifiques.

La raison scientifique, tout comme Homère, som-

1 *Pall Mall Gazette*, 6 décembre 1886.

2 En tous cas d'une catastrophe plus grande que le déluge qui, ainsi que je le remarque avec intérêt, est, par le prédicateur, affirmé être un événement historique avec autant de calme que si la science n'avait jamais eu un mot à dire sur ce sujet !

meille parfois, mais je ne sache pas qu'elle ait jamais eu de rêves de ce genre. L'axiome fondamental de la pensée scientifique, c'est qu'il n'y a pas, il n'y a jamais eu, et il n'y aura jamais, de désordre dans la Nature. Admettre l'occurrence de quelque événement qui ne serait pas la conséquence logique des événements qui l'ont immédiatement précédé, selon ces règles définies, reconnues, ou même non encore connues que nous appelons « lois de la Nature » serait un suicide de la part de la Science.

Une « catastrophe » est une conception relative. Pour nous, cela signifie un événement qui produit des conséquences terribles pour l'homme, ou qui impressionne son esprit par son énormité relativement à ce dernier. Mais les événements qui sont tout à fait dans l'ordre naturel des choses pour nous peuvent être d'effroyables catastrophes pour d'autres êtres sentants. Il n'y a, assurément, aucune interruption de l'ordre de la Nature quand, au cours d'une descente à travers un bois de pins des Alpes, je saute sur une fourmilière et, en un moment, détruis toute une cité et cent mille de ses habitants. Pour les fourmis, c'est pire que le tremblement de terre de Lisbonne. Pour moi ce n'est que la conséquence naturelle et nécessaire des lois de la matière en mouvement. Une redistribution d'énergie a eu lieu, qui est parfaitement d'accord avec l'ordre naturel, si désagréables qu'en soient les effets sur les fourmis.

L'imagination, inspirée par la raison scientifique, et ne se contentant pas de sembler telle, ainsi que cela n'arrive que trop souvent dans la chaire, bien loin d'avoir aucun droit à répudier les catastrophes et à nier la possibilité de la cessation du mouvement et de la vie, trouve facilement de bonnes raisons pour suivre la route exactement opposée. Kant, dans sa fameuse *Théorie des Cieux*, a déclaré que la fin du monde et sa réduction en une masse informe seront la conséquence nécessaire des causes auxquelles il doit son origine et sa durée. Quant aux catastrophes de grandeur prodigieuse et de fréquente occurrence, elles formèrent l'*asylum ignorantiæ* favori des géologues, il n'y a pas un quart de siècle. Si la géologie moderne est de moins en moins disposée à appeler à son aide les catastrophes, ce n'est point à cause d'une difficulté *a priori* à concilier l'occurrence de tels événements avec l'universalité de l'ordre, mais parce que la preuve *a posteriori* de l'occurrence des événements de ce genre dans les temps passés a plus ou moins complètement fait défaut.

Il est au moins très probable que cette terre est une masse de matière extrêmement chaude, revêtue d'une croûte refroidie à travers laquelle l'intérieur chaud continue à se refroidir, bien qu'avec une extrême lenteur. Il est également probable que les failles et les dislocations, les plis et les fractures qui sont partout visibles dans la croûte stratifiée, ses mouvements lents et étendus d'élévation et de dépression, et ses petits et rapides mouvements donnant lieu aux innombrables tremblements de terre, perçus ou non perçus, qui se produisent constamment, doivent être attribués au retrait de la croûte sur son noyau qui se refroidit et se contracte.

Sans sortir du domaine d'une juste analogie scientifique, on peut aisément concevoir des conditions qui rendraient la déperdition de chaleur bien plus rapide qu'elle ne l'est maintenant; et une telle occurrence s'accorderait tout aussi bien avec les lois connues de la Nature que le refroidissement plus rapide qu'une barre de fer chauffée au rouge subit quand on la plonge dans de l'eau froide que lorsqu'elle reste exposée à l'air. Mais un refroidissement beaucoup plus rapide pourrait entraîner un déplacement et un réarrangement des parties de la croûte terrestre dans des proportions jusqu'ici inconnues, et amener des « catastrophes » auprès desquelles le tremblement de terre de Lisbonne ne semblerait plus qu'une bagatelle. En pareil cas, l'homme et ses œuvres et toutes les formes supérieures de la vie seraient entièrement détruits, les régions montagneuses seraient converties en profondeurs océaniennes, et le niveau de l'Océan serait élevé jusqu'aux montagnes ; la terre deviendrait une scène d'horreur telle que n'en saurait décrire même la plume lugubre de l'auteur de l'Apocalypse. Et cependant, aux yeux de la science, il n'y aurait pas plus de désordre là que dans la paix dominicale d'une mer d'été. Il n'y aurait pas un anneau de la chaîne des effets et des causes naturelles qui fût brisé ; nulle part, la moindre indication de la « suspension d'une loi inférieure par l'effet d'une loi supérieure ». Si un penseur scientifique réfléchi est disposé à accorder peu de confiance aux prophéties insensées de ruine universelle qui, chez un personnage moins saint que le voyant de Pathmos, pourraient sembler dictées par la fureur d'un fanatique vengeur plutôt que par l'esprit du Maître qui a ordonné aux hommes d'aimer leurs ennemis, ce n'est point parce qu'elles sont en contradiction avec les principes scientifiques, mais parce que la preuve de leur valeur scientifique ne remplit pas les conditions qui donnent quelque poids à la preuve. L'imagination qui croit le contraire est simplement dépourvue de « l'air de la raison scientifique ».

Je répète que, si l'imagination est employée dans les limites posées par la science, le désordre ne saurait s'imaginer. Si un être doué de facultés intellectuelles et esthétiques parfaites, mais dépourvu de la capacité de souffrir la douleur physique ou morale, venait à consacrer toutes ses forces à l'étude de la Nature, l'Univers lui apparaîtrait comme une sorte de kaléidoscope dans lequel, à chaque moment successif du temps, un nouvel arrangement de parties d'une beauté et d'une symétrie exquises se présenterait ; chacun serait la conséquence logique de l'arrangement précédent, sous les conditions que nous appelons lois de la Nature. Pareil spectateur pourrait bien être rempli de cet *amor intellectualis Dei*, de cette vision béatifique de la *vita contemplativa* que quelques-uns des plus grands penseurs de tous les siècles, Aristote, saint Thomas d'Aquin, Spinoza, ont regardée comme la seule félicité éternelle concevable. La vision de souffrance illimitée, comme si les êtres sensibles étaient des animalcules sans conséquence pris entre les morceaux de verre du kaléidoscope, qui, pour nous autres pauvres mortels, gâte la perspective, ne change pourtant pas le fait que l'ordre règne sur tout, et que le désordre n'est que cette partie de l'ordre qui nous fait souffrir.

L'autre emploi fallacieux des termes des conceptions scientifiques qui règne dans les discours du prédicateur me ramène au vrai sujet qui est la matière de cet article. C'est l'emploi du mot « loi » comme dénotant une chose, — comme si une « loi de la Nature », telle que la science la comprend, était un être doué de certaines puissances, en vertu desquelles les phénomènes exprimés par cette loi sont produits. Le prédicateur demande « s'il ne pourrait se faire qu'une loi inférieure fût suspendue par l'intervention d'une loi supérieure »? Il nous dit que, chaque fois que nous levons les bras, nous violons la loi de la gravitation. Il demande si un jour ne viendra pas où certaines « lois royales et ultimes » viendront « renverser » les lois qui, maintenant, semblerait-il, feraient la police de la nature. Il est évident, d'après ces expressions, que les « lois », dans l'esprit de l'orateur, sont des entités ayant une existence objective dans une hiérarchie graduée. Et il semblerait que les « lois royales » ne doivent pas du tout être considérées comme des royautés constitutionnelles; à un moment quelconque, on peut s'attendre à les voir, comme des despotes orientaux, descendre en courroux parmi les lois d'ordre bourgeois et d'ordre populaire, qui ont jusqu'ici fait le ménage dans l'œuvre de ce monde et, pour employer une phraséologie qui n'est pas inconnue à nos centres lettrés, en faire paille menue. Peut-être qu'une analogie plus familière encore a suggéré cette singulière théorie, et l'on imagine que des lois supérieures peuvent en « suspendre » d'inférieures, comme un évêque suspend un curé.

Loin de moi de discuter ces idées, si quelqu'un veut les soutenir. Je désire seulement faire observer que pareille conception de la nature des lois n'a rien à démêler avec la science moderne. C'est du Réalisme scolastique, — du Réalisme aussi intense et aussi pur que celui de Scot Erigène il y a mille ans. L'essence d'un tel Réalisme est de soutenir l'existence objective des universaux, ou, ainsi qu'on les nomme aujourd'hui, des propositions générales. Il affirme, par exemple, que l'homme est une chose véritable indépendamment des hommes individuels, ayant son existence, non dans le monde sensible, mais dans le monde intellectuel, et se revêtant des accidents des sens pour former le Jean, le Paul ou le Pierre que nous connaissons. Si étrange que puisse paraître cette idée à la pensée scientifique moderne, elle s'infiltre réellement dans le langage ordinaire. Peu de personnes, par exemple, hésiteront tout d'abord à admettre que la couleur, par exemple, existe en dehors de l'esprit qui conçoit l'idée de la couleur. Ils pensent que c'est quelque chose qui réside dans l'objet coloré, et en cela ils sont aussi Réalistes que s'ils s'étaient assis aux pieds de Platon. La réflexion sur les faits de ce cas doit, j'imagine, convaincre tout le monde « que la couleur » n'est pas un simple nom, ce que soutenaient les extrêmes Nominalistes, — mais le nom d'un groupe d'états de sensation que nous appelons bleu, ou rouge, ou jaune, etc., et que nous croyons être causés par des vibrations lumineuses qui n'ont pas la moindre ressemblance avec la couleur ; tandis que ces états, à leur tour, sont déterminés par des états des corps auxquels nous attribuons la couleur, mais qui sont également dépourvus de ressemblance avec la couleur.

De même, une loi naturelle, dans le sens scientifique du mot, est le produit d'un travail mental sur les faits naturels que nous sommes à même d'observer, et n'a pas plus d'existence en dehors de l'esprit que n'en a la couleur. La loi de la gravitation est l'expression de la manière selon laquelle l'expérience montre que les corps libres de se mouvoir se meuvent en réalité les uns vers les autres. Mais les autres faits d'observation, que les corps ne se meuvent pas toujours ainsi, et souvent se meuvent dans une direction contraire, se trouvent impliqués par les mots « libres de se mouvoir ». C'est une loi de la nature que les corps tendent à se mouvoir l'un vers l'autre, d'une certaine manière, mais c'est une loi de la Nature, non moins vraie, que, si les corps ne sont pas libres de se mouvoir comme ils tendent à le faire, par suite d'un obstacle ou d'une impulsion contraire venant de quelque autre source d'énergie que celle à laquelle nous donnons le nom de gravitation, ils s'arrêtent et demeurent immobiles, ou prennent une autre direction.

Au point de vue scientifique, c'est le comble de l'absurdité que de dire qu'un homme défie la loi de la gravitation quand il lève le bras. Il n'est pas douteux que la provision générale d'énergie dans l'Univers qui agit à travers la matière terrestre ne tende à faire descendre le bras de l'homme ; mais la fraction particulière de cette énergie qui agit dans certains de ses organes nerveux et musculaires tend à le faire se lever, et quand il dépense plus d'énergie pour le lever que pour le baisser, le bras se lève. La loi de la gravitation n'est pas plus mise en défi en ce cas que lorsqu'un épicier jette tant de sucre dans le plateau vide de ses balances que celui qui contient les poids vient heurter contre le support.

C'est un fait psychologique intéressant, que la ténacité de cette étonnante erreur que les lois de la Nature sont les agents, au lieu d'être ce qu'elles sont réellement, c'est-à-dire les annales de l'expérience sur lesquelles nous basons notre interprétation de ce qui arrive, et notre attente de ce qui arrivera ; et la chose serait inintelligible, si la tendance de l'esprit humain vers le réalisme était moins forte.

Même de nos jours, et dans les écrits d'hommes qui répudieraient le Réalisme scolastique sous toute forme, le mot « loi » est souvent employé dans le sens de cause, tout comme, dans la vie ordinaire, un homme dira qu'il est forcé par la loi de faire telle ou telle chose, tandis qu'en réalité ce qu'il veut dire est que la loi lui ordonne de le faire, et lui dit ce qui lui arrivera s'il ne le fait pas. Nous entendons parler, habituellement, de corps qui tombent à terre à cause de la loi de la gravitation, tandis que cette loi n'est autre chose que l'enregistrement du fait que, selon l'expérience de tous, les corps tombent ainsi (quand ils sont libres de se mouvoir), et que l'on peut raisonnablement s'attendre à ce qu'ils continuent de tomber ainsi. Si quelqu'un voulait se donner la peine de chercher des exemples de pareils abus de langage dans mes propres écrits, je ne suis pas du tout sûr qu'il ne réussirait pas à en trouver, bien que je sois habituellement sur mes gardes pour éviter toute négligence pareille d'expression. Si j'ai péché, j'en fais pénitence d'avance, et ne puis qu'espérer que d'autres éviteront de commettre semblable faute. Et j'ose me permettre cette observation personnelle pour prouver que je désire ne pas me montrer sévère envers le prédicateur tombé dans une erreur dont il ne manque pas de précédents. Mais c'est un genre d'erreur qui, dans le cas d'une personne occupée d'études scientifiques, ne fait pas grand mal, parce qu'elle est corrigée aussitôt que ses conséquences apparaissent. Ceux qui ne connaissent que de nom la science physique sont, au contraire, facilement amenés à construire un édifice important de choses irréelles sur cette erreur fondamentale. En réalité, l'emploi habituel du mot « loi », dans le sens d'une chose active, est presque une marque de pseudo-science ; elle caractérise les écrits de ceux qui se sont approprié les formes de la science sans rien savoir de sa substance.

Il y a deux classes, parmi ces gens : ceux qui sont prêts à croire à un miracle quelconque, tant qu'il est garanti par l'autorité ecclésiastique, et ceux qui sont prêts à croire à tout miracle pourvu qu'il ait quelque garantie différente. Ceux qui croient en ce qu'on appelle ordinairement des miracles, ceux qui acceptent les récits miraculeux qu'on leur propose comme éléments essentiels de la doctrine religieuse, sont dans la première catégorie ; les adeptes des esprits frappeurs, les tourneurs de tables, et tous les autres dévots des sciences occultes de nos jours appartiennent à l'autre ; et, s'ils sont en désaccord sur la plupart des points, il en est un sur lequel ils s'entendent, ils s'accordent pour attribuer à la science un énoncé qui n'est pas scientifique, et ils essayent de renverser cet énoncé attribué à la science par un argument réalistique également non scientifique.

On affirme, par exemple, qu'en une occasion particulière l'eau a été changée en vin ; et, d'autre part, on affirme qu'un homme ou une femme se sont enlevés « vers le plafond, y ont flotté quelque temps, et se sont enfin envolés par la fenêtre ». Et l'on assure que le scepticisme excusable avec lequel la plupart des savants accueillent ces récits est dû au fait qu'ils se sentent autorisés à nier la possibilité de pareille métamorphose de l'eau ou de pareille lévitation parce que de tels événements sont contraires aux lois naturelles. Aussi le prédicateur triomphant pose-t-il la question : Comment pouvez-vous savoir s'il n'y a pas des lois naturelles « supérieures » à vos lois chimiques et physiques, et si ces lois supérieures ne peuvent intervenir et « mettre à néant » les premières ?

La réponse la plus claire à cette question est : Pourquoi demander à quelqu'un de dire comment il sait ce qu'il ignore ? Vous supposez que les lois sont des agents — des causes efficientes de ce qui se passe, — et qu'une loi peut en dominer une autre. Pour nous, cette affirmation est aussi sotte que si vous disiez qu'une proposition d'Euclide est la cause du diagramme qui la schématise, ou bien que le calcul intégral trouble la règle de trois. Votre question implique, en réalité, que nous prétendons connaître complètement non seulement tous les phénomènes passés et présents, mais tous ceux qui sont possibles dans l'avenir; nous laissons cela aux adeptes du Bouddhisme ésotérique. Nos prétentions sont infiniment plus modestes; nous avons réussi à découvrir les règles d'action d'un petit morceau de l'Univers; nous appelons ces règles « lois naturelles », non que personne sache si elles obligent ou non la Nature, mais parce que nous nous sentons obligés à en tenir compte, à la fois comme acteurs dans la Nature et comme interprètes de la Nature. Nous avons nombre de vrais miracles qui sont bien à nous, et, si vous voulez nous fournir d'aussi bonnes preuves de vos miracles que nous en avons des nôtres, nous serons très heureux de les accepter et de modifier notre expression des lois de la Nature en la mettant d'accord avec les faits nouveaux.

Quant aux cas particuliers allégués, nous sommes assez équitables pour consentir à vous aider et à établir votre situation autant que nous le pourrons. Vous vous trompez en supposant qu'un homme quelconque, connaissant les possibilités de la science physique, entreprendra de nier catégoriquement que l'eau puisse être changée en vin. Beaucoup de juges très compétents inclinent déjà à croire que les corps que nous avons jusqu'ici appelés élémentaires sont en réalité des arrangements composites de particules d'une matière primitive uniforme. En supposant que cette idée soit juste, il n'y aurait pas plus de difficulté théorique à changer l'eau en alcool et en matières éthérées et colorantes, qu'il n'y a, au moment actuel, de difficulté pratique à opérer d'autres miracles de ce genre, comme lorsque nous changeons le sucre en alcool, acide carbonique, glycérine ou acide succinique, ou que nous transformons les déchets du gaz en parfums plus rares que le musc et en teintures plus riches que la pourpre de Tyr. Si les soi-disant « éléments », l'oxygène et l'hydrogène, qui composent l'eau, sont des agrégats des mêmes particules ultimes ou unités physiques que celles qui entrent dans la structure du soi-disant élément « carbone », il est évident que l'alcool et d'autres substances composées de carbone, d'hydrogène et d'oxygène peuvent être produites par un nouvel arrangement de quelques-unes des unités d'oxygène et d'hydrogène dans l'« élément » carbone, et leur synthèse avec le reste de l'oxygène et de l'hydrogène.

Donc, en théorie, nous n'avons rien à objecter à votre miracle. Et nous faisons la même réponse à vos lévitateurs. Pourquoi votre ami ne léviterait-il pas ? On sait que les poissons s'élèvent et plongent dans l'eau, en changeant le volume d'un réceptacle à air intérieur ; et il peut y avoir bien des manières, dont la science ne sait encore rien, par lesquelles, nous qui vivons au fond d'un océan d'air, nous pourrions faire de même. Le gaz et le vent de la dialectique ne semblent pas faire défaut parmi vous, et pourquoi une longue pratique de la philosophie pneumatique n'aurait-elle pas pour résultat la génération interne de quelque chose de mille fois plus rare que l'hydrogène, grâce à quoi, d'accord avec les lois naturelles les plus ordinaires, vous pourriez non seulement vous élever jusqu'au plafond, et y flotter dans une posture quasi-angélique, mais même, comme on assure que l'a fait une de vos adeptes, voler plus vite que train ou télégramme vers les « Bermoothes encore en courroux », et reprocher à Ariel, s'il s'y trouve encore, de n'être qu'un lambin? Nous n'avons pas la présomption de nier la possibilité de ce que vous affirmez ; seulement, comme nos frères sont méticuleux en fait de preuves, veuillez nous en donner d'assez bonnes pour nous sauver des foudroyants éclats de leur rire inextinguible.

En voilà assez sur le Réalisme qui s'attache aux lois. Il y a bon nombre d'autres exemples de sa vitalité dans la science moderne, je n'en citerai qu'un.

C'est la conception de la « force vitale » qui descend, en ligne droite, de la philosophie d'Aristote. Cette philosophie a pour proposition fondamentale qu'un objet naturel est composé de deux constituants : l'un est la matière conçue comme étant inerte et même, dans une certaine mesure, opposée au mouvement ordonné et ayant un but ; l'autre est sa forme, conçue comme un quelque chose de quasi-spirituel, qui contient ou conditionne les activités actuelles du corps, et la potentialité de ses activités possibles.

J'incline à croire que la prédominance de cette conception, dans la théorie des choses d'Aristote, vient du fait qu'il a été, dès le début de la vie et jusqu'à la fin, voué aux études biologiques. C'est, au fond, une idée qui doit s'imposer à l'esprit de quiconque étudie les phénomènes biologiques, sans s'occuper de la physique générale, telle qu'elle existe de nos jours. Quiconque a étudié le phénomène visible du développement de la graine en arbre, ou de l'œuf en animal, constate qu'une masse de matière, relativement informe, croît graduellement, prend une forme et une structure définies, et finalement commence à exécuter des actes contribuant à une certaine fin, savoir : à la conservation de l'individu en premier lieu, et en second lieu à celle de l'espèce. Si nous partons de l'axiome que chaque événement a une cause, nous avons ici la *causa finalis* manifestée dans la dernière série de phénomènes, la *causa materialis et formalis* dans la première série, tandis que l'existence d'une *causa efficiens* dans la graine ou dans l'œuf et leur produit est un corollaire des phénomènes de croissance et de métamorphose, qui procèdent en une succession ininterrompue et font la vie de l'animal ou de la plante.

Ainsi, au point de départ, l'œuf ou la graine sont de la matière ayant une « forme » comme tous les autres corps matériels. Mais cette forme a ceci de particulier, par opposition aux « formes » substantielles inférieures qu'elle est une puissance qui tend constamment vers une fin au moyen d'une organisation vivante.

Autant que je puis le savoir, Leibnitz est le seul philosophe (en même temps qu'il était, au sens moderne du mot, un homme de science) qui ait remarqué que l'idée moderne de force, comme sorte d'atmosphère enveloppant les particules des corps, et ayant une activité potentielle ou réelle, n'est qu'un nom nouveau pour la Forme d'Aristote [1]. Dans la biologie moderne, jusqu'à une époque très rapprochée de nous, la conception d'Aristote a régné sans conteste; la matière vivante était douée de « force vitale », et cela expliquait tout. Quiconque ne se contentait pas de cette explication recevait le « simple argument » du « Soyez éternellement maudits, » avec lequel lord Peter repousse les doutes de ses frères dans la *Tale of a Tub*. « Matérialiste », était l'épithète la plus douce qu'on lui appliquât — bien heureux s'il échappait à « incrédule » et « athée ». Il se peut qu'il y ait encore des *Rip van Winkle* scientifiques, qui tiennent pour la force vitale; mais, parmi les Biologistes qui n'ont pas sommeillé pendant les vingt-cinq dernières années, la « force vitale » ne figure plus dans le vocabulaire de la science. C'est une relique du Réalisme; la généralisation de l'expérience que tous les corps vivants présentent certaines activités d'un caractère défini est devenue la base de l'idée que chaque corps vivant contient une entité, « force vitale, » qu'on suppose être la cause de ces activités.

Il est curieux, en regardant en arrière, de remarquer à quel point ce reste et d'autres encore du Réalisme scolastique ont arrêté, ou, à tout le moins, empêché l'application des sains principes scientifiques à l'étude des phénomènes biologiques. Lorsque je commençai à réfléchir sur ces matières, le monde scientifique était quelquefois agité par des discussions concernant la nature des « espèces » et des « genres » des naturalistes,

[1] « Les formes des anciens, ou Entéléchies, ne sont autre chose que les forces. » (Leibnitz, *Lettre au Père Bouvet*, 1697.)

discussions d'un ordre différent des disputes récentes. Je pense que la plupart étaient d'accord sur ce point qu'une espèce était quelque chose qui existait objectivement, d'une manière quelconque, et avait été créée par un décret divin. Sur la réalité objective des genres, il y avait beaucoup d'opinions différentes. D'autre part, il y avait quelques esprits qui ne percevaient de réalité objective que dans les individus, et considéraient espèces et genres comme des universaux hypostatisés. Quant à moi, je semble avoir, sans m'en douter, suivi l'exemple de Guillaume d'Occam, en ce que le premier discours, ou à peu près, que je me risquai à prononcer en public, traitait de l'Individualité animale, et que sa tendance était de combattre avec les Nominalistes même sur ce point.

Le Réalisme revêtit des formes encore plus étranges au temps dont je parle. La communauté de plan, qu'on peut observer dans chaque grand groupe d'animaux fut transformée en idée platonicienne sous le nom approprié d'« archétype », et on nous dit, comme un disciple de Philon le Juif eût pu le faire, que ce symbole réalistique était la « lumière archétypale » par laquelle la Nature a été guidée au milieu du « Naufrage des Mondes ». Un autre naturaliste, qui n'en avait pas moins acquis une réputation méritée par ses contributions à la connaissance positive avança une théorie de la production des choses vivantes qui, autant que le permettait le progrès de la connaissance, reproduisait la doctrine enseignée par la Cabale juive.

Adoptant l'idée de l'archétype, et la poussant jusqu'à ses dernières conséquences logiques, l'auteur de cette théorie conçut les espèces des animaux et des plantes comme étant autant d'incarnations des pensées de Dieu — des représentations matérielles d'idées divines — pendant la période particulière de l'histoire du monde où elles existaient. Mais, sous l'influence des découvertes embryologiques et paléontologiques des temps modernes, qui avaient déjà prêté quelque appui scientifique aux vieilles théories renouvelées de l'évolution cosmique ou émanation, tout en niant et répudiant la théorie ordinaire d'évolution par la modification successive des individus, l'ingénieux auteur soutint et essaya de prouver l'occurrence d'une modification progressive des idées divines aux époques successives.

L'auteur de cette spéculation, se fondant sur une élévation supposée d'organisation dans toute la population vivante d'une époque comparée à celle qui l'a précédée, et une différence complète supposée dans les espèces entre les populations de deux époques quelconques (suppositions que n'a point confirmées l'étude subséquente), l'auteur, disons-nous, arriva à la conclusion que le Créateur avait, pour ainsi dire, amélioré ses vues au cours du temps, et qu'à mesure qu'un plan, revu et corrigé, de création lui venait à l'esprit, l'incarnation des plus anciennes pensées divines disparaissait, balayée par une catastrophe universelle et remplacée par l'incarnation des idées plus avancées. Ce n'est qu'après le dernier « Naufrage », de ce genre, que l'incarnation d'une pensée divine, sous la forme du premier homme, fit son apparition comme le *nec plus ultra* du processus cosmogonique.

J'imagine que Louis Agassiz, le génial pionnier de la science de mes jeunes années, qui a tant frayé de nouvelles routes dans la forêt scientifique, eût été bien surpris d'apprendre qu'il prêchait, purement et simplement, la doctrine de la Cabale. Selon cette modification du Néoplatonisme par le contact avec la spéculation hébraïque, l'essence divine est inconnaissable, — sans forme ni attribut ; mais l'intervalle entre elle et le monde des sens est plein d'entités intelligibles qui ne sont autre chose que les abstractions hypostatisées des Réalistes. Elles ont émané, comme d'immenses vagues de lumière, hors du centre divin, et, comme les dix zones consécutives du Séphiroth, forment l'Univers. Plus elle s'éloigne du centre, et plus la lumière primitive s'affaiblit, jusqu'à ce que, à la périphérie, elle s'achève en ces pures négations, les ténèbres et le mal, qui sont l'essence de la matière. Sur ceux-ci, l'action divine transmise au travers du Séphiroth opère selon le mode des formes d'Aristote, et a, d'abord, produit le monde le plus inférieur de toute la série. Après une certaine durée, le monde primitif est démoli, et ses fragments sont employés à en construire un meilleur ; et ce processus se répète, jusqu'à ce qu'enfin un monde définitif, que l'homme complète et couronne, fasse son apparition. Il est inutile de suivre le processus de métamorphose régressive par lequel, sous l'action du Messie, les étapes du processus d'évolution ici tracées sont franchies. On en a dit assez pour prouver que l'extrême Réalisme qui avait cours dans la philosophie du XIIIe siècle a son pendant complet dans les spéculations de notre propre époque.

V

SCIENCE ET PSEUDO-SCIENCE[1]

Dans les premières phrases d'un article récent[2], le duc d'Argyll m'a honoré d'une leçon sur les convenances à observer au cours des controverses, que je serais disposé à écouter plus docilement si les préceptes de Sa Seigneurie me semblaient basés sur des principes rationnels, ou si son exemple était plus exemplaire.

En ce qui regarde ce dernier point, le duc a jugé bon d'intituler son article : « le Professeur Huxley, à propos du chanoine Liddon », et il met en avant, de la sorte, un élément de personnalité que — les lecteurs de l'article objet des attaques du duc le remarquèrent — j'avais eu grand soin d'éviter. Ma critique portait sur un compte rendu de sermon, publié dans un journal, et par là même s'adressant à tous; il importait peu que ce sermon eût été prêché par A ou par B, et j'ai même fait une digression pour exonérer le prédicateur érudit auquel on attribuait le discours de la responsabilité d'affirmations qui pou-

[1] *Nineteenth Century*, avril 1887.
[2] *Nineteenth Century*, mars 1887.

vaient, tant que je n'en avais pas la preuve contraire, constituer une représentation imparfaite ou inexacte de ses opinions. Il est absolument contraire à la vérité que j'aie eu le désir ou « la tentation d'attaquer » le chanoine Liddon.

Mais, à supposer qu'au lieu d'éviter avec soin l'apparence même d'une semblable attaque j'eusse trouvé bon de suivre une marche différente, à supposer qu'après m'être assuré que l'éminent ecclésiastique, dont le nom est crié sur les toits par le duc d'Argyll, avait réellement prononcé les mots qu'on lui a attribués du haut de la chaire de Saint-Paul, quel droit pourrait avoir qui que ce soit à me blâmer; en quoi aurais-je péché contre la justice, l'à-propos ou le bon goût?

L'Église dominante a des devoirs comme elle a des droits. Le clergé d'une église d'État jouit de beaucoup d'avantages sur celui des confessions non privilégiées et non dotées ; mais il prend une responsabilité corrélative envers l'État et envers chaque membre du corps politique. Je n'ai pas idée que les sermons aient un caractère sacré. Si les prédicateurs dépassent les limites doctrinales que les législateurs laïques ont posées, le conseil privé doit y mettre ordre ; et, s'ils jugent bon de se servir de leur chaire pour proclamer des erreurs littéraires ou historiques, ou scientifiques, le plus humble des laïques, s'il est plus instruit, a non seulement le droit, mais le devoir de corriger les mauvais effets de pareille manière d'abuser des occasions que leur fournit l'État, et d'un aussi mauvais emploi de l'autorité que leur donne l'appui par lui accordé. Quelque position qu'elle prétende occuper dans ses rapports avec l'État, l'Église dominante est une branche du service civil, et pour ceux qui répudient l'autorité ecclésiastique des prêtres, ceux-ci ne sont que des serviteurs civils, aussi responsables envers la société de l'accomplissement exact de leurs devoirs que tous les autres.

Le duc d'Argyll nous dit que « l'œuvre et la vocation » du clergé empêchent que ses membres « prennent part à la discussion comme d'autres le peuvent ». Je me demande si Sa Seigneurie lit jamais les journaux soi-disant religieux. Ce n'est pas une occupation que je recommanderais à qui veut employer son temps profitablement; mais il suffirait qu'il consacrât quelques instants à cet exercice pour qu'il restât convaincu que « prendre part à la discussion », et cela à un degré d'acrimonie et de véhémence que ne dépassent pas les querelles laïques, semble être trouvé tout à fait compatible avec l' « œuvre et la vocation » d'un nombre très grand des membres du clergé.

Enfin, il me semble que rien ne saurait être de plus mauvais goût que la prétention pour une corporation de vouloir posséder l'immunité à l'égard de la critique que le duc d'Argyll réclame pour elle. Rien ne me serait, personnellement, plus pénible que la supposition que je voudrais me soustraire à la critique, juste ou injuste, d'aucun des discours que j'aie jamais prononcés. Je serais très honteux si, avant de me poser comme maître des autres pour les instruire, je n'avais pris, auparavant, la peine de m'assurer de la vérité de ce que j'allais leur dire ; et je me sentirais obligé à plus de précautions encore à l'égard d'une assemblée populaire qui me croirait, plus ou moins, sur parole, qu'à l'égard d'un auditoire d'experts compétents et critiques.

Je me refuse à croire que le niveau de la moralité, en ces matières, soit moins élevé chez le clergé que chez les hommes de science. Je me refuse à croire que le prêtre, qui est devant sa congrégation comme le ministre et l'interprète de la Divinité, soit moins circonspect dans ses discours, moins prêt à répondre à des commentaires hostiles que le laïque qui vient devant son auditoire, comme ministre et interprète de la Nature. Et pourtant, que dirions-nous de l'homme de science qui, lorsqu'on met en lumière son ignorance ou sa négligence, se plaindrait du manque de délicatesse de ses critiques, ou invoquerait « son œuvre et sa vocation » pour qu'on le laissât tranquille ?

Il n'est pas d'homme ni de corporation qui soit assez parfait ou assez sage pour se passer du tonique de la critique. Rien n'a fait plus de mal au clergé que l'habitude, trop commune chez les laïques, de les considérer dans la chaire comme des sortes d'affranchis privilégiés dont les divagations ne doivent pas être prises au sérieux. Et je suis assuré que l'évêque distingué auquel le sermon est attribué serait le dernier à vouloir profiter du manteau déshonorant qui a été inutilement étendu sur ses épaules.

En voilà assez sur la leçon de convenance. Mais le duc d'Argyll, à qui le style de l'exhortation semble être naturel, me fait l'honneur de prendre ce que j'ai dit pour texte d'une serie d'autres admonitions, sur des matières tantôt philosophiques, tantôt géologiques, tantôt biologiques. Je ne puis que me réjouir de ce que l'autorité du duc, en ces matières, n'est pas toujours employée à montrer combien j'en suis ignorant; au contraire, j'y trouve une source d'accord entre nous, et une approbation pour laquelle je lui offre la reconnaissance qui peut lui être due, même lorsque cette reconnaissance est presque éclipsée par la surprise.

J'éprouve un sincère étonnement en m'apercevant que le duc d'Argyll, qui prétend intervenir en faveur du prédicateur, me bénit, en réalité, comme un autre Balaam, et m'absout en ce qui concerne la question principale.

J'avais nié que le prédicateur eût le droit d'attribuer aux hommes de science la doctrine suivant laquelle les miracles ne mériteraient pas foi, parce qu'ils sont des violations de la loi naturelle, et le duc d'Argyll dit qu'il croit « la négation bien fondée. Le prédicateur répondait à une objection qui a été, maintenant, généralement abandonnée. »

De deux choses l'une : ou le prédicateur le savait, ou il ne le savait pas. Il me semble à moi, qui ne suis qu'un professeur laïque, que c'est grand dommage que les « échos » du « grand dôme de Saint-Paul » (si le compte rendu est exact) aient dû répercuter une affirmation qui, dans la première alternative, était injuste et, dans la seconde, ignorante [1].

[1] Le duc d'Argyll parle de la date récente de la démonstration de la fausseté de la doctrine en question. « Récente » est un terme relatif, mais je puis faire remarquer que la question a été amplement discutée dans mon livre sur *Hume*, qui, s'il faut en croire mes

Ayant, de la sorte, sacrifié la moitié des arguments du prédicateur, le duc d'Argyll se met à exécuter l'autre moitié. Il me semble accepter entièrement mon idée que l'occurrence de ces événements, dont le prédicateur parle comme étant des catastrophes, n'est aucune preuve de désordre, d'autant que des catastrophes semblables peuvent être des conséquences occasionnelles nécessaires de changements uniformes. D'où je conclus que Sa Seigneurie pense avec moi que parler de lois royales « mettant à néant » des lois ordinaires peut être une métaphore éloquente, mais qui ne signifie rien.

Et maintenant voici une nouvelle surprise. Après avoir donné ces coups superflus au cadavre de l'argument du prédicateur, mon brave allié remarque, avec un calme magnifique : « Jusqu'ici, donc, le prédicateur et le professeur sont absolument d'accord. » « Qu'ils fument ensemble le calumet de paix ! » Certainement, la fumée serait le symbole qui conviendrait le mieux à cette merveilleuse tentative pour couvrir une retraite. En somme, le duc est venu pour enterrer le prédicateur, et non pour le louer ; seule-

éditeurs, a été lu par beaucoup de gens depuis qu'il a paru, en 1879. En outre, je remarque, dans une note de la page 89 de *The Reign of Law*, ouvrage que j'aurai tout à l'heure l'occasion de citer, que le duc d'Argyll appelle l'attention sur le fait que, dès 1866, mes opinions sur ce sujet étaient bien connues. Le duc, dans le fait, écrivant à peu près à cette époque, dit, après avoir cité une de mes phrases : « La question des miracles semble, maintenant, de tous côtés, se réduire à une question de preuves. » En matière de science, il nous paraît qu'un professeur qui ignore les opinions qui ont été, depuis vingt ans, discutées *coram populo*, n'est pas tout à fait à la hauteur de son rôle.

ment, il fait ressembler le cortège funèbre, autant que possible, à une procession triomphale.

En ce qui concerne les questions entre le prédicateur et moi, je puis donc m'estimer heureux. L'autorité du duc d'Argyll s'est rangée de mon côté. Mais le duc a soulevé nombre d'autres questions, pour lesquelles je crains d'avoir à me passer de son appui, — et même d'être obligé de différer de lui, autant ou même plus encore que je ne l'ai fait à propos de sa nouvelle version du « bénéfice du clergé ».

En discutant les catastrophes, le duc se permet des assertions, en partie scientifiques, en partie anecdotiques, qui me semblent un peu propres à égarer. On nous dit, pour commencer, que la doctrine de Sir Charles Lyell sur la manière d'interpréter les faits de la géologie (que l'on nomme communément uniformitarianisme) « ne porte pas la tête aussi haut qu'elle le faisait autrefois ».

Voilà qui est du nouveau. Mais est-ce bien vrai ? Tout ce que je puis dire, c'est que je ne connais rien qui se soit passé récemment qui puisse justifier d'aucune façon cette affirmation, et je suis d'avis que le corps de la doctrine de Lyell, comme il l'a exposée dans son grand ouvrage *The Principles of Geology*, quoi qu'il ait pu arriver à sa tête, demeure un des principaux éléments permanents des fondements de la science géologique.

Mais cette question ne saurait être discutée avantageusement si nous ne prenions la peine de distinguer entre la partie essentielle de la doctrine uniformitarienne et ses accessoires ; et il ne paraît pas que le duc d'Argyll ait poussé ses études de philosophie géologique jusqu'à ce point. Car il définit l'Uniformitarianisme comme étant l'hypothèse de « l'extrême lenteur et la parfaite continuité de tous les changements géologiques ».

Je ne suis pas du tout sûr de ce que « continuité parfaite » peut vouloir dire dans cette définition ; j'imagine seulement que cela signifie l'absence d'aucune interruption dans le cours de l'ordre de la nature durant les millions d'années dont le laps est enregistré par les phénomènes géologiques.

Le duc d'Argyll est-il préparé à dire qu'un seul géologue autorisé, de nos jours, croit qu'il y ait la moindre preuve de l'occurrence d'une intervention surnaturelle, au cours des longs siècles dont les monuments nous ont été conservés dans la croûte terrestre ? Et, s'il ne peut le dire, dans quel sens cette partie de la doctrine uniformitarienne, telle qu'il la définit, a-t-elle abaissé ses prétentions à représenter la vérité scientifique ?

Quant à « l'extrême lenteur de tous les changements géologiques », c'est tout simplement une erreur populaire que de la considérer comme étant, en aucune manière, un dogme fondamental et nécessaire de l'uniformitarianisme. Je suis extrêmement étonné qu'un lecteur qui a étudié avec soin le grand ouvrage de Lyell puisse en avoir aussi complètement méconnu la signification, qui pourtant est « écrite en gros » sur le titre même de la première page : *Les Principes de géologie, tentative pour expliquer les anciens changements de la surface de la terre par les causes qui agissent actuellement.* L'essence de la doctrine de Lyell est inscrite, ici, de façon à être perçue par le moins lettré ; elle n'a rien à voir avec la lenteur ou la rapidité des changements de la surface terrestre dans le passé, si ce n'est en ce que des changements actuels analogues peuvent se produire lentement, et par conséquent faire naître une présomption en faveur de la lenteur des changements passés.

Buffon écrivait, il y a près de cent cinquante ans, avec cette force épigrammatique qui caractérisait son style, dans sa fameuse *Théorie de la terre :* « Pour juger de ce qui est arrivé, et même de ce qui arrivera, nous n'avons qu'à examiner ce qui arrive. » La clef du passé, comme celle de l'avenir, c'est dans le présent qu'il faut la chercher, et ce n'est que lorsque nous savons que les causes connues de changement sont démontrées insuffisantes que nous avons le droit de recourir à des causes inconnues. La Géologie est, autant que l'Archéologie, une science historique ; et j'imagine que toute investigation historique solide repose sur cet axiome. Il était à la base de l'œuvre de Hutton, et anima Lyell et Scrope dans leurs efforts heureux pour révolutionner la Géologie d'il y a cinquante ans.

Il n'y a et n'y a jamais eu aucun antagonisme entre la croyance aux opinions principalement et infatigablement soutenues par Lyell, et la croyance à l'occurrence des catastrophes. La première édition des *Principles* de Lyell, publiée en 1830, est sous mes yeux, et une grande partie du premier volume est occupée par le récit de catastrophes volcaniques, sismiques et diluviennes, qui se sont produites durant la période historique. En outre, l'auteur, à plusieurs reprises, attire expressément l'attention de ses lecteurs sur la concordance des catastrophes avec sa doctrine :

« Cependant, bien que nous n'ayons pas été, au cours des trois mille dernières années, témoins de la dévastation, par le déluge, d'un grand continent, comme nous pouvons cependant prédire l'occurrence future de semblables catastrophes, nous sommes autorisés à les considérer comme faisant partie de l'ordre de la nature, et on peut leur donner place dans les spéculations géologiques concernant le passé, pourvu que nous n'imaginions pas qu'elles ont été plus fréquentes ou générales que nous ne nous attendons à les voir à l'avenir [1] ».

Et plus loin :

« Si nous considérons séparément chacune des causes que nous savons être les plus actives dans le remaniement de l'état de la surface, nous verrons que nous devons nous attendre à ce que chacune agisse pendant des milliers d'années, sans produire aucun changement considérable dans la surface habitable, et donne alors lieu, en une période très courte, à d'importantes révolutions [2]. »

[1] Vol. I, p. 89.

[2] Vol. II, p. 161. — Voir aussi vol. I, p. 460. Dans la neuvième édition (1853), publiée vingt-trois ans après la première, Lyell ôte au lecteur le plus négligent toute excuse de malentendu. « Ainsi, en ce qui concerne les mouvements souterrains, la théorie de l'uniformité perpétuelle de la force qu'ils exercent sur la croûte terrestre est tout à fait compatible avec l'idée que leur développement et leur interruption peuvent alterner pendant des périodes indéfinies dans des territoires géographiques limités. » (P. 187.)

Lyell cherchait alors querelle aux catastrophistes, non point parce qu'ils supposaient que les catastrophes arrivent, et sont arrivées, mais parce qu'ils avaient pris l'habitude d'appeler à leur aide leur dieu Catastrophe quand ils auraient dû recourir à l'observation du cours actuel de la nature, pour sortir de leurs difficultés. Et la science est devenue ce qu'elle est, surtout, parce que les géologues ont, peu à peu, accepté la doctrine de Lyell et suivi ses préceptes.

Il n'y a pas, que je sache, en ces matières, rien de ce qu'on peut appeler une preuve que les causes des phénomènes géologiques aient opéré avec plus d'intensité ou plus de rapidité, à une époque quelconque entre le plus ancien tertiaire et la plus ancienne époque paléozoïque qu'elles ne l'ont fait entre la plus ancienne époque tertiaire et le temps actuel. Et, s'il en est ainsi, l'uniformitarianisme, même limité par Lyell [1] n'a pas lieu de baisser la crête. Mais, si les faits sont autres, la position de Lyell reste inattaquable.

[1] Il y a beaucoup d'années (Discours présidentiel à la Société de Géologie, 1869), j'ai essayé d'indiquer ce qui me semblait être le côté faible, non des principes fondamentaux de l'Uniformitarianisme, mais de l'Uniformitarianisme enseigné par Lyell. Il consistait dans le refus de Hutton, et, à un moindre degré, de Lyell, de regarder au-delà des limites du temps indiqué par les roches stratifiées. Je dis : « Cette tentative de limiter, à un point particulier, le progrès du raisonnement inductif et déductif concluant des choses qui sont à celles qui ont été — ce manque de fidélité à sa propre logique — me semblent avoir coûté à l'Uniformitarianisme le rang de forme permanente de spéculation géologique qu'il eût pu conserver autrement. » (*Les Problèmes de la Géologie*, Paris, 1892.) Le contexte montre que l' « Uniformitarianisme » signifie ici celui que Hutton et Lyell ont limité dans l'application, et que ce que j'appelle « Evolutionisme » est de l'Uniformitarianisme logique et complet.

Il n'a point dit que les opérations géologiques de la nature n'ont jamais été plus rapides ni plus vastes qu'elles ne le sont maintenant ; la proposition très différente qu'il a soutenue, c'est qu'il n'y a aucune bonne preuve de rien de semblable. Et l'on n'a pas encore montré la fausseté de cette proposition.

Je dois plus que je ne saurais dire à l'étude attentive des *Principles of Geology* dans ma jeunesse ; bien avant 1856, mon esprit était familiarisé avec le principe que « la doctrine de l'uniformité n'est pas incompatible avec des changements grands et soudains », ce qui, ainsi que je l'ai montré, est enseigné *totidem verbis* dans cet ouvrage. Si même il m'eût été possible de fermer les yeux au sens de ce que je lisais dans les *Principles*, la *Philosophy of the Inductive Sciences*, de Whewell, ouvrage qui m'est assez familier, me les eût certainement ouverts. Car l'auteur, toujours subtil, si ce n'est toujours profond, en argumentant contre l'Uniformitarianisme de Lyell, indique expressément qu'il ne contredit, en aucune façon, l'occurrence de catastrophes.

« En ce qui concerne de telles occurrences (tremblements de terre, déluges, etc.), si terribles qu'elles puissent paraître au temps où elles se produisent, elles peuvent ne pas affecter beaucoup le taux moyen du changement ; il peut y avoir un cycle, quelque irrégulier qu'il soit, de changements rapides et lents, et, si de tels cycles vont se succédant, nous pouvons encore appeler uniforme l'ordre de la nature, malgré les périodes de violence qu'il implique [1]. »

[1] *Philosophy of the Inductive Sciences*, vol. I, p. 670. Nouvelle édition, 1847.

Le lecteur qui m'aura suivi dans ce court chapitre de l'histoire de la philosophie géologique trouvera probablement que le passage suivant de l'article du duc d'Argyll n'est pas médiocrement remarquable :

« Il y a bien des années, quand j'ai eu l'honneur de présider la *British Association* [1], je me suis permis de faire remarquer, en la présence de cet homme si distingué (Sir Charles Lyell), que la doctrine de l'uniformité n'était pas incompatible avec de grands et soudains changements, puisque des cycles de ces derniers, et d'autres cycles de repos comparatif pouvaient bien constituer des parties de cette uniformité qu'il affirmait. Lyell ne fit aucune objection à cette interprétation étendue de sa propre doctrine, et m'exprima son entier assentiment. »

Cela ne me surprend point, car, ainsi que je l'ai fait voir, il n'y avait là rien que Lyell n'eût dit lui-même, vingt-six ans auparavant, et appliqué en toute rigueur, trois ans auparavant ; et ce point de vue était presque verbalement identique à l'opinion de M. Whewell exprimée seize ans auparavant, dans un ouvrage qui devrait être familier à quiconque entreprend de discuter la philosophie de la science.

Trente ans se sont écoulés depuis que le débutant de 1856 se persuadait qu'il avait éclairé le premier géologue de son temps, et un des hommes de science les plus fins et les plus prévoyants de tout temps, quant à l'essor des doctrines que le philosophe vétéran avait promulguées ; et l'intimité du duc d'Argyll avec

[1] A Glasgow, en 1856.

la littérature géologique n'a pas encore été, même aujourd'hui, suffisamment profonde pour dissiper cette agréable illusion.

S'il est aussi dangereux de suivre le duc d'Argyll dans la seule branche de science physique où il ait donné des preuves de connaissances pratiques, je puis respirer encore plus librement en avançant mon opinion à l'égard des déclarations autoritaires de Sa Seigneurie sur des matières qui sont en dehors du domaine de la Géologie.

Et, ici, l'article du duc m'offre une richesse d'occasions qui rend le choix embarrassant. Je dois tenir présent à l'esprit le bon vieil adage : *Non multa, sed multum*. Si séduisant qu'il pût être pour moi de suivre le duc à travers le labyrinthe de ses malentendus, dans la terminologie ordinaire de la philosophie, et de commenter le caractère singulièrement inintelligible qui accompagne ses fréquentes effusions de langage enthousiastes, l'espace limité m'oblige à me borner aux points dont la discussion peut m'aider à éclairer le public sur des matières plus importantes que la compétence de mon Mentor à l'égard de la tâche qu'il a entreprise.

Je ne suis pas absolument sûr du moment où l'on a commencé à employer le mot Loi, appliqué aux lois de la nature, mais il me semble qu'on en peut trouver des exemples dans les œuvres de Bacon, Descartes et Spinoza. Bacon emploie « Loi » comme équivalent de « Forme », et j'incline à croire qu'il peut être responsable d'une bonne partie de la confusion qui est née ensuite ; mais je ne crois pas que ce terme ait été employé par d'autres autorités, aux XVIIe et XVIIIe siècles, en aucun autre sens que celui de « règle » ou d' « ordre défini » de la coexistence des choses, ou de la succession des événements dans la nature. Descartes parle de « règles, que je nomme les lois de la Nature » ; Leibnitz dit « loi ou règle générale » comme s'il considérait les termes comme équivalents.

Le duc d'Argyll, toutefois, affirme que la « loi de la gravitation », telle que l'avance Newton, était quelque chose de plus que l'exposé d'un ordre observé. Il admet que les trois lois de Képler « sont un ordre de faits observés, et rien de plus ». Quant à la loi de la gravitation, « elle contient un élément que ne contenaient pas celles de Képler ; c'est un élément de causation, dont la reconnaissance appartient à une catégorie de conceptions intellectuelles supérieure à celle qui ne concerne que la pure observation et l'enregistrement de faits isolés et sans lien apparent ». Il n'y a pas, à mon sens, dans ces paragraphes, une ligne qui me paraisse indiscutable. Mais, pour me borner au sujet actuel, je ne puis concevoir comment quelqu'un ayant pris la peine, même la plus ordinaire, de se mettre au courant de la vraie nature des ouvrages soit de Képler, soit de Newton, peut les avoir écrits. Il est réellement étonnant que les travaux de Képler, entre ceux de tous les hommes, soient appelés « pure observation et notation ». Et quiconque voudra bien feuilleter les *Principia*, ou les *Optics*, ou les *Letters to Bentley*, verra, sans avoir même plus de connaissance que je n'en ai des sujets discutés, que Newton, à plusieurs reprises, a insisté sur le fait qu'il ne s'occupait aucunement de la gravitation comme cause physique, et que, lorsqu'il employait les termes : Attraction, Force, etc., il les employait, ainsi qu'il le dit, *mathematice* et non *physice*.

« Je ne considère point ici comment ces attractions (de gravité, de magnétisme et d'électricité) peuvent s'exercer. Ce que j'appelle attraction peut s'exercer par impulsion, ou par quelque autre moyen qui m'est inconnu. J'emploie ici ce mot pour signifier seulement, d'une manière générale, toute force par laquelle les corps tendent l'un vers l'autre, quelle qu'en soit la cause [1]. »

Si j'ai bien lu les meilleures autorités sur l'histoire de la science, Newton n'a découvert ni la gravitation ni la loi de la gravitation ; il ne s'est pas risqué à faire plus que conjecturer la causation de la gravitation. En outre, son assertion que la notion qu'un corps agit où il n'est pas ne pouvait être acceptée par aucun penseur compétent est en antagonisme avec toute la conception, actuellement en cours, des forces attractives et répulsives, et par conséquent de « la force attractive de la gravitation ». Quelle est donc l'œuvre de grandeur et d'excellence incomparables et d'influence immortelle que Newton a accomplie ? En premier lieu, Newton définit les lois, règles, ou ordre observé des phénomènes du mouvement, qui se passent journellement sous nos yeux, avec une précision plus grande qu'on n'avait encore réussi à le faire ;

[1] Newton, *Optics*, question 31.

et en suivant avec une puissance et une finesse merveilleuses les conséquences mathématiques de ces règles, il a presque créé la science moderne de la mécanique pure. En second lieu, appliquant exactement aux faits de l'Astronomie la même méthode que Lyell appliqua, un siècle et demi plus tard, à ceux de la Géologie, il se posa le problème suivant. Admettant que tous les corps, libres de se mouvoir, tendent à se rapprocher comme le font la terre et les corps au-dessus d'elle ; admettant que la force de cette tendance est en raison directe de la masse, et en raison inverse des distances; admettant que les lois du mouvement déterminées pour les corps célestes sont les mêmes pour tout l'univers; admettant que les planètes et leurs satellites ont été créés et placés à leurs distances moyennes observées, et que chacun a reçu une certaine impulsion du Créateur; admettant tout cela, la forme des orbites, la variabilité de rapidité des planètes, et la proportion entre ces variations de mouvement et la distance du soleil qui doit découler de ces prémisses, par raisonnement mathématique, s'accordent-ils avec l'ordre de faits déterminé par Képler et d'autres, ou non ?

Newton, employant des méthodes mathématiques qui font l'admiration des adeptes, mais qu'il semble avoir été seul à employer avec facilité, n'a pas seulement répondu à cette question affirmativement; mais son génie constructif ne s'arrêta que lorsqu'il eut fondé l'Astronomie physique moderne.

Les historiens de la Mécanique et de l'Astronomie semblent s'accorder à dire qu'il fut le premier à énoncer clairement et distinctement l'hypothèse que les phénomènes compris sous le nom général de « gravitation » suivent le même ordre dans tout l'univers, et que tous les corps matériels présentent ces phénomènes ; de sorte que, dans ce sens, l'idée de la gravitation universelle peut, sans doute, lui être justement attribuée.

Newton prouva que les lois de Képler étaient des conséquences particulières des lois du mouvement et de la loi de la gravitation ; en d'autres termes, la raison des premières se trouve dans les deux dernières. Mais, parler de la gravitation seule comme étant la raison des lois de Képler et, encore plus, comme étant en rapport de causalité avec les lois de Képler, c'est simplement une application erronée de langage. Il serait vraiment intéressant que le duc d'Argyll nous expliquât comment il entend s'y prendre pour nous montrer que la forme elliptique des orbites des planètes, l'aire constamment parcourue par le rayon vecteur, et le rapport entre les carrés des temps périodiques et les cubes des distances du soleil, sont causés par la force de « gravitation », ou résultent de la « loi de la gravitation ». Il me semble qu'on pourrait aussi bien dire que les divers mélanges d'azote et d'oxygène sont causés par l'attraction chimique, et peuvent se déduire de la théorie des atomes.

Newton n'a, assurément, prêté aucune ombre d'appui à la philosophie pseudo-scientifique moderne qui confond les lois et les causes. Je n'ai pas pris la peine de remonter aux sources de cette erreur des plus communes; mais je l'ai connue dans sa pleine floraison, il y a plus de trente ans, dans un livre qui a eu, en son temps, une grande vogue, les *Vestiges of the Natural History of Creation*, dont la première édition a été publiée en 1844.

Le livre est plein d'exemples excellents et topiques de réalisme pseudo-scientifique. Examinez, par exemple, ce précieux joyau. Quand un enfant, qui a grimpé sur un arbre, lâche la branche, « la loi de la gravitation le tire, inexorablement, à terre, et il est blessé, » le Tout-Puissant étant, par suite, soulagé de toute responsabilité de l'accident. La « loi de la gravitation » agit ici, comme cause, d'une manière qui s'accorde entièrement avec la conception qu'en a le duc d'Argyll. En réalité, dans l'esprit de l'auteur des *Vestiges*, les « lois » sont des existences intermédiaires entre le Créateur et ses œuvres, comme les « idées » des Platoniciens ou le Logos des philosophes d'Alexandrie [1]. Je citerai ce passage, qui est tout à fait dans l'esprit de Philon :

« Nous avons des preuves puissantes que la construction de ce globe et de ses pareils, et, par induction, de tous les autres globes dans l'espace, est le résultat, non d'un effort immédiat ou personnel de la part de la Divinité, mais de lois naturelles qui sont l'expression de sa volonté. Qu'est-ce qui nous empêche de supposer que la création organique est aussi le résultat de lois naturelles qui sont, pareillement, une expression de sa volonté [2] ?

Et la création, « agissant par la loi, » est constam-

[1] L'auteur l'avoue dans ses *Explanations*.

[2] Première édition, p. 154.

ment invoquée comme soulageant le Créateur de l'embarras des détails insignifiants. J'ai de la peine à me représenter l'état d'esprit de celui qui accepte ces jongleries verbales. On peut comprendre que le Créateur opère selon les règles qu'il trouve bon de se poser à lui-même (et par suite selon la loi). Mais cela laisserait à l'opération de sa volonté le caractère d'un acte personnel direct tout autant que sous toute autre condition. Je puis aussi comprendre que (comme dans la caricature que fait Leibnitz des idées de Newton) le Créateur ait fabriqué la machine cosmique, et, après l'avoir mise en train, l'ait laissée à elle-même jusqu'à ce qu'elle eût besoin de réparation. Mais alors, dans cette hypothèse, sa responsabilité personnelle aurait été impliquée dans tout ce qu'il a fait, tout autant qu'un dynamiteur est responsable de ce qui arrive quand il a mis sa machine en train et l'a laissé sauter.

La seule hypothèse qui donne une sorte de consistance folle aux idées de l'auteur des *Vestiges* est la supposition que les lois sont une espèce d'anges ou de démiurges qui, étant pourvus du plan du Grand Architecte, ont la permission de régler les détails entre eux. Si l'on accepte cette doctrine, l'idée des lois royales et des lois plébéiennes, et de ces combats plus qu'homériques, où les grandes lois « écrasent » les petites, devient tout à fait intelligible. Et, en réalité, l'honneur de la paternité de ces idées remarquables qui fleurissent dans le discours du prédicateur doit, à ma faible connaissance, être attribuée à l'auteur des *Vestiges*.

Mais l'auteur des *Vestiges* n'est pas le seul écrivain

responsable des mystifications pseudo-scientifiques qui entourent le terme « loi ». Quand j'écrivais mon article sur *le Réalisme scientifique et pseudo-scientifique*, je n'avais pas encore lu un ouvrage du duc d'Argyll, *The Reign of Law*, qui a joui, et peut-être jouit encore, d'une popularité très étendue. Mais la vivacité de l'attaque du duc me fit croire que les critiques adressées ailleurs auraient pu arriver jusqu'à lui. Et, en effet, je m'aperçois que le second chapitre de l'ouvrage en question qui est intitulé : *La Loi, ses définitions*. est, à mon point de vue, une sorte de *Somme* de la philosophie pseudo-scientifique. Il vaut la peine de l'examiner avec quelque détail.

En premier lieu, il faut remarquer que l'auteur du *Règne de la Loi* admet que « la loi », en beaucoup de cas, ne signifie pas autre chose que l'exposé de l'ordre selon lequel les faits se produisent, ou, ainsi qu'il le dit « un ordre de faits observé [1] ». Mais son appréciation de la valeur de l'exactitude de l'expression ne l'empêche pas d'ajouter, presque au même moment : « Dans ce sens, les lois de la nature sont simplement ces faits de nature qui se reproduisent selon une règle [2]. » Ainsi les « lois » qu'on disait à juste titre être l'exposé d'un ordre des faits, dans un paragraphe, sont, dans le paragraphe suivant, déclarées être les faits eux-mêmes.

On nous dit, ensuite, que, bien qu'il soit habituel et légitime d'employer le mot « loi » dans le sens d'exposé d'un ordre de faits, c'est là un emploi bas

[1] *Loc. cit.*, p. 66.
[2] *Ibid.*

de ce mot; et, en effet, deux pages plus loin, l'écrivain, se contredisant absolument, nie entièrement qu'on puisse l'admettre :

« Pour avoir droit au rang de loi, un ordre de faits observés doit être un ordre assez constant et assez uniforme pour indiquer la nécessité ; et la nécessité ne peut naitre que de l'action d'une force qui contraint[1]. »

Voilà, sans aucun doute, une des plus singulières propositions qu'il m'ait été donné de rencontrer dans un ouvrage à prétentions scientifiques, et sa rareté est encore embellie par une autre contradiction directe qu'elle implique. Car, à la page précédente (67), quand le duc d'Argyll parle des lois de Képler, il admet que ce sont des lois et des types de ce que les hommes de science comprennent sous le nom de « lois », et il dit qu'elles sont « simplement et purement un ordre de faits ». Puis il ajoute : « Une très grande proportion des lois de chaque science se trouvent être des lois de cette espèce et dans ce sens. »

Si, selon l'aveu du duc d'Argyll, c'est ainsi qu'on entend le mot loi, d'une manière générale et constante chez les autorités scientifiques, comment justifier son assertion dénuée de preuves que de tels exposés d'ordre observé de faits n'ont pas « droit au rang » de lois ?

Mais examinons les conséquences de la proposition vraiment intéressante que je viens de citer. Je pré-

[1] *Loc. cit.*, p. 68.

sume que c'est une loi de nature que « la ligne droite est la distance la plus courte entre deux points ». Cette loi affirme l'association constante d'un certain fait de forme avec un certain fait de dimension. Que la notion de nécessité qui s'y attache ait une origine *a priori* ou *a posteriori*, cela n'a rien à voir dans la discussion actuelle. Mais je demande à savoir, si elle est nécessaire, où est « la force qui contraint », d'où naît la nécessité ; et puis, si elle n'est pas nécessaire, perd-elle le caractère d'une loi de nature ?

J'estime que c'est une loi de nature, basée sur une preuve incontestable, que la masse de la matière reste la même, quelles que soient les modifications chimiques ou autres qu'elle subisse. Cette loi est un des fondements de la chimie, mais elle n'est nullement nécessaire. Il est très possible d'imaginer que la masse de la matière varie suivant les circonstances, ainsi que nous savons que le fait son poids. En outre, la détermination de la « force », qui fait que la masse est constante (si cette forme de mots est intelligible), ne pourrait, autant que je le sache, ajouter une validité plus grande à la loi que celle qu'elle possède maintenant.

Il est une loi de nature, si bien confirmée par l'expérience, que toute l'humanité, depuis le pur logicien en quête d'exemples, jusqu'au fossoyeur de paroisse à la recherche de pourboires, y croit. C'est la loi que « tous les hommes sont mortels ». C'est simplement un exposé de l'ordre des faits observés que tout homme meurt tôt ou tard. Je ne connais pas de loi de nature qui soit plus « constante et uniforme » que celle-ci. Mais quelqu'un voudra-t-il bien me dire que la mort est « nécessaire »? Il n'y a certainement aucune nécessité *a priori* dans ce cas, car on a imaginé que plusieurs hommes étaient immortels. Et j'aimerais bien être informé de la « nécessité » quelconque qu'on pourrait déduire de considérations biologiques. On peut très bien concevoir, ainsi qu'on l'a récemment indiqué, que quelques-unes des formes inférieures de la vie aient une sorte d'immortalité. Quoi qu'il en puisse être, je demande, en supposant que ce soit une vraie loi naturelle que « tous les hommes sont mortels », à quoi l'on peut, convenablement, dans cette loi, appliquer le titre de « force qui contraint »?

A la page 69, le duc d'Argyll affirme que la loi de la gravitation « est une loi dans le sens, non seulement d'une règle, mais d'une cause ». Mais nous avons déjà examiné et réfuté ce retour à l'enseignement contenu dans les *Vestiges;* et quand le duc d'Argyll assure que l' « ordre observé » que Képler a découvert était simplement une conséquence nécessaire de la force de la « gravitation », je n'ai pas besoin de récapituler le témoignage qui prouve l'entière fausseté de cette assertion. Mais il n'est pas inutile de dire, une fois de plus, que, au moment actuel, personne ne connaît rien de l'existence d'une « force » de gravitation en dehors de ce fait; que Newton a déclaré inconcevable la notion ordinaire d'une force semblable ; que l'on a fait diverses tentatives pour expliquer l'ordre de faits que nous nommons gravitation, sans recourir à la notion de force d'attraction ; que, si une telle force existe, elle est entièrement insuffisante pour justifier les lois de Képler, sans faire entrer en ligne de compte un grand nombre d'autres considérations ; et enfin que tout ce que nous savons au sujet de la « force » de gravitation, ou de toute autre soi-disant « force », c'est que c'est le nom de la cause hypothétique d'un ordre de faits observé.

Donc, quand le duc d'Argyll dit : « La force, reconnue dans quelque mesure de son action, c'est là, à la vérité l'une des définitions d'une loi scientifique, mais ce n'en est qu'une[1] » ; je réponds que c'est une définition que doit répudier quiconque possède une connaissance adéquate des faits de la philosophie ou de la science, et qui doit être reléguée dans les limbes des erreurs pseudo-scientifiques. Si l'esprit humain n'avait jamais eu cette idée de « force », si même il avait substitué la succession invariable à la notion ordinaire de causation, l'idée de loi comme expression d'un ordre constamment observé qui engendre une intensité correspondante d'expectation dans notre esprit, aurait exactement la même valeur, et jouerait le même rôle dans la vraie science qu'elle joue maintenant.

Il est inutile de pousser plus loin la présente digression sur l'origine et l'histoire de la pseudo-science moderne. Sous la haute protection dont elle a joui, elle a grandi et fleuri jusqu'à devenir, de nos jours, un peu surabondante. Elle a ses « Éphémérides » hebdomadaires où, chaque fois qu'on a découvert une pie au nid pseudo-scientifique, on lui fait une ovation de

[1] *Loc. cit.*, p. 71.

louanges avec la naïve injustice de l'ignorance ; et elle a une armée de « conciliateurs », levée pour son service, dont l'occupation semble être de mêler le noir du dogme et le blanc de la science en la teinte neutre de ce qu'ils appellent théologie libérale.

Je me rappelle que, peu de temps après la publication des *Vestiges*, un compatriote railleur de l'auteur définit l'ouvrage comme du « chou froid qu'on a réchauffé ». Un cynique pourrait s'amuser de la réflexion qu'aujourd'hui les principes et les méthodes de l'auteur si vilipendé des *Vestiges* se .trouvent « réchauffés », et ne font plus seulement « retentir les échos du dôme de Saint-Paul », mais lancent leurs foudres du château d'Inveraray. Mais mon esprit n'a pas le tour cynique, et je ne puis que regretter la perte de temps et d'énergie consacrés à traiter les problèmes les plus difficiles de la science par ceux qui n'ont ni subi la discipline, ni acquis l'instruction qui sont indispensables pour l'heureuse issue d'une telle entreprise.

J'ai déjà eu l'occasion de remarquer que les vues du duc d'Argyll, sur la façon de conduire la controverse, différaient des miennes ; et cette divergence déplorable s'accentue de plus en plus à mesure que le duc touche aux sujets biologiques. Tout ce qui a paru assez bon à Sir Charles Lyell, dans le domaine de ses études, est certainement assez bon pour moi dans le mien, et je ne refuse nullement de recevoir pédagogiquement l'instruction sur nombre de matières avec lesquelles toute l'affaire de ma vie a été de me familiariser. Mais le duc d'Argyll ne se contente pas de m'honorer de ses opinions sur ma branche spéciale, il répond aussi des miennes ; et, ici, vraiment, le mouton devient enragé. On me dit que « nul ne sait mieux que le professeur Huxley » nombre de choses que je ne sais réellement pas, et l'on me dit être un disciple de cette « philosophie positive » que j'ai, à de nombreuses reprises, répudiée publiquement dans un langage qui, certes, ne prêtait pas au malentendu, quels que fussent ses autres défauts.

On me dit que je me suis amusé à une « discussion métaphysique, ou logomachie » (oserai-je remarquer, en passant, que ces termes ne sont pas tout à fait équivalents ?) quand, à ce que je crois fermement, j'ai tenté de démasquer un processus de mystification basé sur l'emploi du langage scientifique par des écrivains qui ne montrent aucun signe d'éducation scientifique, de connaissance scientifique exacte, ou d'idées claires concernant la philosophie de la science, mystification qui fait en ce moment un mal très sérieux au public. Ce dernier prend, assez naturellement, la peau du lion de la phraséologie scientifique pour preuve que la voix qui sort de dessous est la voix de la science, et je voudrais leur éviter les conséquences de leur erreur.

Le duc d'Argyll demande, avec une apparente tristesse, d'avoir à me réprimander :

« Que dire d'une philosophie qui confond l'organique et l'inorganique, et, refusant de tenir compte d'une différence aussi profonde, prétend expliquer sous une commune abstraction les mouvements dus à la gravitation et ceux qui sont dus à « l'esprit de « l'homme ? »

Je répondrai par une autre question : Que dire d'un polémiste qui attribue à celui qui est l'objet de ses attaques des opinions qui ne sont, notoirement, pas les siennes, et qui s'exprime d'une manière qui prouve qu'il ignore jusqu'aux rudiments de cette connaissance qui est nécessaire à la discussion où il s'est jeté à corps perdu ?

Quelle est la ligne écrite par moi, que le duc d'Argyll puisse citer, où j'aie confondu l'organique avec l'inorganique ?

Quant à la dernière moitié du paragraphe, je dois avouer que je doute qu'elle ait une signification définie quelconque. Mais j'imagine que le duc fait allusion à mon assertion que la loi de gravitation n'était nullement « suspendue » ou « mise au défi » quand un homme lève le bras, mais que, en pareille circonstance, une partie de la provision d'énergie de l'univers opère sur le bras, avec un avantage mécanique contre l'action d'une autre partie. J'ai été assez naïf pour croire que personne en possession d'autant de connaissances physiologiques qu'on en trouve dans un manuel élémentaire, ou qui a entendu parler de la plus grande généralisation des temps modernes, la théorie de la conservation de l'énergie, ne pourrait mettre en doute mon assertion, et j'étais, en outre, assez naïf pour penser que personne, à qui ces qualifications manqueraient, ne serait tenté de m'accuser d'erreur. Il semble que j'aie plus de simplicité que d'imagination.

Le duc d'Argyll peut ignorer le fait qui est vrai néanmoins, que, lorsque le bras d'un homme se lève, par suite de l'état de conscience que nous appelons volition, la volition n'est pas la cause immédiate de l'élévation du bras. Au contraire, cette opération est effectuée par un certain changement de forme, connu techniquement comme « contraction » dans les masses musculaires qui sont fixées aux os de l'épaule, de telle façon que, si ces muscles se contractent, ils doivent lever le bras. Chacun de ces muscles est une machine comparable, dans un certain sens, aux machines d'un bateau à vapeur, mais plus complets en ce que la source de son aptitude à changer de forme, ou se contracter, est en lui-même. Chaque fois qu'en se contractant le muscle fait le travail qui est nécessité par l'élévation du bras, il se dépense plus ou moins des matériaux qu'il contenait, tout comme plus ou moins du combustible d'une machine à vapeur est employé quand elle travaille. Et je ne pense pas qu'il puisse y avoir un doute dans l'esprit d'aucun physicien ou physiologiste compétent sur le fait que le travail accompli en soulevant le poids du bras est l'équivalent mécanique d'une certaine proportion d'énergie libérée par les changements moléculaires qui se sont produits dans le muscle. En outre, c'est une opinion assez fondée que cette forme d'énergie et toutes les autres peuvent passer les unes dans les autres, et, par conséquent, elles rentrent toutes dans la loi générale, ou l'exposé de l'ordre des faits, que l'on nomme conservation de l'énergie. Et ceci étant certainement une abstraction, il se trouve que l'opinion que le duc d'Argyll croit si extrêmement absurde est, en réalité, un des lieux communs de la physiologie. Mais une revue ne convient guère à l'enseignement des éléments de cette science, et je me contente de recommander au duc d'Argyll d'étudier le Livre II de l'excellent *Text-Book of Physiology*[1] de mon ami le Dr Foster, commençant ainsi :

« A parler en gros, le corps animal est une machine à convertir l'énergie potentielle en énergie réelle. C'est la nourriture qui fournit l'énergie potentielle, et celle-ci est convertie par le métabolisme du corps en énergie réelle de chaleur et de travail mécanique. »

Il n'y a pas, au monde, de problème plus difficile à résoudre que celui du rapport de l'état de conscience, nommé volition, avec le travail mécanique qui le suit fréquemment. Mais personne ne peut même comprendre la nature du problème s'il n'a étudié avec soin la longue série des modes de mouvement qui, sans interruption, relient l'énergie qui fait ce travail à la provision générale d'énergie. La forme ultime du problème est ceci : Avons-nous des raisons de croire qu'un sentiment, ou un état de conscience, est capable d'affecter directement le mouvement même de la plus petite molécule de matière qui se puisse concevoir ? Une telle chose se peut-elle même concevoir ? Si nous répondons à ces questions négativement, il s'ensuit que la volition peut être un signe, mais ne peut être une cause, de mouvement corporel ; si nous y répondons affirmativement, alors les états de conscience

[1] Livre II, chap. v, sect. 4, première édition, 1877, p. 321.

deviennent impossibles à distinguer des choses matérielles ; car la nature essentielle de la matière est d'être le véhicule ou le substratum de l'énergie mécanique.

Dans tout ceci, il n'y a rien de neuf. Je n'ai fait que traduire en langue moderne la question soulevée par Descartes, il y a plus de deux siècles. Les philosophies des Occasionalistes, de Spinoza, de Malebranche, de l'Idéalisme moderne et du Matérialisme moderne, sont toutes nées des controverses que le Cartésianisme a évoquées. La pseudo-science de notre temps semble ignorer tout cela ; autrement, elle ne se contenterait guère de « rechauffer » la pseudo-science du passé.

J'ai déjà eu l'occasion, au cours de ces observations, d'exprimer mon avis sur l'éloquence abondante et chaude qui anime les pages du duc d'Argyll. Je suis presque honteux de l'insensibilité constitutionnelle aux charmes de la rhétorique qui m'a permis, en parcourant ces prés fleuris, d'être presque exclusivement attiré par les places arides et les terrains pierreux qui se trouvent déguisés, mais non cachés, par ces décorations florales. Mais, dans ses dernières phrases, le duc fait entendre un chant de Tyrtée qui a éveillé même mon âme ensommeillée :

« Il était temps, vraiment, qu'on levât l'étendard de la révolte contre ce Règne de la Terreur qui avait fini par s'établir dans la science sous l'abus d'un grand nom. Le professeur Huxley n'a pas encore pris, ouvertement, part à cette révolte, car, en réalité, jusqu'ici elle ne fait que commencer à lever la tête. Mais plus d'une fois — et tout récemment encore — il a prononcé une parole d'avertissement contre le dogmatisme creux qui l'a provoquée. Le temps est arrivé où cette révolte sera poussée plus loin. Des interprétations plus élevées seront établies ; et, si je ne me trompe beaucoup, elles sont déjà en vue [1]. »

J'ai vécu fort loin du monde pendant ces deux ou trois dernières années, et quand je lus cette explosion dénonciatrice venant d'un homme plein de l'esprit prophétique, je me dis : « Miséricorde ! qu'est-il donc arrivé ? Se peut-il que X et Y (ce serait mal de nommer les jeunes amis vigoureux dont les noms vinrent à mon esprit) s'amusent à jouer au Danton et au Robespierre, et qu'une guillotine soit dressée dans la cour de Burlington House, au bénéfice de tous les Antidarwiniens de la *Royal Society* ? Où sont ceux qui conspirent en secret contre cette tyrannie, qu'on suppose favorisée par moi sans que j'aie le courage de me joindre à eux, ouvertement ? Et penser que mon pauvre ami opprimé, M. Herbert Spencer est « forcé de parler à voix basse » [2] : à coup sûr c'est la première fois que cela lui arrive depuis les trente et quelques années que je le connais ! Mon alarme et mon horreur, à cette supposition que, pendant que j'étais occupé à baguenauder (en tout cas, à me droguer), ma Rome bien-aimée pouvait, de la sorte, avoir brûlé, peuvent être aisément imaginées !

Je suis sûr que le duc d'Argyll sera content d'apprendre que l'anxiété qu'il m'a procurée a été de très

[1] *Loc. cit.*, p. 339.
[2] *Loc. cit.*, p. 338.

courte durée. C'est un de mes privilèges que d'avoir accès aux meilleures sources de renseignements, et personne, dans le monde scientifique, ne peut me dire quoi que ce soit au sujet du « Règne de la Terreur » ou de la « Révolte ». En réalité, le monde scientifique rit de la manière la plus indécente de la simple idée de leur existence. Quelques personnes sont même assez peu jalouses de leur dignité scientifique pour aller jusqu'à employer l'argot transatlantique, et parler de « canard ». Quant à mon ami, M. Herbert Spencer, j'ai tout lieu de croire que, dans ses *Factors of Organic Evolution*, il a dit exactement ce qu'il pensait, sans égards particuliers pour les opinions de la personne qu'il se plaît à considérer comme le plus dangereux de ses critiques, et l'avocat général du Diable, et encore moins de qui que ce soit d'autre.

Je ne sais si le duc d'Argyll se figure être le Tallien de cette révolte imaginaire contre un règne non moins imaginaire de terreur. Mais, s'il en est ainsi, je refuse très respectueusement, mais fermement, de m'enrôler dans son armée. Il y a quelques semaines, j'ai relu pour la première fois le premier article écrit par moi (il y a vingt-sept ans maintenant) sur l'*Origine des Espèces* [1], et je n'y ai rien trouvé que je voulusse modifier dans les opinions qui y sont exprimées, bien que la vaste accumulation subséquente de preuves en faveur des idées de M. Darwin pût donner lieu à beaucoup d'additions. Il en est de l'Évolution comme de toutes les doctrines nouvelles ; l'enthousiasme des

[1] Huxley, *L'Évolution et l'Origine des Espèces*, Paris, 1892, p. 1 et suiv.

avocats a quelquefois menacé de dégénérer en fanatisme, et la spéculation pure a, par moments, menacé de dépasser ses bornes légitimes. J'ai souvent cru sage de prémunir les esprits les plus aventureux parmi nous contre ces dangers, et l'ai fait en langage assez clair; j'ai quelquefois dit, en plaisantant, que je m'attendais, pour peu que je vécusse longtemps, à ce que quelques-uns de mes amis les plus ardents en vinssent à me considérer comme un réactionnaire. Mais il ne faut rien moins que la folie pour expliquer l'idée que j'attends, pour me décider ouvertement à une révolte préparée par une ou plusieurs personnes inconnues, contre un mouvement avec lequel je suis entièrement et chaudement en sympathie, le moment où je pourrai le faire en toute sécurité. Au début de ma carrière, il y a bien des années, j'ai été mis en demeure de réfléchir sérieusement à ce qui rend la vie digne d'être vécue. J'ai décidé que le plus grand bien pour moi était la liberté d'apprendre, de penser, et de dire ce qu'il me plaisait de dire, et quand il me plaisait de le dire. J'ai agi selon cette résolution, et j'ai profité de la *rara temporum felicitas ubi sentire quæ velis, et quæ sentias dicere licet*, dont on jouit maintenant, autant que je l'ai pu ; et bien que l'on m'ait souvent énergiquement, et peut-être sagement, averti que cela finirait mal pour moi, je suis pleinement satisfait de la ligne de conduite que j'ai adoptée.

Ma carrière touche à sa fin.

> J'ai chauffé mes deux mains au feu de la vie.

Il ne me reste plus, avant de partir, qu'à aider ou,

tout au moins, à m'abstenir de gêner la jeune génération des hommes de science dans leur effort de rendre de meilleurs services à la cause que nous avons tous à cœur.

Et cependant, on suppose que j'attends le signal de la « révolte » que les esprits ardents de ces jeunes gens vont donner, avant d'oser formuler mes vraies opinions concernant des questions pour lesquelles, nous autres vieillards, nous avons combattu, malgré une terrible opposition du public — quelque chose qui eût presque justifié l'épithète ridiculement grandiose de Règne de la Terreur, — avant que nos excellents successeurs n'eussent même quitté l'école.

Il semblerait que l'esprit de la pseudo-science ait imprégné même l'imagination du duc d'Argyll. L'imagination scientifique, elle, se renferme toujours dans les limites du probable.

VI

LA VALEUR DU TÉMOIGNAGE DANS LE MIRACULEUX

Charles, ou, plus exactement, Karl, roi des Francs, consacré Empereur Romain à Saint-Pierre le jour de Noël, 800 ans après Jésus-Christ, et connu de la postérité sous le nom de Grand, et surtout sous le nom gallicisé et agglutinatif de Charlemagne, était un homme grand de toutes manières, physiquement et mentalement. En quelques deux cents ans après sa mort, Charlemagne devint le centre de légendes innombrables, et le processus de fabrication de mythes ne semble pas avoir été gêné sensiblement par l'existence d'histoires sérieuses et vraies de l'empereur et des temps précédant et suivant immédiatement son règne, écrites par un auteur contemporain qui occupe, à sa cour et à celle de son successeur, une position élevée et de confiance. Cet écrivain était un Eginhard, ou Einhard, qui semble être né vers 770 et avoir passé sa jeunesse à la cour, élevé avec les fils de Charles. Il y a d'excellents témoignages des contemporains, en ce qui concerne non seulement l'existence d'Eginhard, mais aussi ses capacités et la place qu'il occupait dans le cercle intime du grand prince dont il écrivit ensuite la vie. En réalité, il y a de l'existence d'Eginhard, de sa position officielle et de sa paternité à l'égard des principaux ouvrages qu'on lui attribue d'aussi bonnes preuves qu'on en pourrait attendre au sujet d'un homme vivant il y a plus de mille ans, et qui ne fut ni un grand roi ni un grand guerrier. Ses ouvrages sont : 1° *La vie de l'empereur Karl ;* 2° *Les Annales des Francs ;* 3° des *Lettres ;* 4° *L'histoire de la translation des Bienheureux Martyrs du Christ, les saints Marcellin et Pierre.*

C'est sur ce dernier que je veux appeler l'attention, comme étant un des récits les plus singuliers et les plus intéressants de l'époque où le monde romain s'est fondu dans celui du moyen âge [1]. Il fut écrit au IXe siècle, apparemment aux environs de l'an 830, quand Eginhard, délicat de santé et las de la vie politique, s'était retiré au monastère de Seligenstadt, dont il était le fondateur. Il existe encore une copie manuscrite de l'ouvrage, datée du Xe siècle, et qui appartenait autrefois au monastère de St-Bavon-sur-l'Escaut, dont Eginhard fut abbé ; et il n'y a aucune raison de croire que l'on ait, dans cette copie, opéré d'interpolations ou de changements de texte. Les traits principaux de l'étrange histoire contenue dans l'*Historia translationis* sont exposés dans les pages suivantes, où, en

[1] Mes citations sont empruntées à *Eginhardi omnia quæ extant opera*, édition Teulet, Paris, 1840-1843, qui contient une biographie de l'auteur, une histoire du texte, avec des traductions en français et beaucoup d'annotations précieuses.

tout ce qui concerne les sujets importants, j'emploierai, autant que faire se peut, les propres paroles d'Eginhard :

« Lorsque j'étais encore à la cour, occupé d'affaires séculières, je pensais souvent aux loisirs que j'espérais un jour goûter, en un lieu solitaire, bien loin de la foule, dont la libéralité du prince Louis, que je servais alors, m'avait pourvu. Ce lieu se trouve dans la partie de l'Allemagne entre le Neckar et le Mein [1] qui est maintenant appelée Odenwald par ceux qui y habitent. Et là, après avoir bâti, selon ma capacité et mes ressources, non seulement des maisons et des habitations permanentes, mais encore une basilique arrangée pour la célébration du service divin, dans un style de construction non sans élégance, je me demandai à quel saint ou à quel martyr je ferais mieux de les consacrer. Je passai beaucoup de temps dans l'incertitude, et mes pensées étaient encore flottantes lorsqu'un certain diacre de l'Eglise romaine, nommé Deusdona, arriva à la cour dans le but de solliciter la faveur du Roi pour quelques affaires qui l'intéressaient. Il resta quelque temps, et puis, ayant terminé ses affaires, il était sur le point de retourner à Rome lorsqu'un jour, touchés de courtoisie envers un étranger, nous l'invitâmes à un modeste repas ; pendant qu'on parlait à table de beaucoup de choses, on mentionna la translation du corps du bienheureux Sébastien [2], et les tombes négligées, en si grand nombre à Rome, des martyrs ; et la conversation s'étant mise sur la dédicace de notre nouvelle basilique, je commençai

[1] Comprise, maintenant, dans les duchés de Hesse-Darmstadt et de Baden.

[2] Ceci eut lieu dans l'an de grâce 826. Les reliques furent apportées de Rome et déposées dans l'église de Saint-Médard, à Soissons.

à m'enquérir de la manière dont je pourrais obtenir quelqu'une des vraies reliques des saints qui reposent à Rome. Il hésita d'abord, et déclara qu'il ne savait pas comment cela pourrait se faire. Mais, remarquant que j'étais à la fois inquiet et curieux à ce sujet, il me promit de me donner une réponse un autre jour.

« Quand je revins à la charge, quelque temps après, il tira immédiatement de son sein un papier qu'il me pria de lire quand je serais seul, et de me dire ensuite ce que j'étais disposé à penser de son contenu. Je pris le papier, et, comme il le souhaitait, je le lus seul et en secret [1]. »

J'aurai l'occasion de revenir sur les conditions du diacre Deusdona, et sur ce qui se passa quand Eginhard les eut acceptées. Qu'il suffise de dire, pour le moment, que le notaire d'Eginhard, Ratleicus (Ratleig), fut envoyé à Rome et réussit à s'assurer la possession de deux corps supposés être ceux des saints martyrs Marcellin et Pierre ; et, lorsqu'il eut atteint, dans son voyage de retour, la ville burgonde de Solothurn, ou Soleure [2], le notaire Ratleig envoya à son maître, à Saint-Bavon, une lettre annonçant le succès de sa mission :

« Aussitôt qu'en la lisant je fus assuré de l'arrivée des saints, j'envoyai un messager de confiance à Maëstricht pour réunir les prêtres, d'autres clercs, et aussi des laïques, afin d'aller le plus tôt possible au-devant des saints qui arrivaient. Et lui et ses compagnons, n'ayant pas perdu de temps, rencontrèrent, au bout de peu de jours, ceux qui avaient la charge

[1] *Loc. cit.*, chap. 1, 2 et 3.

[2] Comprise maintenant dans la Suisse occidentale.

des saints à Solothurn. Ils se joignirent à eux et à une grande foule de peuple qui accourut de toutes parts, chantant des hymnes, et, au milieu de grandes réjouissances universelles, ils voyagèrent vite jusqu'à la cité d'Argentoratum, qu'on appelle maintenant Strasbourg. De là, s'embarquant sur le Rhin, ils arrivèrent à l'endroit appelé Portus [1], et, débarquant sur la rive orientale de la rivière, à la cinquième station au dessous, ils arrivèrent à Michilinstadt [2], accompagnés d'une immense multitude qui louait Dieu. Ce lieu se trouve dans la forêt d'Allemagne que de notre temps on nomme Odenwald, et à peu près à six lieues du Mein. Et ici, ayant trouvé une basilique récemment bâtie par moi, mais non encore consacrée, ils y portèrent les restes sacrés, et les y déposèrent comme dans leur dernier lieu de repos. Aussitôt qu'on m'eût fait connaître cela, je me mis en route aussi vite que je pus [3]. »

Trois jours après l'arrivée d'Eginhard commença la série d'événements merveilleux qu'il raconte et garantit personnellement. La première chose qu'il note, c'est le rêve d'un domestique du notaire Ratleig, qui, ayant été chargé de veiller sur les saintes reliques dans l'église, après vêpres, s'endormit et, durant son sommeil, eut la vision de deux pigeons, l'un blanc et l'autre gris et blanc, qui vinrent se poser sur la bière, en face des reliques, tandis qu'au même moment une voix ordonnait à l'homme de dire à son maître

[1] Probablement, selon Teulet, le Sandhofer-fahrt d'à présent, un peu au-dessous de l'embouchure du Neckar.

[2] Le Michilstadt de nos jours, à 30 milles au nord-est d'Heidelberg.

[3] *Loc. cit.*, chap. II, 14.

que les saints martyrs avaient choisi un autre lieu de repos et désiraient y être transportés sans délai.

Par malheur, les saints paraissaient avoir oublié d'indiquer où ils voulaient aller, et, tout en souhaitant ardemment satisfaire leurs moindres désirs, Eginhard était, naturellement, fort embarrassé de savoir que faire. Pendant qu'il était dans cet état d'âme, il contemplait, un jour, son « grand et merveilleux trésor, plus précieux que tout l'or du monde » quand il fut frappé de l'idée que le coffre qui contenait les reliques était tout à fait indigne de son contenu ; et, après vêpres, il ordonna à l'un des sacristains de prendre la mesure du coffre afin qu'on pût construire une châsse plus convenable. Cet homme, ayant allumé un cierge et levé le drap mortuaire qui couvrait les reliques, pour exécuter les ordres de son maître, fut étonné et terrifié en s'apercevant que le coffre était couvert d'une exsudation ressemblant à du sang (*loculum mirum in modum humore sanguineo undique distillantem*), et envoya de suite prévenir Eginhard :

« Alors, moi et les prêtres qui m'avaient accompagné, nous contemplâmes cet étonnant miracle, digne de toute admiration. Car, de même que, lorsqu'il va pleuvoir, les piliers et les dalles, et les images de marbre exsudent de l'humidité et une sorte de sueur, de même le coffre contenant les très saintes reliques fut trouvé humecté par le sang exsudant de tous côtés [1]. »

On ordonna un jeûne de trois jours pour s'assurer de la signification de ce prodige. Il n'arriva cepen-

[1] *Loc. cit*, chap. II, 16.

dant rien, si ce n'est qu'au bout de ce temps le « sang », qui avait exsudé en gouttes, se trouva sec. Eginhard a bien soin de dire que le liquide « avait un goût salin, ressemblant quelque peu à celui des larmes, et était aussi clair que de l'eau, bien que de la couleur du vrai sang » ; et il croit, évidemment, ce témoignage suffisant pour prouver que c'était du sang.

Le même soir, un autre domestique eut une vision pendant laquelle des ordres encore plus impératifs furent donnés pour le déplacement des reliques ; et à partir de ce temps « il ne se passa point de nuit sans qu'un, deux ou même trois de nos compagnons ne reçussent en rêve la révélation que les corps des saints devaient être transférés de cet endroit en quelque autre ». Enfin, un prêtre, Hildfrid, vit en rêve un homme vénérable, à cheveux blancs, habillé en prêtre, qui reprochait amèrement à Eginhard de n'avoir pas obéi aux ordres réitérés des saints, et là-dessus le voyage recommença. Il n'apparaît pas clairement pourquoi Eginhard tarda si longtemps à obéir à ces visions répétées. Il ne le dit pas expressément, mais le texte général du récit prête à supposer que Mulinheim (plus tard Seligenstadt) fut « l'endroit solitaire » où il avait élevé une église non encore consacrée. Il était naturel que tous ceux qui l'entouraient crussent qu'il désirait y avoir les saints. Si quelque lueur de sens séculier le rendit un peu soupçonneux à l'égard de la véritable cause de l'unanimité des êtres visionnaires qui manifestaient à son entourage le désir d'aller de l'avant, il n'en dit pourtant rien.

Au bout de la première journée de voyage, les précieuses reliques furent déposées dans l'église de Saint-Martin, dans le village d'Ostheim. Là, une religieuse paralytique (*sanctimonialis quædam paralytica*), du nom de Ruodlang, fut amenée, dans une charrette par ses amis et parents, d'un monastère à une lieue de là. Elle passa la nuit à veiller et à prier auprès de la bière des saints, « et, la santé revenant à ses membres, elle retourna, le lendemain, à l'endroit d'où elle était venue, nul ne la soutenant, ni l'aidant d'aucune manière [1] ».

Le second jour, les reliques furent portées à Mulinheim-le-Haut et finalement, suivant les ordres des martyrs, déposées dans l'église de ce pays, qu'on baptisa, par conséquent, à nouveau, du nom de Seligenstadt. Ici Daniel, un petit mendiant, âgé de quinze ans et si courbé qu'il « ne pouvait regarder le ciel qu'en se couchant sur le dos », perdit connaissance et tomba pendant qu'on célébrait la messe. « Il demeura longtemps ainsi, comme endormi, et, tous ses membres se redressant et sa chair se fortifiant (*recepta firmitate nervorum*), il se leva, devant nous, tout à fait guéri [2]. »

Quelque temps après, un vieillard entra dans l'église, ne pouvant se servir de ses membres à la façon habituelle :

« En présence de nous tous, par la puissance de Dieu et les mérites des bienheureux martyrs, à l'heure même où il entra, il fut si complètement guéri qu'il se mit à marcher sans même s'aider d'un bâton. Et il dit que, bien qu'ayant été sourd pendant les cinq der-

[1] *Loc. cit.*, chap. II, 19.
[2] *Loc. cit.*, chap. II, 20.

nières années, sa surdité avait cessé en même temps que sa paralysie [1] ».

Eginhard était maintenant obligé de retourner à la cour, à Aix-la-Chapelle, où ses devoirs le retenaient tout l'hiver, et il a soin d'indiquer que les miracles plus récents dont il va parler ne lui sont connus que de seconde main. Mais, ainsi qu'il le fait naturellement observer, pourquoi, ayant vu de ses propres yeux des événements si merveilleux, douterait-il de la vérité de récits similaires quand il les reçoit de sources dignes de foi ?

Ce sont bien réellement des histoires merveilleuses, mais comme elles sont, pour la plupart, du même caractère général que celles qui viennent d'être relatées il n'est pas nécessaire de s'y arrêter. Il y a toutefois un récit de la possession d'une jeune fille qui mérite attention. Cet événement est exposé dans un mémoire qui contient principalement les discours d'un démon qui déclare porter la singulière appellation de « Wiggo », et qui s'est révélé en présence de beaucoup de témoins, devant l'autel, tout près des reliques des bienheureux martyrs. Il est à remarquer que les révélations semblent avoir été faites sous la forme de réponses aux questions du prêtre exorciste, et qu'il n'y a pas moyen de juger jusqu'à quel point les réponses sont, en réalité, des questions auxquelles la patiente répondait oui ou non.

La fille possédée, âgée d'environ seize ans, fut amenée par ses parents à la basilique des martyrs.

[1] *Loc. cit.*, chap. III, 33.

Quand elle s'approcha de la tombe qui contenait les corps sacrés, le prêtre, suivant l'usage, lut la formule d'exorcisme au-dessus de sa tête. Quand il commença à lui demander comment et où le démon était entré en elle, elle répondit, non dans la langue des barbares qu'elle connaissait seule, mais dans la langue romaine. Et quand le prêtre, étonné, lui demanda comment il se faisait qu'elle sût le latin alors que ses parents, présents à ses côtés, l'ignoraient entièrement :

« Tu n'as jamais vu mes parents, » fut sa réponse. Le prêtre dit : « D'où es-tu donc, si ce ne sont pas là « tes parents ? » Et le démon, par la bouche de la jeune fille, dit : « Je suis un disciple et un sectateur de Satan, « et pendant longtemps j'ai été portier (*janitor*) de « l'Enfer ; mais depuis quelques années, avec onze « compagnons, j'ai ravagé le royaume des Francs [1]. »

Il raconta ensuite comment ils détruisaient les récoltes et répandaient les épidémies sur les bêtes et sur les gens, à cause de la perversité qui régnait chez le peuple [2].

L'énumération de toutes ces iniquités, en style oratoire, prend une page in-octavo, et à la fin il est déclaré que « toutes ces choses furent dites, en latin, par le démon par la bouche de la fille ».

« Et quand le prêtre lui eut ordonné, avec auto« rité, de sortir d'elle : « Je m'en irai, » dit-il, non pour « vous obéir, mais à cause de la puissance des saints,

[1] *Loc. cit.*, chap. v, 49.

[2] Au moyen âge, une des accusations les plus fréquentes contre les sorcières était qu'elles avaient commis précisément pareilles énormités.

« qui ne veulent pas me permettre de rester ici plus « longtemps. » Et, ayant dit cela, il jeta la fille par terre, et la força d'y demeurer, étendue, quelque temps, comme si elle sommeillait. Toutefois, un peu de temps après, lui étant parti, la fille, par la puissance du Christ et les mérites des bienheureux martyrs, comme s'éveillant d'un long sommeil, se leva, en parfaite santé, à l'étonnement de tous ceux qui étaient présents ; et, lorsque le démon fut parti, elle ne put plus parler latin. Il était donc évident que ce n'était point elle qui avait parlé cette langue, mais bien le démon par sa bouche [1]. »

Si l'*Historia Translationis* ne contenait rien de plus que ce qui, jusqu'ici, a été mis sous les yeux du lecteur, on pourrait bien considérer comme hyper-sceptique le doute qui s'attaquerait aux miracles dont Eginhard donne un récit si précis et si complet. On pourrait dire : Voici un homme, dont le caractère élevé, l'intelligence pénétrante, et l'instruction étendue sont certifiés par des contemporains éminents ; un homme qui a occupé une place importante dans la confiance d'un des grands souverains de son temps, et dont les autres ouvrages prouvent qu'il sait narrer avec exactitude et jugement les événements ordinaires. Cet homme nous parle, dans un langage qui porte l'empreinte de la sincérité, de choses qui sont arrivées à sa connaissance, ou à celle de personnes dans la véracité desquelles il a pleine confiance, tandis que pour d'autres il appelle en témoignage son souverain et la cour ; quel motif peut-il y avoir pour se refuser à le croire?

[1] *Loc. cit.*, chap. v, p. 51.

Eh bien, il semble dur, envers Eginhard, de le dire, mais ce sont précisément l'honnêteté et la sincérité de l'homme qui lui sont fatales, en tant que témoin de choses miraculeuses. Il fait voir, clairement, lui-même, que, lorsque sa piété profonde entre en scène, son bon sens et même sa perception du bien et du mal disparaissent. Retournons au point où nous l'avons laissé, lisant en secret la lettre du diacre Deusdona.

Ainsi qu'il le rapporte, cette lettre disait :

« ... qu'il (le diacre) avait chez lui beaucoup de reliques de saints, et qu'il me les donnerait si je voulais lui fournir les moyens de retourner à Rome. Il avait remarqué que j'avais deux mules, et, si je voulais lui en laisser une, et lui donner un serviteur de confiance pour prendre soin des reliques, il me les enverrait de suite. Cette proposition, exprimée plausiblement, me plut, et je me décidai à éprouver immédiatement la valeur de cette promesse quelque peu ambiguë[1]. Ainsi, lui donnant la mule et l'argent nécessaire à son voyage, je donnai ordre à mon notaire Ratleig (qui désirait déjà aller à Rome pour y faire ses dévotions) de l'accompagner. Donc, ayant quitté Aix-la-Chapelle (où l'Empereur et sa Cour résidaient à ce moment), ils allèrent à Soissons. Là, ils parlèrent à Hildoin, abbé du monastère de Saint-Médard, parce que ledit diacre l'avait assuré qu'il pouvait placer en sa possession le corps du bienheureux Tiburce le martyr. Séduit par ces promesses, il (Hildoin) envoya avec eux un certain prêtre nommé Hunus, homme avisé (*hominem calli-*

[1] Il semble assez clair qu'Eginhard avait quelques doutes au sujet du diacre, dont il qualifie les promesses de *sponsiones incertæ*. Mais il est évident qu'il écrivait après des événements qui justifiaient pleinement son scepticisme.

dum), à qui il donna ordre de recevoir et de ramener le corps du martyr en question. Et ainsi, reprenant leur voyage, ils voyagèrent vers Rome aussi vite qu'ils le purent[1]. »

Par malheur, un domestique du notaire, un certain Reginbald, tomba malade de la fièvre tierce, et empêcha la bande d'avancer. Toutefois, ce contretemps eut sa douceur : car trois jours avant d'arriver à Rome Réginbald eut une vision. Quelqu'un, habillé comme un diacre, lui apparut et lui demanda pourquoi son maître était si pressé d'arriver à Rome ; et, quand Reginbald eut expliqué leur affaire, le diacre de la vision, qui semble avoir pris assez exactement la mesure de son frère en chair, lui dit qu'il ne fallait aucunement s'attendre à ce que Deusdona remplît ses promesses. En outre, prenant le domestique par la main, il le conduisit au sommet d'une haute montagne et, lui montrant Rome (où cet homme n'avait jamais été), indiqua du doigt une église, ajoutant : « Dites à Ratleig que la chose dont il a besoin est cachée là ; qu'il la prenne le plus tôt qu'il pourra, et qu'il retourne vers son maître ; » et, pour donner un signe de l'autorité qui dictait cet ordre, il promit au domestique que, à partir de ce temps, sa fièvre le quitterait. Et, comme la fièvre disparut pour ne plus revenir, la foi des gens d'Eginhard dans le diacre Deusdona disparut aussi avec elle (*et fidem diaconi promissis non haberent*). Néanmoins, ils descendirent à la maison du diacre près de Saint-Pierre *ad vin-*

[1] *Loc. cit.*, chap. I, 3.

cula. Mais le temps se passa, et aucune relique n'apparut. Le notaire et le prêtre étant renvoyés d'un jour à l'autre avec toutes sortes d'excuses — le frère auquel les reliques avaient été confiées était allé à Bénévent d'où on ne l'attendait pas avant quelque temps, et ainsi de suite — jusqu'à ce qu'enfin Ratleig et Hunus commencèrent à désespérer, et étaient d'avis de retourner *infecto negotio*.

« Mais mon notaire, se rappelant le rêve de son domestique, proposa à son compagnon d'aller au cimetière dont leur hôte leur avait parlé, sans lui. De sorte qu'ayant trouvé et engagé un guide, ils allèrent d'abord à la basilique du bienheureux Tiburce dans la via Labicana, à trois mille pas environ de la ville, et ils inspectèrent prudemment et attentivement le tombeau de ce martyr, afin de découvrir si l'on pouvait l'ouvrir sans que personne s'en aperçût. Ils descendirent alors dans la crypte adjacente, où ont été enterrés les corps des bienheureux martyrs du Christ, Marcellin et Pierre ; et, ayant reconnu la nature de leur tombeau, ils s'en allèrent, pensant que leur hôte ne se douterait pas de ce qu'ils avaient fait. Mais les choses se passèrent autrement qu'ils ne l'avaient imaginé [1]. »

En réalité, le diacre Deusdona, qui sans aucun doute surveillait ses hôtes, fut au courant de toutes leurs manœuvres, et se hâta d'offrir ses services, afin que, « avec l'aide de Dieu » (*si Deus votis eorum favere dignaretur*), ils travaillassent tous ensemble. Le diacre avait, évidemment, peur qu'ils ne réussissent sans lui.

[1] *Loc. cit.*, chap. 1, 7.

Donc, en manière de préparation au *vol avec effraction* qu'ils méditaient, ils jeûnèrent trois jours durant, puis, la nuit, sans être vus, ils se rendirent à la basilique de Saint-Tiburce, et essayèrent de briser l'autel élevé au-dessus des restes. Mais le marbre se trouvant trop résistant, ils descendirent à la crypte, et, « ayant évoqué Notre-Seigneur Jésus-Christ et adoré les saints martyrs, » ils commencèrent à desceller la pierre qui couvrait la tombe, et, en ce faisant, exposèrent le corps du très sacré martyr Marcellin « dont la tête reposait sur une tablette en marbre sur laquelle son nom était inscrit ». Le corps fut enlevé avec la plus grande vénération, enveloppé dans une riche couverture, et remis à la garde du diacre et de son frère, Lunison, pendant que la pierre était replacée avec un tel soin qu'il ne restait aucune trace du vol.

Les procédés sacrilèges de cette espèce étant punissables de mort par la loi romaine, il semble assez naturel que le diacre Deusdona soit devenu inquiet, et qu'il ait pressé Ratleig de se contenter de ce qu'il avait et de partir avec ses dépouilles. Mais le notaire, ayant si habilement capturé le bienheureux Marcellin, trouva dommage qu'il fût séparé du bienheureux Pierre, à côté duquel il avait reposé pendant plus de cinq cents ans, dans le même sépulcre (ainsi qu'Eginhard le fait observer, pathétiquement), et le pieux notaire ne put ni manger, ni boire, ni dormir, qu'il n'eût réalisé son désir de réunir les saints collègues. Cette fois, apparemment, par suite de l'opposition de Deusdona à d'autres agissements résurrectionnistes, il se concerta avec un moine grec, Basile, et, accompagné d'Hunus, mais sans en rien dire à Deusdona, ils commirent une nouvelle effraction sacrilège, emportant cette fois non seulement le corps du bienheureux Pierre, mais une quantité de poussière, qu'ils convinrent que le prêtre prendrait, disant à son patron que c'étaient les restes du bienheureux Tiburce. On ne dit pas comment Deusdona fut « réglé », ni ce qu'il eut pour sa part, peu précieuse, de complicité. Mais, enfin, les reliques furent renvoyées sous la garde de Lunison, frère de Deusdona, et du prêtre Hunus, jusqu'à Pavie, et Ratleig s'arrêta à Rome une semaine après eux pour voir si le vol était découvert, et probablement pour détourner les soupçons s'il y avait une alerte. Mais, le calme continuant à régner, le notaire les suivit à Pavie, où il trouva Lunison et Hunus qui l'attendaient. L'opinion qu'il avait du caractère de ses dignes collègues ressort, toutefois, du fait que, leur ayant persuadé de partir en avant sur une route qu'il leur dit devoir prendre lui-même, il en adopta immédiatement une autre, et, passant par Saint-Maurice et le lac de Genève, arriva enfin à Soleure.

Eginhard raconte toute cette histoire avec la plus naïve inconscience ; pour lui, il n'y a rien de remarquable à ce qu'un abbé, haut fonctionnaire par-dessus le marché, ait pris part à un acte de vol sacrilège par effraction des plus grossiers et des plus scandaleux. Et une suite amusante de cette histoire prouve que, en ce qui touche aux reliques, son frère Hildoin, autre grand dignitaire ecclésiastique, était encore moins scrupuleux que lui.

Allant un jour, de bonne heure, au palais, après que les saints eussent été mis en sûreté à Seligenstadt, il trouva Hildoin attendant une audience dans l'antichambre de l'Empereur, et il commença à lui parler du miracle de l'exsudation de sang. Au cours de la conversation, Eginhard fit allusion à la finesse remarquable du vêtement du bienheureux Marcellin. A quoi l'abbé Hildoin remarqua (à la stupéfaction d'Eginhard que son observation était parfaitement juste. Fort étonné d'une semblable réflexion, venant d'une personne qui n'était pas supposée avoir vu les reliques, Eginhard lui demanda comment il savait cela? Hildoin dit alors qu'il ferait mieux de tout avouer, et il raconta l'histoire suivante, qu'il tenait de son agent ecclésiastique, Hunus. Tandis qu'Hunus et Lunison étaient à Pavie, attendant le notaire d'Eginhard, Hunus (selon son propre récit) avait volé les voleurs. Les reliques étaient placées dans une église, et un certain nombre de laïques et d'ecclésiastiques, dont Hunus faisait partie, en avaient la garde. Cependant, une nuit, tous les veilleurs, sauf le vigilant Hunus, s'endormirent; et alors, selon l'histoire que cet ecclésiastique né malin fit à son patron,

«... il reçut, en son esprit, l'impression qu'il devait y avoir quelque grande raison pour que tous, sauf lui-même, se fussent, soudainement, endormis; et, décidant de profiter de l'occasion qui s'offrait (*oblata occasione utendum*), il se leva et, ayant allumé une chandelle, s'approcha en silence des coffres. Puis, ayant brûlé les fils des scellés à la flamme de la chandelle, il ouvrit rapidement les coffres, qui n'avaient point de serrure [1], et prenant une partie de chacun des corps ainsi exposés, il referma les coffres et réunit les bouts brûlés des fils avec de nouvelle cire, de telle sorte qu'ils n'avaient point l'air d'avoir été touchés ; et, nul ne l'ayant vu, il retourna à sa place [2]. »

Hildoin dit ensuite à Eginhard que, d'abord, Hunus lui avait déclaré que ces reliques volées appartenaient à saint Tiburce ; mais il confessa ensuite, comme un grand secret, comment elles se trouvaient en sa possession, et il termina ainsi son discours :

« Elles ont une place d'honneur à côté de saint Médard, où le peuple les adore avec grande vénération ; mais c'est à vous de juger si nous devons, ou non, les garder [3] ».

Le pauvre Eginhard se trouva, par le fait de cette révélation, plongé dans une grande perturbation d'esprit. Une de ses connaissances lui avait récemment parlé d'un bruit qui s'était répandu, suivant lequel Hunus aurait réussi à enlever tous les restes des saints Marcellin et Pierre pendant que les agents d'Eginhard étaient en proie au sommeil de l'ivresse ; tandis que les vraies reliques étaient entre les mains d'Hildoin, à Saint-Médard, la châsse de Seligenstadt ne contenait, disait-on, qu'un peu de poussière. Bien que sérieusement préoccupé de cette « exécrable rumeur, répandue partout par la malice du diable », Eginhard

[1] Les mots sont *scrinia sine clave*, ce qui semble signifier « n'avoir pas de clé ». Mais les circonstances éloignent l'idée d'une effraction violente.

[2] *Loc. cit.*, chap. III, 23.

[3] *Loc. cit.*, chap. III, 23.

s'était, probablement, consolé en croyant savoir la fausseté de ce bruit, et ce ne fut qu'alors qu'il découvrit quel fondement considérable avait cette médisance. Il ne lui restait plus qu'à insister sur la restitution des trésors volés. On croirait, peut-être, que le saint homme, qui avait avoué s'être fait consciemment receleur de biens volés, aurait fait restitution immédiate et demandé seulement l'absolution. Mais Eginhard laisse voir qu'il eut une très grande difficulté à faire même comprendre à son frère l'abbé que cette restitution était nécessaire.

Les agissements d'Hildoin n'étaient pas de nature à inspirer confiance en quoi qu'il pût dire ; son propre agent, le prêtre Hunus, ne méritait guère mieux, et il n'est pas surprenant qu'Eginhard n'ait pas perdu de temps à convoquer en sa présence son notaire et Lunison, afin d'écouter ce qu'ils auraient à dire sur cette affaire. Ceux-ci, toutefois, protestèrent immédiatement que l'histoire de ce prêtre Hunus était un tissu de mensonges, et qu'après que les reliques eurent quitté Rome personne n'avait eu l'occasion d'y toucher. De plus, Lunison, se jetant aux pieds d'Eginhard, avoua, en versant beaucoup de larmes, ce qui était réellement arrivé. On se rappellera qu'après que l'on eut soustrait de son tombeau le corps de Marcellin, Ratleig l'avait déposé dans la maison de Deusdona, sous la garde du frère de ce dernier, Lunison. Mais Hunus, ayant été très désappointé de n'avoir pu s'emparer du corps de saint Tiburce, et redoutant d'avoir à rentrer chez son abbé les mains vides, gagna Lunison en lui offrant quatre pièces d'or et cinq d'argent, afin qu'il pût avoir accès au coffre. Lunison y consentit, et Hunus s'adjugea quelque chose comme cinq litres des restes sacrés (*vas sextarii mensuram*). L'indignation d'Eginhard, au sujet de la « rapine » de ce *nequissimus nebulo* est des plus comiques. Il semblerait que l'adage assimilant le receleur au voleur n'avait pas cours au IXᵉ siècle.

Résumons, maintenant, brièvement l'histoire de l'acquisition des reliques. Eginhard conclut un contrat avec Deusdona pour recevoir certaines reliques que ce dernier dit posséder, Eginhard ne cherche pas à savoir d'où elles lui viennent ; autrement, la transaction est assez innocente.

Deusdona se trouve être un escroc et n'a aucunes reliques. Là-dessus, l'agent d'Eginhard, après avoir jeûné et prié, viole les tombes et se sert lui-même.

Eginhard découvre, par son frère l'abbé Hildoin, qui se trahit lui-même, que des parties de ses reliques ont été volées et remises à celui-ci. Il réussit à grand'-peine à se les faire rendre.

L'agent d'Hildoin, Hunus, en lui livrant ces biens volés, lui avait d'abord déclaré que c'étaient les reliques de saint Tiburce qu'Hildoin avait désiré obtenir ; mais il inventa ensuite une histoire, prouvant qu'elles provenaient d'un vol, que l'engourdissement providentiel de ses compagnons lui avait permis de perpétrer, des reliques qu'Hildoin savait bien appartenir à son ami.

Lunison, au contraire, jure que toute cette histoire est fausse, et qu'il a été lui-même gagné par Hunus pour qu'il permît à celui-ci de voler ce qu'il voudrait dans le bien confié à ses propres soins et à ceux de son frère par leur hôte Ratleig. L'honnête notaire lui-même ne semble pas avoir hésité à mentir et à voler de façon illimitée en vue de l'acquisition des reliques.

Il faut, pour trouver le pendant de ces transactions, lire quelque rapport de police relatif aux agissements d'une Société financière moderne, ou d'une association de soi-disant marchands de chevaux ; cependant Eginhard ne semble s'apercevoir de rien, si ce n'est d'avoir été traité avec peu d'égards par son ami Hildoin et le *nequissimus nebulo* Hunus.

Il est malaisé à un protestant moderne, et encore plus à quiconque a la moindre teinture de culture scientifique, physique ou historique, de se représenter l'état d'âme d'un homme du IXe siècle ; quelque cultivé, éclairé et sincère qu'il puisse avoir été, ses convictions les plus profondes, ses espérances les plus chères sont attachées à la croyance au miraculeux. La vie était, alors, une bataille constante entre les saints et les démons pour la possession de l'âme des hommes. Les plus superstitieux d'entre nos compatriotes modernes ne se tournent vers le surnaturel que lorsque le naturel semble insuffisant ; pour Eginhard et ses amis, c'était le surnaturel qui était la règle, et on n'admettait la suffisance des causes naturelles que lorsque rien n'en suggérait d'autres.

En outre, il faut se rappeler que l'on convoitait grandement la possession de reliques opérant des miracles, non seulement par des raisons d'un ordre élevé, mais par des motifs d'un ordre très inférieur. Pour un homme tel qu'Eginhard, la satisfaction seule du sentiment religieux était évidemment un attrait puissant. Mais, bien plus encore, la possession d'un semblable trésor était un énorme avantage pratique. Si l'on flattait et adorait dûment les saints, on ne savait jusqu'où n'irait pas leur intervention favorable. Pour les maux physiques, avoir accès à une châsse était comme la concession de l'usage d'une manufacture universelle de pilules et d'onguents; et les pèlerinages qu'on y faisait pouvaient suffire à purifier les pèlerins de n'importe quel péché. Une lettre adressée à Lupus, qui devint, plus tard, abbé de Ferrare, écrite pendant qu'Eginhard souffrait de la douleur que lui causa la perte de sa femme bien-aimée, Emma, nous donne un aperçu frappant de l'idée courante sur le rapport entre les saints glorifiés et leurs adorateurs. L'écrivain montre qu'il n'est rien moins que satisfait de la manière dont il a été traité par les bienheureux martyrs dont il a pris tant de peine à « transporter » les restes à Seligenstadt, et à les faire honorer là comme ils ne l'eussent jamais été dans leur obscurité, à Rome.

« Ce qui aggrave mon chagrin et rouvre ma blessure, c'est le fait que nos vœux sont demeurés inutiles, et que la foi que nous avons placée dans les mérites et l'intervention des martyrs a été entièrement déçue. »

Nous devons donc admettre, sans porter d'accusation contre la sincérité d'Eginhard ni contre son honneur en toutes circonstances ordinaires, que, lorsque la piété, l'intérêt propre et la gloire de l'Eglise en général, et celle de l'Eglise de Seligenstadt en particulier, poussaient tous dans la même direction, les principes journaliers de la moralité eux-mêmes étaient négligés, et, *a fortiori*, toute enquête sérieuse sur la réalité des miracles allégués était jetée au vent.

Et, si telle était la condition de l'esprit d'un homme tel qu'Eginhard, que ne sommes-nous pas autorises à croire qu'a été celle du diacre Deusdona, de Lunison, de Hunus et compagnie, voleurs et escrocs de leur propre aveu, où de la religieuse, probablement hystérique, ou des mendiants de profession dont la paralysie totale ou partielle n'est garantie que par eux-mêmes. Qui nous dira si l'exorciste du démon Wiggo n'était pas de la même catégorie de prêtres qu'Hunus, et n'est-il pas possible, à tout le moins, qu'en rêvant ainsi, toutes les nuits, d'une manière qui coïncide si étrangement, les domestiques d'Eginhard ne se soient révélés à un investigateur attentif, comme particulièrement désireux de plaire à leur maître ?

Tout à fait en dehors de la fraude préméditée et consciente (qui est souvent plus rare qu'on ne le croit), les gens dont la faculté mythopoiétique est éveillée sont capables de dire ce qui n'est pas, et d'agir comme ils ne devraient pas le faire, à un point que peuvent à peine concevoir les personnes moins facilement affectées par la contagion d'une foi aveugle. Il n'est pas de mensonge si grossier auquel ne se prêtent des hommes honnêtes, et, bien plus, d'honnêtes femmes, pour faire avancer une bonne cause, sans avoir clairement conscience de la portée morale de ce qu'ils font.

Les cas de guérisons opérées miraculeusement dont Eginhard est témoin oculaire semblent appartenir aux classes de maladies où il est possible de feindre le mal, où l'hystérie est vraisemblable ; sans nos moyens de diagnostic, les noms qu'on leur a donnés sont tout à fait sans valeur. Un des « miracles », toutefois, où le patient, une femme, fut guéri rien qu'en apercevant l'église où reposaient les reliques des bienheureux martyrs est un cas incontestable de dislocation de la mâchoire inférieure, et il est évident qu'ainsi que cela se passe, fréquemment, pour les accidents de ce genre chez des sujets faibles, la mâchoire a glissé subitement dans sa place, peut-être par suite d'une secousse du cheval qui amenait la femme à l'église [1].

Il y a aussi beaucoup à dire à propos d'un aveugle fort suspect — un certain Albricus (Alberich) ? — qui, ayant été guéri, non pas de sa cécité, mais d'une autre maladie dont il souffrait, prit ses quartiers à Seligenstadt, et se fit passer pour prophète inspiré par l'archange Gabriel. Eginhard laisse entendre que ses prophéties s'accomplirent ; mais, comme il ne dit pas exactement ce qu'elles étaient ni comment elles furent accomplies, sa déclaration ne doit être acceptée que

[1] *Loc. cit.*, chap. v, 53. — Eginhard parle avec un mépris hautain de la *vana ac superstitiosa præsumptio* des compagnons de la pauvre femme en essayant d'alléger ses souffrances avec des « herbes et des incantations frivoles ». Elles étaient vaines, sans doute, mais les « *mulierculæ* » eussent pu lui rendre, avec intérêt, l'épithète « superstitieux ».

sous toutes réserves. Il est évident qu'il n'était pas homme à hésiter à « donner du jeu » à une prophétie jusqu'à ce qu'elle s'adaptât parfaitement, si le crédit de la châsse de ses saints favoris pouvait être accru par ce procédé. Il n'y a, dans cette supposition, rien qui entache son honneur. La logique de l'affaire, pour être quelque peu sophistique, n'en est pas moins simple. La sainteté de l'église des martyrs garantit la réalité de l'apparition de l'archange Gabriel, et ce que l'archange dit doit être vrai. Si donc quelque chose semble avoir marché de travers, ce doit être la faute de l'intermédiaire, et il est dû à l'archange de supprimer ou de rectifier cette chose. Telle sorte de « réconciliation » n'est pas inconnue dans nos temps modernes, et chez des gens qui seraient extrêmement humiliés de se voir comparés à un « papiste obscurantiste » du IXᵉ siècle.

Les lecteurs de cet Essai sont, j'imagine, composés en grande partie de gens qui seraient très froissés d'être considérés autrement que comme des protestants éclairés. Il n'est pas improbable que ceux d'entre eux qui m'ont accompagné jusqu'ici soient disposés à dire : « Eh bien, tout ceci est très amusant, comme histoire, mais où en est l'intérêt pratique ? Il n'est pas probable que nous croyions aux miracles opérés par les restes des saints Marcellin et Pierre, ni par ceux d'aucun autre saint du calendrier romain ? »

Voici quel en est l'intérêt pratique. Si vous ne croyez pas à ces miracles, racontés par un témoin dont le caractère et la compétence sont fermement établis, dont la sincérité ne saurait être mise en doute, et qui en appelle a son souverain et à d'autres contemporains comme témoins de la vérité de ce qu'il dit, dans un document dont il existe une copie manuscrite datant probablement de cent ans après la mort de l'auteur, pourquoi professez-vous de croire à des histoires d'un caractère analogue, qui se trouvent dans des documents dont les dates et le nom des auteurs ne sont pas déterminés d'une manière certaine, et dont aucune copie ne remonte à plus de deux ou trois siècles après les événements qui y sont racontés? S'il est vrai que les quatre Évangiles et les Actes aient été écrits par Mathieu, Marc, Luc et Jean, tout ce que nous connaissons de ces personnes n'est rien comparé à notre connaissance d'Eginhard ; et non seulement il n'existe aucune preuve que les auteurs traditionnels de ces ouvrages les ont écrits, mais on peut encore invoquer de très fortes raisons du contraire. Si, donc, vous refusez de croire que « Wiggo » fut chassé de la jeune fille possédée, selon l'autorité d'Eginhard, est-il juste que vous professiez de croire que la légion des diables fut chassée de l'homme parmi les tombes des Gadaréniens? Et si, d'autre part, vous acceptez le témoignage d'Eginhard, pourquoi vous moquez-vous de l'efficacité supposée des reliques et du culte des saints des romanistes modernes? On ne peut prétendre, contre tout témoignage, que les juifs de l'an 30, ou environ, après Jésus-Christ fussent moins imbus de la croyance au surnaturel que ne le furent les Francs de l'an 800 après Jésus-Christ. Les mêmes influences furent à l'œuvre dans chacun de ces cas, et il n'est que raisonnable de supposer que les résultats furent les mêmes. Si le témoignage d'Eginhard est insuffisant pour faire croire à des hommes raisonnables les miracles qu'il raconte, *a fortiori* celui que donnent les Évangiles et les Actes doit l'être aussi [1].

Mais on dira peut-être qu'aucun critique sérieux ne nie l'authenticité des quatre grandes Épîtres de Paul — l'Epître aux Galates, les deux aux Corinthiens et l'Épître aux Romains, — et que dans trois de ces quatre Epîtres Paul réclame le pouvoir d'opérer des miracles [2]. Devons-nous, donc, supposer que l'apôtre des Gentils a affirmé ce qui est faux ? Mais jusqu'à quel point ? Paul ne nous dit nulle part ce qu'il a fait dans cette direction, et dans le besoin pressant qu'il a eu de justifier son apostolat contre les railleries de ses ennemis ; il est peu probable que, s'il avait eu des cas très frappants à citer, il eût négligé un témoignage aussi apte à les confondre. Et, sans attaquer le moins du monde la véracité de Paul, nous devons, en outre, nous rappeler que les traits les plus caractéristiques de son esprit, exposés d'une manière incontestable dans ces Épîtres, ne sont nullement ceux qui nous autoriseraient à le regarder comme un témoin critique à l'égard des faits établis, ou comme un interprète digne de foi. Quand un homme atteste un miracle, non seulement il

[1] Il n'y a, naturellement, rien de nouveau dans cet argument, mais il ne perd pas de sa force en vieillissant. Et le cas d'Eginhard est bien plus instructif que celui d'Augustin, parce que le premier nous a si franchement, bien qu'incidemment, révélé non seulement ses propres habitudes mentales et morales, mais aussi celles des gens qui l'entouraient.

[2] Voir 1 *Corinthiens*, XII, 10 à 28 ; 2 *Corinthiens*, VI, 12 ; *Romains*, XV, 19.

énonce un fait, mais il y ajoute l'interprétation de ce fait Nous pouvons admettre son témoignage du premier, et pourtant considérer comme sans valeur son opinion sur la dernière. Si le récit calme et objectif qu'a fait Eginhard des événements historiques de son temps ne garantissent point la solidité de son jugement en ce qui concerne le surnaturel, la rhétorique ardente de l'apôtre des Gentils, sa confiance absolue dans la « lumière intérieure », et les idées extraordinaires de la nature et des exigences de la preuve logique qu'il laisse voir, à chaque page de ses Epîtres, nous offrent encore moins de sécurité.

Il y a un homme, relativement moderne, qui a pleinement partagé la confiance de Paul dans la « lumière intérieure », et qui, tout en différant grandement du fougueux évangéliste de Tarse par divers points, si je ne me trompe, partage ses traits caractéristiques les plus accentués. Je veux parler de George Fox qui se sépara du Protestantisme qui avait cours en Angleterre au XVIIe siècle, comme Paul s'était séparé du Judaïsme du premier siècle, pour obéir à la « lumière intérieure ». Fox, qui fut battu, lapidé, laissé pour mort, mis neuf fois en prison, souvent pour de longues périodes, qui fut en péril sur terre et en péril sur mer, George Fox a même été un missionnaire plus nomade que Paul; son succès à fonder des congrégations, son énergie à les visiter, non seulement dans la Grande-Bretagne, l'Irlande et les Indes occidentales, mais sur le continent européen et dans l'Amérique du Nord, ne sont pas moins remarquables. On comptait, peu d'années après que Fox eût commencé à prêcher, un millier d'Amis en prison dans les diverses geôles de l'Angleterre ; à sa mort, moins de cinquante ans après la fondation de la secte, il y avait 70,000 Quakers dans le Royaume-Uni. La sérénité avec laquelle ces gens — les femmes aussi bien que les hommes — subirent le martyre dans ce pays et dans les États de la Nouvelle-Angleterre est un des faits les plus remarquables dans l'histoire de la religion.

Nul, en lisant la volumineuse autobiographie de « l'honnête George », ne peut douter de la parfaite sincérité de l'homme, et bien que, dans ses innombrables lettres, il ne s'élève que rarement au-dessus des lieux communs incohérents d'un prédicateur en plein vent, on ne peut mettre en question ni sa puissance comme orateur, ni la dignité et l'attrait de sa personnalité, ni le fait qu'il possédait une grande part de bon sens pratique et de faculté de gouvernement.

Mais le passage suivant montre que George Fox avait une foi entière en sa propre puissance d'opérer des miracles ; il est tiré de son autobiographie (où l'on pourrait en trouver beaucoup d'autres) :

« Lorsque je fus libéré de la prison de Nottingham (où j'avais été tenu captif assez longtemps), je me remis à voyager, comme auparavant, pour faire l'œuvre du Seigneur. Et, comme j'arrivais à Mansfield Woodhouse, il y avait une femme affolée, sous la main d'un docteur, les cheveux épars autour de ses oreilles ; et il était sur le point de la saigner, l'ayant d'abord liée, tandis que beaucoup de gens l'entouraient et la maintenaient par force ; mais il ne parvenait point à la saigner. Et je leur ordonnai de la délier et de la laisser tranquille, car ils ne pouvaient toucher l'esprit par lequel elle était tourmentée. Donc, ils la délièrent, et je fus poussé à lui parler, et à lui ordonner, au nom du Seigneur, de se tenir tranquille et de ne pas faire de bruit. Et elle le fit. Et la puissance du Seigneur agit en elle, et elle guérit; et après elle reçut la vérité, et y persévéra jusqu'à sa mort. Et le nom du Seigneur fut honoré ; c'est à lui qu'appartient la gloire de toutes ses œuvres. Beaucoup de choses grandes et étonnantes furent accomplies, en ces jours, par la puissance céleste. Car le Seigneur fit voir son bras tout puissant, et manifesta son pouvoir, à l'étonnement de beaucoup de gens, par la vertu guérissante qui les délivrait de grandes infirmités, et les diables furent assujettis à son nom ; on en pourrait donner des exemples dépassant tout ce que ce siècle incrédule peut recevoir ou accepter [1]. »

Il n'est besoin, toutefois, d'étudier longuement les écrits de Fox, pour arriver à la conviction que la distinction entre les vérités subjectives et les vérités objectives n'avait pas, dans son esprit, la place qu'elle a chez les mortels ordinaires. Là où une personne ordinaire aurait dit: « J'ai pensé ceci et cela, » ou : « J'ai décidé de faire ceci ou cela, » George Fox dit: « Il m'a été révélé, » ou : « J'ai fait ceci ou cela sur l'ordre de Dieu. » « Alors, sur le commandement de Dieu, le neuvième jour du septième mois de 1643 (Fox ayant dix-neuf ans), je quittai mes parents, et rompis toute familiarité ou amitié avec jeunes ou vieux. » « Au commencement de l'année 1647, j'ai été poussé par le Seigneur à aller en Darbyshire. » Fox entend des

[1] *A Journal or Historical Account of the Life, Travels, Sufferings and Christian Experiences, etc., of George Fox.* Ed. 1694. pp. 27, 28.

voix, et il a des visions dont il présente quelques-unes au lecteur avec une puissance apocalyptique en cette langue simple et énergique, également dépourvue de prétention et de corruption, dans laquelle, comme son contemporain Bunyan, il était passé maître.

« Et, un matin, comme j'étais assis auprès du feu, un grand nuage m'enveloppa, et une tentation m'assaillit; je demeurai immobile. Et il fut dit : *Toutes choses viennent par la Nature.* Et les éléments et les étoiles vinrent sur moi ; de sorte que j'étais, en quelque façon, comme enveloppé d'un nuage... Et comme je restais immobile au dessous, sans y toucher, une espérance vive s'éleva en moi, et une voix véritable naquit en moi, disant : *Il y a un Dieu vivant qui a fait toutes choses.* Et immédiatement le nuage et la tentation disparurent, et la vie s'éleva au dessus, et mon cœur fut heureux, et je louai le Dieu vivant [1]. »

Si George Fox pouvait parler comme dans ce passage, et dans d'autres aussi il montre qu'il pouvait écrire, son influence étourdissante sur les contemporains de Milton et de Cromwell n'est pas une énigme. Mais cette reproduction moderne de l'ancien prophète, avec son « Ainsi dit le Seigneur », « Ceci est l'œuvre du Seigneur », imprégné de surnaturalisme et se glorifiant de sa foi aveugle, est l'antipode mental du philosophe qui se fonde sur le naturalisme et n'a d'autre passion que la preuve, et à qui ces affirmations suggèrent inévitablement la question préliminaire : « Comment savez-vous que le Seigneur

[1] *Loc. cit.*, p. 13.

l'a dit, » « Comment savez-vous que le Seigneur l'a fait ? » et qui se trouve forcé de demander ce motif rationnel pour croire, sans lequel, pour l'homme de science, l'assentiment n'est qu'un semblant immoral.

Et c'est cette raison rationnelle de croire que les auteurs des Évangiles, non moins que Paul, Eginhard et Fox, pensent si peu à offrir qu'ils considéreraient comme une sorte de blasphème le fait de la demander.

VII

L'AGNOSTICISME [1]

Au cours des quelques derniers mois, le public a reçu des informations nombreuses et variées au sujet des Agnostiques, de leurs croyances, et même de leur avenir. L'Agnosticisme a occupé les orateurs du Congrès de l'Eglise à Manchester [2]. On lui a fait une série d'« articles » moins nombreux, mais non moins rigoureux et certainement non moins logiques que les Trente-neuf articles ; on a analysé sa nature, et son avenir a été prédit, sévèrement, par le membre le plus éloquent de cette école prophétique dont Auguste Comte est le Samuel.

Il peut, cependant, être encore douteux que le public en soit aussi éclairé qu'on pourrait l'attendre. Si l'on considère toute la peine dépensée dans ce but, non seulement les trois exposés de la position agnostique sont en lamentable désaccord entre eux, mais encore je me propose de montrer les raisons que j'ai de croire que tous les trois peuvent être sérieusement

[1] *Nineteenth Century*, février 1889.

[2] Voir l'*Official Report of the Church Congress held at Manchester*, octobre 1888, pp. 253, 254.

révoqués en doute par quiconque emploie le terme « agnostique » dans le sens où il a été primitivement employé. Le savant principal de King's College, qui a traité de l'Agnosticisme devant le Congrès de l'Eglise, s'est tiré d'affaire de la manière la plus expéditive et la plus facile :

« Mais, s'il en est ainsi, c'est rester à côté de la question que de dire, pour échapper à cet article de foi, qu'on n'a aucun moyen de connaître scientifiquement le monde invisible ou celui de l'avenir. Ce qui distingue l'Agnostique des Chrétiens n'est point le fait qu'il ne possède aucune connaissance de ces choses, mais le fait qu'il n'accepte pas l'autorité d'après laquelle on les affirme. Il peut préférer s'appeler Agnostique ; mais son véritable nom est bien plus ancien, — c'est un infidèle, c'est-à-dire un incrédule. Le mot d'infidèle porte en lui peut-être une signification déplaisante. Il est bon, peut-être, qu'il en soit ainsi. C'est et ce doit être une chose déplaisante pour un homme que d'avoir à dire, en toutes lettres, qu'il ne croit pas en Jésus-Christ [1]. »

Il y a tant de choses, dans le discours du Dr Wace, qui me concernent soit explicitement, soit implici-

[1] Dans ce passage et dans l'Essai suivant, j'ai fait disparaître des allusions à feu l'archevêque d'York, qui n'importent nullement à mon argument principal, parce que je désire effacer les traces d'un malentendu passager avec un homme remarquablement doué de capacité, de sincérité et d'esprit, et pour lequel j'ai autant de sympathie que de respect. J'aime à me rappeler maintenant la manière cordiale dont l'évêque m'aborda la première fois que nous nous rencontrâmes après notre petite escarmouche. « Eh bien ! est-ce la paix ou la guerre ? » « Un peu des deux, » répliquai-je. Mais ce fut tout paix lorsque nous nous séparâmes, et il en fut toujours de même par la suite.

tement, que je prends sur moi de le discuter ; mais, en ce faisant, il doit être entendu que je ne parle qu'en mon propre nom.

Il n'y a pas que je sache, de secte d'Agnostiques et, s'il en existe une. je n'en suis ni le prophète ni le pape. Je désire laisser aux disciples de Comte le monopole entier de la manufacture d'ecclésiasticisme d'imitation.

Examinons, avec calme et sans passions aucunes, la manière dont le Dr Wace apprécie l'Agnosticisme. Selon son idée, l'Agnostique est une personne qui dit n'avoir aucun moyen d'arriver à la connaissance scientifique du monde invisible ou du monde à venir. Par cette phraséologie un peu vague, le Dr Wace doit probablement entendre le monde invisible et le monde futur des théologiens. Je ne trouve cette définition heureuse ni par la forme ni par le fond ; mais pour le moment passons. Le Dr Wace continue en disant que ce n'est pas en cela que l'Agnostique diffère des Chrétiens. Y a-t-il donc des Chrétiens qui professent ne rien savoir du monde invisible et du monde à venir? J'ignorais ce fait, mais je suis prêt à l'accepter sur l'autorité d'un théologien de profession, et je passe à la proposition suivante.

Le vrai fond de la question est donc que l'Agnostique « ne croit pas à l'autorité » d'après laquelle « ces choses » sont affirmées, à l'autorité de Jésus-Christ. Il est tout bonnement un « infidèle » qui a peur d'avouer son propre nom. De même que « *presbyter* est, en grosses lettres, prêtre », de même « agnostique » est simplement l'équivalent grec de « l'infidèle » latin. Il y a, dans cette solution du problème, une attrayante simplicité, et cet avantage d'être quelque peu offensante pour les personnes attaquées, qui est si cher aux polémistes d'éducation peu raffinée. L'Agnostique dit : Je ne puis trouver une bonne preuve que telle ou telle chose est vraie. Ah ! s'écrie son adversaire, saisissant l'occasion, « alors vous déclarez que Jésus-Christ a menti, car il a dit telle et telle chose ». C'est là une méthode très habile de se donner le beau rôle. Mais supposons que la valeur de la preuve quant à ce que Jésus peut avoir dit et fait, et quant à la nature et l'étendue exacte de son autorité, soit précisément ce que l'Agnostique trouve le plus difficile à déterminer. Si je me permets de douter que le duc de Wellington, à Waterloo, ait donné l'ordre : « Debout, gardes, et en avant ! » je ne pense pas que le Dr Wace lui-même m'accuse de ne pas croire le duc. Cependant, cela serait tout aussi raisonnable que d'accuser quelqu'un de nier ce que Jésus a dit avant d'avoir réglé la question préliminaire de savoir ce qu'il a réellement dit.

Eh bien ! la question de savoir ce que Jésus a réellement dit et fait est strictement un problème scientifique, qui ne peut avoir de solution par d'autres méthodes que celles que pratiquent l'historien et le critique littéraire. C'est un problème d'une difficulté immense, qui a occupé quelques-unes des meilleures têtes de l'Europe pendant le dernier siècle ; et ce n'est que tout récemment que leurs recherches ont commencé à converger vers une seule et même conclusion [1].

[1] Le Dr Wace dit : « On peut demander jusqu'à quel point nous pouvons nous fier aux récits que nous possédons de l'enseignement

L'espèce de foi que le Dr Wace décrit et loue est sans utilité ici. Lui-même, d'ailleurs, s'efforce de lui ôter la valeur d'une preuve.

« Qu'est-ce qui a créé le monde mahométan ? Sa confiance et sa foi dans les déclarations et les assurances de Mahomet. Et qu'est-ce qui a fait le monde chrétien ? Sa confiance et sa foi dans les déclarations et les assurances de Jésus-Christ et de ses apôtres[1]. » Le ton triomphant de ce catéchisme imaginaire me fait soupçonner que son auteur n'en a pas apprécié toute la portée. Il est à présumer que le Dr Wace considère Mahomet comme un incrédule, ou, pour employer son terme favori, un infidèle, et qu'il pense que ses assurances ont donné lieu à une vaste imposture qui a mené, et mène encore, des millions d'hommes tout droit à la punition éternelle. Et cela étant, la « confiance et la foi », qui ont « créé le monde mahométan », dans le même sens qu'elles ont « créé le monde chrétien »,

de Notre-Seigneur sur ces sujets. » Et il semble croire avoir réglé la question par l'assertion « qu'on doit la considérer comme tranchée par l'abandon, en pratique, que M. Renan a fait de la thèse opposée. » Je croyais connaître assez bien les ouvrages de M. Renan, mais je n'ai pu réussir à découvrir cet abandon « pratique » (j'aurais bien voulu que le Dr Wace définît l'étendue de cet utile adjectif). Toutefois, comme le Dr Wace ne peut trouver aucune difficulté à indiquer le passage des écrits de M. Renan qui l'autorise à faire cette déclaration, j'attendrai une explication ultérieure, me contentant, pour le moment, de remarquer que, même si M. Renan devait, demain, se rétracter et faire pénitence à Notre-Dame, pour toute addition à la critique biblique qui lui appartiendrait spécialement, les résultats principaux de cette critique, tels que les renferment les œuvres de Strauss, Baur, Reuss et Volkmar, par exemple, n'en seraient pas sensiblement modifiés.

[1] *Loc. cit.*, p. 253.

doivent avoir été confiance et foi en ce qui était faux. Aucun homme ayant étudié l'histoire, ou même observé les occurrences journalières de la vie, ne peut mettre en doute l'énorme valeur pratique de la confiance et de la foi; mais il sera tout aussi peu enclin à déclarer que cette valeur pratique n'a pas le moindre rapport avec la réalité des objets de cette confiance et de cette foi. Les *Acta Martyrum*, pour le nombre d'exemples de constance patiente, de foi et de confiance inébranlable, ne dépassent pas les annales du Babisme[1].

La discussion dans laquelle nous venons d'entrer va, si profondément, jusqu'aux racines de tout le sujet, la question du jour est à tel point, ainsi que le dit l'auteur de *Robert Elsmere*, celle de la valeur du témoignage, que je ne m'excuserai point de la suivre avec quelque détail, et, pour donner un corps à mon raisonnement, je baserai ce que j'ai à dire sur un cas qui relève strictement de la science naturelle, et de celle de ses parties qui est connue sous le nom de physiologie et pathologie du système nerveux.

Je trouve au chapitre v du second Évangile un récit qui est destiné selon toute apparence à avoir la même valeur, comme preuve, qu'aucun autre contenu dans ce livre. C'est l'histoire bien connue des diables qu'on a fait sortir d'un homme, et auxquels on a ordonné, ou permis, d'entrer dans un troupeau de pourceaux, causant grande perte et grand dommage

[1] Voir de Gobineau, *Les Religions et les Philosophies dans l'Asie centrale*, et l'ouvrage, récemment publié, de M. E.-G. Browne *The Episode of the Bab.*

aux innocents propriétaires Géraséniens ou Gadaréniens. Il n'y a aucun doute que le narrateur ne veuille faire partager à ses lecteurs sa propre conviction que cette expulsion et cette invasion se sont effectuées par l'intermédiaire de Jésus de Nazareth, que Jésus a, par la parole et l'action, imposé cette conviction, et il ne manifeste aucun sentiment des difficultés légales et morales de ce cas.

D'autre part, tout ce que je sais de la science physiologique et de la pathologie me persuade que les phénomènes attribués à la possession sont aussi purement naturels que ceux qui constituent la petite vérole ; tout ce que je sais d'anthropologie me fait penser que la croyance aux démons et à la possession démoniacale n'est qu'une survivance d'une superstition autrefois universelle, et que sa persistance, au temps présent, est, assez généralement, en raison inverse de l'instruction générale, de l'intelligence, et de la rectitude du jugement de la population où elle prévaut. Tout ce que je sais de droit et de justice me convainc que la destruction, de gaieté de cœur, de la propriété d'autrui est un délit de fâcheux exemple. De plus, l'étude de l'histoire, et en particulier celle des XVe XVIe et XVIIe siècles, ne laisse pas l'ombre d'un doute dans mon esprit quant au fait que la croyance en la réalité de la possession et de la sorcellerie, basée à juste titre, à la fois par les Catholiques et par les Protestants, sur ce passage, et d'autres dans l'Ancien et le Nouveau Testament, a donné lieu, par l'influence spéciale du clergé chrétien, aux plus horribles persécutions et meurtres judiciaires sur des milliers et des milliers d'hommes, de femmes et d'enfants innocents.

Et, quand je songe qu'en pareille occasion une simple déclaration comme celle que la croyance en la sorcellerie et à la possession était une méchante sottise, aurait rendu impossible la longue agonie de l'humanité du moyen âge, je suis disposé à rejeter comme déshonorante la supposition que cette déclaration a été tue, par condescendance pour l'erreur populaire.

« Esprit immonde, sors de cet homme[1], » sont les paroles attribuées à Jésus. Si je déclare, ainsi que je n'hésite point à le faire, que je refuse absolument de croire à l'existence d' « esprits immondes » et, par conséquent, à la possibilité qu'ils « sortent d'un homme », je suppose que le Dr Wace me dira que je méconnais le témoignage « de Notre-Seigneur[2] ». Car, si ces paroles ont réellement été prononcées, le conciliateur le plus plein de ressources ne peut guère s'aventurer à affirmer qu'elles soient compatibles avec une incrédulité à l'égard de « ces choses », ainsi que le fait remarquer le Dr Alexandre, qui est à la fois savant et équitable aussi bien qu'orthodoxe[3].

« Si bas qu'on veuille placer Notre-Seigneur et ses Apôtres, il faut, du moins, les regarder comme d'*honnêtes* gens. Maintenant, bien que le langage honnête n'exige pas que les mots soient toujours employés et uniquement employés dans leur sens étymologique,

1 Marc, V, 8. — Ici, comme toujours, c'est la version revisée qui est citée.

2 *Loc. cit.*, p. 255.

3 Art *Demoniacs*, in *Biblical Cyclopædia*, vol. I, p. 664, note.

il exige qu'ils ne soient pas employés de façon à affirmer ce que celui qui parle sait être faux. Si, par conséquent, Notre-Seigneur et ses Apôtres pouvaient employer le mot δαιμονίζεσθαι ou la phrase δαιμόνιον ἔχειν pour donner une description populaire de certaines maladies sans autoriser la croyance qui était à la source d'un tel mode d'expression, ils ne pouvaient parler de démons entrant dans un homme, ou en étant renvoyés par leur ordre, sans garantir qu'ils croyaient l'homme réellement possédé par les démons[1]; par conséquent, s'ils n'avaient pas cette croyance, ils ne parlaient pas en hommes honnêtes. »

L'histoire que nous examinons ne repose pas sur la seule autorité du second Évangile. Le troisième confirme le second, surtout à propos de l'ordre donné à l'esprit immonde de sortir de l'homme [2]; et, bien que le premier Évangile donne une version différente du même fait, ou en raconte un autre de la même espèce; le point essentiel reste : « Si tu nous renvoies, renvoie-nous dans ce troupeau de pourceaux. Et il leur dit : Allez [3]! »

Si le témoignage des trois Évangiles synoptiques, en s'accordant, est réellement suffisant pour détruire tout doute rationnel quant à un fait de l'importance la plus grande au point de vue pratique et au point de vue spéculatif — qui a, suivant qu'ils l'ont cru ou non, affecté la vie des hommes et leur conduite réciproque de la manière la plus sérieuse, — je suis forcé de croire que Jésus a, implicitement, affirmé qu'il posse-

[1] Campbell, *Prel. Diss.*, VI, 1-10.
[2] Luc, VIII, 29.
[3] Mathieu, VIII, 31, 32.

dait une « connaissance du monde invisible » qui confirmait pleinement la croyance aux démons et à la possession qui avait cours parmi ses contemporains. Si l'histoire est vraie, la théorie du moyen âge relativement au monde invisible peut être, et est probablement, tout à fait exacte; et les découvreurs de sorcières depuis Sprenger jusqu'à Hopkins et Mather, sont des hommes fort calomniés.

D'autre part, l'humanité, remarquant les effroyables conséquences de cette croyance; le bon sens, observant la futilité du témoignage sur lequel elle est basée dans tous les cas qui ont été examinés avec soin; la science, se voyant de plus en plus à même de renfermer tous les phénomènes de la soi-disant « possession » dans le domaine de la pathologie, quand il ne faut pas les reléguer dans celui de la police, — toutes ces puissantes influences s'accordent pour nous détourner, sous peine d'en encourir les risques et périls, d'accepter cette croyance sans l'examen le plus attentif de l'autorité sur laquelle elle repose.

Je ne sais comment on peut échapper à ce dilemme : ou bien Jésus a dit les paroles qu'on lui attribue, ou il ne les a point dites. Dans le premier cas, il est inévitable que son autorité, en ce qui concerne les sujets en rapport avec le « monde invisible », ne soit fortement ébranlée; dans le dernier cas, le coup tombe sur l'autorité des Évangiles synoptiques. Si leur déclaration à propos d'une matière d'importance aussi grande, et de conséquences pratiques aussi étendues, se trouve n'être pas digne de foi, comment serons-nous assurés de la véracité d'autres déclarations, en d'autres cas ? Le « terrier » favori où se réfugie le conciliateur à bout d'expédients, savoir, que la Bible ne professe point d'enseigner la science [1], se trouve fermé en ce cas. Car la question de l'existence des démons et de la possession qu'ils exercent, bien qu'elle soit, strictement, du domaine de la science, est aussi d'une signification morale et religieuse des plus profondes. Si les maladies physiques et mentales sont causées par des démons, Grégoire de Tours et ses contemporains ont jugé à bon droit que les reliques et les exorcistes sont plus utiles que les médecins ; les questions les plus graves ont été soulevées à propos des responsabilités légales et morales de personnes sous l'empire d'inspirations démoniaques ; et toute notre conception de l'univers et de nos rapports avec lui devient totalement différente de ce qu'elle serait dans l'hypothèse contraire.

La théorie de la vie d'un chrétien du moyen âge

[1] Quelqu'un osera-t-il vraiment dire qu'il y ait un critérium, interne ou externe, par lequel celui qui lit une déclaration de la Bible où se trouve contenue une matière scientifique est à même de juger s'il faut la prendre *au sérieux* ou non ? Le récit du déluge, accepté comme vrai dans le Nouveau Testament, est-il moins précis et moins net que celui de la vocation d'Abraham, accepté de même ? A quelle marque reconnaît-on que l'histoire de la pluie de manne au désert, qui implique des problèmes scientifiques très curieux, est écrite seulement dans un but d'édification, tandis que celle de l'inscription de la Loi sur les pierres par la main de Jéhovah est littéralement vraie ? Si l'histoire de la chute n'est pas le récit fidèle d'un événement historique, que devient la théologie de saint Paul ? Pourtant, l'histoire de la chute est aussi directement opposée à la probabilité, et dépourvue de témoignage probant, que celle de la Création ou du Déluge, qui forment avec elle une série légendaire harmonieuse.

était aussi différente de celle d'un Anglais du XIXe siècle que cette dernière l'est de celle d'un nègre de la côte occidentale d'Afrique, à cet égard. Le monde moderne secoue, lentement, mais sûrement, avec tant d'autres, cette survivance monstrueuse des erreurs sauvages, et, quoi qu'il arrive, il ne retournera pas à son vomissement. Jusqu'à preuve du contraire, j'ose douter que, même aujourd'hui, il se trouve un théologien protestant, parmi ceux qui ont une réputation à perdre, qui affirme croire à l'histoire des Gadaréniens.

Il ne reste donc à choisir qu'entre deux alternatives : refuser sa confiance à ceux qui ont compilé les biographies évangéliques ; ou renier le maître qu'avec leurs âmes simples ils ont cru honorer en conservant les traditions de l'autorité qu'il exerçait sur le monde invisible de Satan. Voilà le dilemme. Il n'y faut point d'érudition profonde, mais seulement une connaissance de la Version revisée à laquelle on suppose que l'érudition a fait tout ce qu'il y avait à faire ; en appliquant à ce texte les règles les plus communes du bon sens, nous ferons aisément un choix entre ces alternatives. On ne peut guère douter que le récit du premier Évangile soit simplement une version de celui du second et du troisième Évangiles. Néanmoins, les divergences sont sérieuses et ne peuvent se concilier ; et ne serait-ce que pour cette raison, il est bon de suspendre son jugement. Mais il y a bien plus encore. Depuis la première aube de la critique scientifique de la Bible jusqu'à nos jours, il s'est accumulé nombre de preuves contre l'idée longtemps chérie que les trois Évangiles synoptiques étaient l'œuvre de trois auteurs indépendants, écrivant sous la dictée de l'inspiration divine; et il n'est plus possible, maintenant, d'échapper à la conclusion que chacun d eux est une compilation comprenant une base commune à tous trois, la tradition des trois, et une superstructure consistant d'abord en matières qui se trouvent aussi dans l'un des autres et secondement en matières spéciales à chacun d'eux. L'emploi des termes « base » et « superstructure » n'implique aucunement que la dernière soit de date plus récente que la première. Au contraire, quelques parties peuvent en être, et en sont, probablement plus anciennes que quelques parties de la base [1].

L'histoire des pourceaux gadaréniens appartient à la base, du moins pour sa partie essentielle, où est exprimée la croyance en la possession démoniaque, et, par suite, les compilateurs du premier, du second et du troisième Évangile, quels qu'ils aient été, ont certainement accepté cette croyance (qui, en réalité, était universelle parmi juifs et païens, à cette époque) et l'ont attribuée à Jésus.

Que savons-nous donc de celui ou de ceux qui ont été à l'origine de ce fondement — de cette triple tradition que les trois témoins (ainsi que le dit Paley) s'accordent à affirmer — pour que nous permettions

[1] Voir, pour une admirable discussion de tout ce sujet, l'article du Dr Abbot sur les Evangiles dans l'*Encyclopædia Britannica*, et la monographie remarquable du professeur Volkmar : *Jesus Nazarenus und die erste Christliche Zeit* (1882). Que nous soyons ou non d'accord avec les conclusions de ces écrivains, il est impossible de trouver à redire à leur méthode d'investigation critique.

à ce simple récit de contre-balancer tous les arguments opposés de l'humanité, du sens commun, de la science exacte, et pour mettre en péril le respect que tous seraient heureux de rendre à leur Maître?

Absolument rien [1]. Il n'y a pas de preuve, rien de plus qu'une présomption, qu'aucun des Evangiles ait existé dans l'état où nous le trouvons dans la version autorisée de la Bible, avant le IIe siècle, ou, en d'autres termes, soixante ou soixante-dix ans après les événements racontés. Et entre ce temps et la date des plus anciens manuscrits des Evangiles qui existent, il est impossible de dire combien on a pu faire d'additions, d'altérations et d'interpolations. On dira peut-être que ce ne sont là que des spéculations, mais c'est bien plus que cela. En savants capables et en hommes honnêtes, nos reviseurs se sont sentis obligés d'indiquer que de telles choses se sont passées, même depuis la date des manuscrits le plus anciennement connus. Les deux plus anciennes copies du second Evangile finissent au huitième verset du seizième chapitre; les douze versets qui suivent sont apocryphes, et il est digne de remarquer que celui qui a fait cette addition n'hésite pas à y introduire un discours où Jésus dit à ses disciples: « En mon nom, vous chasserez les démons. »

L'autre passage, « rejeté à la marge, » est encore plus instructif. C'est ce touchant apologue, avec son profond sens éthique, de la femme surprise en adultère,

[1] Malgré les injures qu'un écrivain m'a lancées, sous le voile de l'anonyme, dans un numéro récent de la *Quarterly Review*, je répète, sans la moindre crainte d'être réfuté, que les quatre Evangiles, tels qu'ils nous ont été donnés, sont l'œuvre d'écrivains inconnus.

qui, si le témoignage interne était un guide infaillible, pourrait bien être cité comme exemple typique des enseignements de Jésus. Pourtant, disent impitoyablement les reviseurs, « la plupart des anciennes autorités n'admettent pas Jean, VII, 53 — VIII, 11 ».

Qu'un homme raisonnable se pose maintenant cette question. Si, après l'arrangement approximatif des livres canoniques du Nouveau Testament, et même plus tard, aux IVe et Ve siècles, des tripoteurs ont eu l'habileté et l'audace de faire de semblables additions et interpolations, que ne doivent-ils pas avoir fait lorsque personne n'avait songé à un canon ; quand la tradition orale non encore fixée était considérée comme plus précieuse que les écrits qui peuvent avoir existé dans la dernière partie du Ier siècle ? Ou, selon une autre alternative, si ceux qui, graduellement, établirent le canon ne connaissaient pas l'existence des plus anciens recueils parvenus jusqu'à nous, ou si, les connaissant, ils en ont rejeté l'autorité, que penser alors de leur compétence comme critiques du texte ?

Les gens qui protestent contre la libre critique des Ecritures Chrétiennes oublient qu'elles ne sont ce qu'elles sont qu'en vertu d'une critique très libre, à moins que les avocats de l'inspiration ne soient prêts à affirmer que la plupart des ecclésiastiques influents durant plusieurs siècles étaient garantis contre l'erreur. Car, même en accordant que quelques livres de cette époque ont été inspirés, ils étaient certainement en petite minorité, et ceux qui ont choisi les livres canoniques, à moins d'être, eux-mêmes, inspirés, doivent être regardés comme simples critiques, et, d'après le témoignage de leurs habitudes intellectuelles, des critiques fort peu critiques. Quand on pense que des questions aussi délicates que celles dont il s'agit tombaient entre les mains d'hommes tels que Papias (qui croyait à la fameuse histoire du raisin du millénaire), d'Irénée avec ses « raisons » en faveur de l'existence de quatre Evangiles seulement, et de juges calmes et sans passion comme Tertullien, avec son *Credo quia impossibile*, il faut seulement s'étonner de ce que le choix constituant notre Nouveau Testament soit aussi dépourvu de matières absolument suspectes. Les Evangiles apocryphes méritent certainement de l'être ; mais il est permis de soupçonner qu'un peu plus de discernement critique en eût facilement augmenté le nombre.

Ici, s'élève une objection très évidente qui mérite être considérée attentivement et loyalement. On pourrait dire qu'en portant le scepticisme critique au point où on l'a suggéré on arriverait au pyrrhonisme historique ; que, si nous ôtons toute créance à un historien soit ancien, soit moderne, parce qu'il a admis comme vrai un sujet fabuleux, on pourrait tout aussi bien renoncer à s'occuper de l'histoire. On peut dire, avec beaucoup de justice, de la *Vie de Charlemagne* d'Eginhard qu'elle n'est pas moins digne de foi à cause de la révélation étonnante de crédulité, de manque de jugement, et même de respect pour le huitième commandement que trahit, sans qu'il le sache, son *Histoire de la translation des bienheureux martyrs Marcellin et Pierre*. Ou, pour ne pas remonter plus haut que le dernier numéro de cette Revue, assurément cette excellente dame, Miss Strickland, ne doit pas être mise au rang des personnes qui ne méritent pas d'être crues à cause du mythe relatif aux restes mortels de Jacques II, qu'elle semble avoir, inconsciemment, inventé.

Tout cela est parfaitement vrai. Je crains bien qu'on ne trouvât pas un homme vivant dont on pût accepter le témoignage, si la condition y était attachée de n'avoir jamais inventé et proclamé un mythe. Dans l'esprit de chacun d'entre nous, il y a, çà et là, de petits endroits, semblables aux taches indistinctes sur un rocher, qui permettent à la mousse ou au lichen de s'y fixer, endroits où, s'il vient à tomber le germe d'un mythe, le développement de ce mythe est certain, sans pour cela influencer en aucun degré notre exactitude ou notre véracité partout ailleurs. Sir Walter Scott savait bien qu'il ne pouvait répéter une histoire sans, disait-il, « lui donner chapeau et bâton neufs ». La plupart d'entre nous ne diffèrent de Sir Walter Scott qu'en ce qu'ils ignorent cette tendance de la faculté mythopoiétique à éclater sans qu'on s'en doute. Mais il est très vrai de dire, aussi, que cette faculté n'est pas également active chez tous les esprits, ni dans toutes les régions, ou sous toutes les conditions du même esprit. David Hume n'était certainement pas aussi sujet à cette tentation que le vénérable Bède, ni même que certains historiens de date récente qu'on pourrait nommer ; et le débiteur le plus doué d'imagination, s'il doit cinq livres, ne s'impose pas l'obligation d'en payer cent. La règle du bon sens est, *prima facie*, de croire un témoin en toutes choses, où ni son intérêt propre, ni ses passions, ni ses préjugés, ni cet amour du merveilleux qui est plus ou moins inhérent à toute l'humanité, ne se trouvent fortement intéressés. Quand tous ces derniers se trouvent impliqués, il faut exiger un témoignage corroboratif en proportion exacte du manque de probabilité de la chose affirmée.

Maintenant, dans l'affaire des Gadaréniens, je ne pense pas être d'un scepticisme exagéré si je dis que l'existence de démons pouvant être ainsi transférés d'un homme à un pourceau est contraire à la probabilité. Je serai franc. J'avoue que je n'ai pas d'objection *a priori* à présenter. Il y a des choses physiques, telles que le ténia et les trichines, qui peuvent être transférés de l'homme au pourceau, et *vice versa*, et qui, sans aucun doute, produisent des effets diaboliques et mortels chez l'un et l'autre. Il se peut — je ne saurais fournir la preuve du contraire — qu'il y ait des choses spirituelles capables d'une semblable transmigration, avec des effets semblables. Je suis, en outre, obligé d'ajouter que des personnes parfaitement véridiques, pour qui j'ai le plus grand respect, croient à des histoires d'esprits, de nos jours, tout à fait aussi improbables que celle que nous examinons.

Aussi je déclare, en termes aussi clairs que possible, que je ne saurais donner une raison contre l'existence de ces diables qui peuvent changer d'habitat ; je ne puis nier non plus que non seulement toute l'Église romaine, mais nombre d' « infidèles » (à la Wace), qui ne sont pas sans quelque renommée, croient honnêtement et fermement que l'activité de ces êtres démoniaques se donne libre carrière en cet an de grâce 1889.

Néanmoins, comme le dit le bon évêque Butler, « la probabilité est le guide de la vie », et il me semble que c'est précisément ici un des cas où le canon de la crédibilité et du témoignage que j'ai osé établir est en pleine vigueur. De sorte que, tout en respectant profondément beaucoup (je ne dis pas tous, mais beaucoup) de nos témoins en fait de démonologie ancienne et moderne, je trouve leur preuve, sur ce sujet particulier, ridiculement insuffisante à justifier leur conclusion [1].

Après ce qu'il vient d'être dit, je ne pense pas qu'aucun homme de sens, à moins d'être en colère, ne m'accusera de « donner un démenti au Seigneur et à ses Apôtres » si je répète que je ne crois absolument pas à toute l'histoire des Gadaréniens. Mais, si l'on ne croit pas à cette histoire, toutes les autres histoires de

[1] Leurs arguments, à la longue, peuvent toujours se réduire à une seule forme. Des témoins dignes de foi, d'ailleurs, affirment que tels et tels événements ont eu lieu. Ces événements sont inexplicables, à moins qu'on n'admette l'action des « esprits ». Par conséquent, les « esprits » étaient la cause des phénomènes.

Et les chefs de la réplique sont toujours les mêmes. Souvenez-vous de l'aphorisme de Gœthe : « Alles factische ist schon theorie. » Les témoins dignes de foi sont constamment trompés, ou bien se trompent, dans leur interprétation des phénomènes sensibles. Nul ne peut prouver que les phénomènes sensibles, dans ces cas, ont été causés seulement par l'action des esprits, et il y a d'abondantes raisons de croire qu'ils ont pu être produits de manières différentes. Par conséquent, le plus que l'on puisse demander, au sujet de la preuve telle qu'elle est, c'est la suspension du jugement. Et, même pour la nécessité de cette suspension, des hommes raisonnables peuvent différer, selon leur idée de la probabilité.

possession par le démon demeurent suspectes. Et, si la croyance aux démons et à la possession qui forme le sombre fond de tout le tableau du Christianisme primitif qui nous est présenté dans le Nouveau Testament est ébranlée, que faudra-t-il dire, en tous cas, du témoignage non corroboré des Evangiles en ce qui concerne le « monde invisible » ?

Je n'ai pas connaissance d'avoir été plus influencé par une tendance particulière en traitant l'histoire des Gadaréniens que dans d'autres cas de même espèce dont l'examen m'a intéressé. J'ai été élevé dans l'école la plus stricte d'orthodoxie évangélique, et lorsque je fus d'âge à penser par moi-même, je partis pour mon voyage d'étude avec bien peu de doutes sur la vérité générale de ce qu'on m'avait enseigné, et avec le sentiment du désagrément qu'il y a d'être appelé « infidèle », sentiment qui, nous dit-on, est si bien porté et si comme il faut. Arrivé près du but de mon voyage, je me trouve avoir un peu plus que des doutes sur toutes ces choses.

Au cours d'autres recherches, j'ai eu affaire à des restes fossiles qui, à distance, semblaient très distincts, mais devenaient de plus en plus vagues quand j'essayai de définir leur silhouette en les regardant de près. Il y avait là quelque chose, — quelque chose qui, si je pouvais en avoir la certitude, pourrait marquer une ère nouvelle dans l'histoire de la terre ; mais, malgré mes longues études, la certitude m'échappait. Il en a été de même pour mes efforts pour définir la figure grandiose de Jésus, dans les premières couches de la littérature chrétienne. Est-il le doux et paisible Christ représenté dans les catacombes ? ou bien est-il le juge sévère qui fronce le sourcil au-dessus de l'autel de Saint-Cosme et Saint-Damien ? ou bien l'ascète au corps saignant, brisé par la douleur physique, d'un trop grand nombre de tableaux du moyen âge ? Faut-il que nous acceptions le Jésus du second Evangile, ou celui du quatrième Evangile, comme étant le vrai Jésus ? Qu'a-t-il réellement dit et fait, et combien de ce qu'on lui attribue, en parole et en action, a-t-il été inventé par les divers partis entre lesquels ses disciples tendaient à se diviser, vingt ans après sa mort, quand la triple tradition elle-même commençait à peine à naître ?

Si quelqu'un veut répondre pour moi à ces questions, en donnant quelque chose de plus qu'un vague bavardage sur « la lâcheté de l'Agnosticisme » je lui serai infiniment obligé. Tant qu'on n'aura pas répondu d'une manière satisfaisante, je dirai de l'Agnosticisme en cette matière : « J'y suis, j'y reste. »

Mais, ainsi que nous venons de le voir, il paraît que je n'ai pas le droit de m'appeler agnostique ; que, si je ne suis pas chrétien, je suis un infidèle ; et que je devrai m'appeler de ce nom de « désagréable signification ».

Eh bien, je me soucie fort peu du nom que les autres me donnent, et, si j'avais à mes côtés tous ceux qui, depuis l'ère chrétienne, ont été appelés infidèles par d'autres, je ne saurais souhaiter de meilleure compagnie. Si ce sont là mes ancêtres, je préfère, avec le Franc, être avec eux partout où ils sont. Mais il y a plusieurs points dans l'argument du Dr Wace qui doivent être élucidés avant que je ne puisse essayer de le satisfaire. Il me faut d'abord savoir ce que c'est qu'un chrétien. Qu'est-ce qu'un chrétien ? Par quelle autorité faut-il définir ce nom ? Peut-on douter que les disciples immédiats de Jésus, la « secte des Nazaréens », étaient des Juifs strictement orthodoxes, ne différant pas plus des autres Juifs que les Sadducéens, les Pharisiens et les Essènes ne différaient les uns des autres, sauf dans la croyance que le Messie, qu'attendait tout le reste de leur nation, était déjà venu ? Leur chef n'était-il pas Jacques, frère du Seigneur, respecté également par les Sadducéens, les Pharisiens et les Nazaréens ? A la fameuse conférence qui, selon les Actes, eut lieu à Jérusalem, Jacques ne déclare-t-il pas que des « milliers » de Juifs qui étaient devenus Nazaréens étaient tous « zélés pour la Loi » ? Ce nom de « Chrétien » ne fut-il pas employé pour la première fois pour désigner ceux qui se convertissaient à la doctrine promulguée, à Antioche, par Paul et Barnabé. La suite de l'histoire du Christianisme ne montre-t-elle pas que, à partir de ce temps, la « petite fêlure » qu'avait causée la nouvelle doctrine développée, si ce n'est inaugurée, à Antioche, alla s'élargissant de plus en plus, jusqu'à ce que les deux types de doctrine divergeassent d'une façon irréconciliable ? Le Nazarénisme primitif, ou Ebionisme, ne s'est-il pas développé en Nazarénisme, Ebionisme et Elkasaitisme des siècles suivants, et n'a-t-il pas finalement expiré obscurément, condamné comme hérésie damnable, tandis que la plus jeune doctrine prospérait et poussait des rejetons en cette variété infinie de sectes dont les trois survivantes les plus fortes sont les Eglises romaine et grecque, et le Protestantisme moderne ?

Singulier état de choses. Si je professais la doctrine acceptée par « Jacques, frère du Seigneur », et par chacun des « milliers » de ses disciples et coreligionnaires à Jérusalem jusqu'à vingt ou trente ans après la crucifixion (et on ne sait combien plus tard, à Pella), je serais condamné, à l'unanimité, comme hérétique ébionisant par les Eglises romaine, grecque et protestante. Et, probablement, cette condamnation cordiale et unanime de la croyance professée par ceux qui étaient dans les rapports personnels les plus intimes avec leur Seigneur est presque le seul point sur lequel elles pourraient être réellement d'accord. D'autre part, bien que j'aie de la peine à imaginer chose semblable, je crains beaucoup que les « milliers » de l'église primitive de Jérusalem n'eussent considéré le Dr Wace comme infidèle. Nul ne peut lire le fameux chapitre II de l'Épître aux Galates et le livre de l'Apocalypse sans voir combien saint Paul a été près de subir la même destinée. Et, s'il faut en croire l'histoire ecclésiastique, les Trente-neuf articles, à tort ou à raison, s'écartent de la doctrine primitive des Nazaréens bien plus que ne l'a fait le Christianisme de Paul lui-même.

Mais, en outre, j'ai une grande difficulté à m'assurer que Jacques lui-même, « le frère du Seigneur », et ses « milliers » de Nazaréens aient réellement représenté les doctrines de leur Maître. Car nos modernes « piliers » affirment constamment qu'un des traits principaux de l'œuvre de Jésus fut l'établissement de la Religion par l'abolition de ce que nos amateurs d'articles et de liturgies, avec une inconsciente ironie, appellent les restrictions étroites de la Loi. Cependant, si Jacques a su cela, comment la controverse amère avec Paul a-t-elle pu naître, et pourquoi, de l'un ou de l'autre côté, n'a-t-on cité aucune des paroles de Jésus, rapportées dans les Évangiles, qui ont une portée directe sur la question, quelquefois, semble-t-il, dans des directions opposées ?

Il en résulte que, si je suis appelé à me déclarer « infidèle », je réponds : à quelle doctrine me demandez-vous d'être fidèle ? Est-ce à celle qui se trouve dans les symboles de Nicée ou de saint Athanase ? Je crois, fermement, que les Nazaréens de l'an 40, Jacques en tête, se seraient bouché les oreilles et auraient jugé digne d'être lapidé l'homme qui aurait eu l'audace de les leur proposer. Cette doctrine est-elle contenue dans le soi-disant symbole des Apôtres ? Je suis à peu près sûr que celui-ci même eût fait souffler un vent de révolte à Pella, en l'an 70, parmi les Nazaréens de Jérusalem qui avaient fui devant les soldats de Titus. Et cependant, pour trouver une tradition pure de tout mélange des enseignements du « Nazaréen », c'est assurément à ces disciples point encore trop âgés, qui avaient pu les tenir de sa propre bouche, qu'il fallait les demander.

Donc, quelque regret que j'éprouve à ne pouvoir prouver qu'au besoin je ne craindrais point d'être qualifié « d'infidèle, » je ne puis le faire. « Infidèle » est un terme de reproche que Chrétiens et Mahométans, dans leur modestie, s'accordent à appliquer à tous ceux qui pensent autrement qu'eux. Le Dr Wace, s'il y avait pensé, eût pu employer le terme de « mécréant » qui avec la même signification étymologique a l'avantage d'être encore plus « déplaisant » aux personnes auxquelles on l'applique. Mais pourquoi un homme devrait-il s'appeler lui-même « mécréant » ou « infidèle » ? Saint Patrick, dit-on, « avait deux jours de naissance parce qu'il était jumeau ; » c'est là une déclaration raisonnable et intelligible à côté de celle de l'homme qui se déclarerait infidèle parce qu'il aurait renié sa propre croyance. On peut admettre que, logiquement, si ce n'est moralement, un chrétien puisse appeler infidèle un mahométan, et *vice versa;* mais, d'après les principes du Dr Wace, tous les deux devraient s'appeler infidèles parce que chacun applique ce terme à l'autre.

Je crains, maintenant, que tout le monde mahométan ne s'accorde à renvoyer cette épithète au Dr Wace lui-même. J'ai visité, une fois, la mosquée Hazar, la grande université mahométane, au Caire, dans l'ignorance du fait que je n'en avais pas la permission. Une nuée d'étudiants en colère vint bourdonner autour de moi et de mon guide ; et, si j'avais su l'arabe, je soupçonne que « chien d'infidèle » n'eût pas été la moins « déplaisante » des épithètes déversées sur moi, avant que j'eusse pu expliquer mon erreur et m'en excuser. Si j'avais eu le plaisir d'être accompagné du Dr Wace, en cette occasion, les disciples ignorants du Prophète n'auraient, je crois, fait aucune différence entre nous, pas même si on leur eût dit qu'il était directeur d'un séminaire chrétien orthodoxe. Et je n'ai pas l'ombre de doute que, si la politesse avait permis à un des savants mollahs de dire quelque chose de blessant à des hommes de foi différente, il nous aurait dit qu'il s'étonnait de ce que nous ne trouvions pas « très déplaisant » de ne pas croire au prophète de l'Islam.

Je pense que ce qui précède a suffisamment montré que le récit du Dr Wace sur l'origine du nom d'« Agnostique » est entièrement erroné. Je suis, en réalité, obligé de dire qu'un très petit effort pour découvrir la vérité l'eût convaincu que, dans le fait, le terme a été créé tout autrement. Je n'aime pas à répéter une vieille histoire, mais, en la racontant en plus grand détail qu'on ne l'a fait encore, je remplirai plus d'un but.

En me reportant de cinquante ans en arrière, je me vois, jeune garçon dont l'éducation a été interrompue, et qui a été livré, intellectuellement, à ses propres idées pendant plusieurs années. J'étais, alors, un liseur vorace et omnivore, un rêveur de première force, bien doué de ce courage magnifique pour attaquer tout sujet qui est la bienheureuse compensation de la jeunesse et de l'inexpérience. Entre tous les livres et essais sur toutes sortes de sujets, depuis la métaphysique jusqu'au blason, que j'ai lus à cette époque, deux ont laissé en moi des impressions indélébiles. L'un était l'*Histoire de la civilisation* de Guizot, l'autre, l'essai de Sir William Hamilton *On the Philosophy of the Unconditioned*, que je rencontrai, par hasard, dans un volume dépareillé de l'*Edinburgh Review*. Le dernier était, assurément, une lecture étrange pour un jeune garçon, et il ne m'a pas été possible d'en comprendre beaucoup [1]; néanmoins, je le dévorai avidement, et il imprima dans mon esprit la profonde conviction que, même dans la question la plus solennelle et la plus importante de toutes, les hommes sont sujets à accepter pour réponse des phrases bien tournées, et que la limitation de nos facultés, dans un grand nombre de cas, rend de vraies réponses à de telles questions, non seulement tout à fait impossibles, mais inconcevables même en théorie.

La philosophie et l'histoire, s'étant emparées de moi de cette manière excentrique, n'ont plus jamais lâché prise. Je ne prétends aucunement être expert en ces matières, mais le goût pour la lecture d'ouvrages de philosophie et d'histoire qui me rendit Hamilton et Guizot si attrayants, n'a pas seulement rempli beaucoup d'heures de loisir légitime, et encore plus d'heures d'insomnie, du repos que donne un changement d'occupation mentale, mais a, souvent, disputé le temps de travail dû à ma dame souveraine, la science naturelle. De cette manière, j'ai trouvé possible de faire bonne route sur le territoire de la philosophie, et cela d'autant plus facilement que je ne me suis jamais préoccupé des opinions de A ni de celles de B, mais que j'ai plutôt cherché à savoir quelle réponse il avait à donner aux questions que je lui posais, celle de la limitation de la connaissance possible étant la principale. L'examinateur ordinaire, avec

[1] J'ai pourtant dû saisir la moelle de la question, car, bien des années après, quand on publia les Conférences Bampton du doyen Mansel, il me sembla que je savais déjà tout ce que cet éminent penseur agnostique avait à dire.

son : « Exposez-moi les idées d'un tel », m'aurait refusé d'emblée ; mais, s'il avait dit : « Que pensez-vous de tel problème », je crois que je m'en serais assez bien tiré.

Le lecteur qui aura eu la patience de suivre l'égoïsme involontaire, mais qui s'impose, de cette histoire vraie (si surtout ses études l'ont mené dans la même direction), verra maintenant comment il se fait que mon esprit fait gravité vers les conclusions de Hume et de Kant, si bien exposées par ce dernier dans une phrase que j'ai citée ailleurs.

« L'utilité la plus grande, et peut-être la seule de toute philosophie de la raison pure est, après tout, uniquement négative, puisqu'elle ne sert pas d'organon pour l'extension (de la connaissance), mais de discipline pour sa délimitation, et, au lieu de découvrir la vérité, n'a que le modeste mérite d'empêcher l'erreur [1]. »

Quand j'eus atteint la maturité intellectuelle, et commençai à me demander si j'étais athée, déiste ou panthéiste, matérialiste ou idéaliste, chrétien ou libre penseur, je découvris que plus j'apprenais et réfléchissais, et moins j'étais prêt à répondre ; enfin j'arrivai à la conclusion que je n'avais rien de commun avec toutes ces dénominations, sauf avec la dernière. La seule chose sur laquelle la plupart de ces bonnes gens étaient d'accord était précisément la seule où je différais d'avec eux. Ils étaient très sûrs d'avoir atteint une certaine « gnosis », ils avaient tous, avec

[1] Kant, *Kritik der reinen Vernunft*. Edit. Hartenstein, p. 256.

plus ou moins de succès, résolu le problème de l'existence, tandis que j'étais très sûr de ne pas l'avoir fait, et que j'avais la conviction assez forte que le problème ne pouvait se résoudre. Et, avec Hume et Kant de mon côté, je ne pouvais me taxer de présomption en tenant à mon opinion. Comme Dante:

Nel mezzo del cammin di nostra vita
Mi ritrovai per una selva oscura,

mais je ne puis ajouter, comme lui :

Che la diritta via era smarrita.

Au contraire, j'avais, et j'ai encore, la plus ferme conviction que je n'ai jamais abandonné la « verace via » — la voie droite, — et que cette route ne mène nulle part ailleurs que dans les sombres profondeurs d'une forêt sauvage et enchevêtrée. Et, bien que j'aie rencontré des léopards et des lions dans le chemin, bien que j'aie fait ample connaissance avec le loup affamé, et bien qu'aucun spectre ami ne m'ait encore offert de me servir de guide, j'étais, et je suis encore d'avis, d'aller droit de l'avant jusqu'à l'autre extrémité du bois ou jusqu'à ce que j'aie trouvé qu'il n'existe pas d'autre côté que je puisse atteindre.

Telle était ma situation lorsque j'eus la bonne fortune de trouver une place parmi les membres de cette remarquable confraternité d'adversaires, morts depuis longtemps, mais dont la mémoire est encore florissante et honorée, la Société Métaphysique. Là, toutes les variétés d'opinions philosophiques et théologiques étaient représentées et s'exprimaient avec une entière franchise ; la plupart de mes collègues étaient des *istes* d'une espèce quelconque, et, si bons et aimables qu'ils pussent être, moi, l'homme que ne couvrait pas la moindre étiquette, je ne pouvais manquer d'avoir quelques-uns des sentiments d'inquiétude qui ont dû envahir le renard de la fable, qui, après avoir laissé sa queue dans le piège, se présenta devant ses compagnons doués de leur appendice normal ! Je me mis donc à penser, et j'inventai la qualification, que je croyais appropriée, d' « agnostique ». Elle me vint à l'esprit comme antithèse du « gnostique » de l'histoire de l'Église, qui prétendait en savoir si long sur les choses que j'ignorais, et je saisis la première occasion d'en faire parade à notre société, pour montrer que, moi aussi, j'avais une queue tout comme les autres renards. A ma grande satisfaction, le terme fit fortune, et, quand le *Spectator* lui eut servi de parrain, tout soupçon que la connaissance de sa généalogie eût pu éveiller dans l'esprit des gens respectables fut, naturellement, complètement assoupi.

C'est là l'histoire de l'origine des termes « Agnostiques » et « Agnosticisme », et l'on voit qu'elle ne s'accorde pas précisément avec l'assertion pleine de confiance du Révérend Principal de King's College, que « l'adoption du terme agnostique n'est qu'une tentative pour éviter de conclure, et que c'est un simple faux-fuyant à l'égard de l'Église et du Christianisme [1] ».

[1] *Report of the Church Congress*. Manchester, 1888, p. 252.

La dernière objection (je me réjouis autant que mes lecteurs le peuvent faire de ce que c'est la dernière) que je suis obligé de faire au discours prononcé par le Dr Wace devant le Congrès de l'Église, repose, je regrette de le dire, sur une question de moralité.

« C'est, et ce doit être, déclare d'un air autoritaire ce représentant officiel de la morale chrétienne, c'est une chose désagréable pour un homme d'avoir à dire clairement qu'il ne croit pas en Jésus-Christ[1]. »

La chose dépend, j'imagine, beaucoup du fait qu'un homme a été élevé ou non dans une famille chrétienne. Je ne vois pas pourquoi il serait « désagréable » à un mahométan ou un bouddhiste d'affirmer cette croyance. Mais dire « qu'il doit être » désagréable à un homme quelconque d'affirmer une chose qu'il croit sincèrement, après mûr examen, voilà à mon sens, une proposition du caractère le plus profondément immoral. Je crois réellement que le grand bien qui a été effectué dans le monde par le Christianisme a été grandement annihilé par la doctrine néfaste sur laquelle ont insisté toutes les Églises, savoir qu'une honnête incroyance en leurs symboles plus ou moins étonnants est une offense contre la moralité, et un péché de la couleur la plus noire, qui mérite et implique la même rétribution, dans l'avenir, que le meurtre et le vol. Si nous pouvions seulement voir, d'un seul coup, les torrents d'hypocrisie et de cruauté, les mensonges, les massacres, les violations de toutes les obligations de l'humanité, qui ont pris là leur

[1] *Loc. cit.*, p. 254.

source pendant tout le cours de l'histoire des nations chrétiennes, nos pires imaginations de l'Enfer pâliraient à côté de cette vision.

Non, mille fois non, il ne devrait *pas* être désagréable de dire ce que l'on croit ou ce que l'on ne croit pas, loyalement. C'est un obstacle assez grand au progrès de l'humanité dans cette qualité, la plus précieuse de toutes, de l'honnêteté dans les paroles et dans les actes, qu'il soit, si constamment, pénible de ce faire, sans qu'on élève ce triste concomitant de la faiblesse humaine au rang d'une chose à admirer et à chérir. Le plus brave des soldats, souvent, très naturellement « trouve désagréable » d'aller au feu; mais une cour martiale faisant son devoir jugerait vite l'officier qui proclamerait la doctrine que les hommes *devraient* trouver leur devoir désagréable.

Je sais fort bien, ainsi que la plupart des gens réfléchis de notre temps, que rompre avec des anciennes croyances est extrêmement désagréable, et je suis très disposé à croire que l'encouragement, la consolation et la paix que donnent aux croyants les mêmes pires formes du Christianisme sont pour eux d'un grand avantage pratique. Je n'ai pas ici, maintenant, à examiner quelles diminutions de ce gain résultent du mal fait au citoyen par le Surnaturalisme ascétique du Christianisme logique; au souverain, par la haine, la malice, et le manque de charité de la bigoterie sectarienne; au législateur, par l'esprit exclusif et dominateur de ceux qui se croient des piliers d'orthodoxie ; au philosophe, par les restrictions à la liberté d'apprendre et d'enseigner que chaque Église exerce dès qu'elle est assez forte ; à l'âme consciencieuse, par la recherche introspective de péchés du type de la menthe et du cumin, la crainte de l'erreur théologique, et la terreur accablante de la perdition possible qui ont accompagné toutes les Églises comme leur ombre; je n'ai pas à les examiner, dis-je, mais, à coup sûr, elles ne sont pas de médiocre importance. Si les agnostiques perdent beaucoup d'un côté, ils gagnent beaucoup de l'autre. Les gens qui parlent des consolations de la foi semblent en oublier les désagréments; ils négligent le fait que le Christianisme des Églises est quelque chose de plus que la foi en la personnalité idéale de Jésus, qu'ils créent pour eux-mêmes, *plus* tout ce qu'on peut mettre en pratique, sans désorganiser la société civile, des maximes du Sermon sur la Montagne. Si vous faites un faux pas en moralité ou en doctrine (surtout en doctrine) sans repentir ou rétractation, ou si vous manquez à vous faire baptiser convenablement avant de mourir, un *plébiscite* des chrétiens d'Europe, s'ils sont fidèles à leur foi, affirmera votre damnation éternelle à une immense majorité.

Les prédicateurs, orthodoxes et hétérodoxes, nous carillonnent aux oreilles que le monde ne saurait se passer d'une foi quelconque. C'est, dans un certain sens, évidemment et éminemment vrai; mais, dans un autre, c'est faux d'une manière tout aussi évidente et péremptoire, et il me semble que l'esprit de la chaire est sujet à osciller entre le sens faux et le sens vrai, sans s'en douter.

Il est parfaitement vrai que le motif de chacune de

nos actions et la validité de tous nos raisonnements reposent sur le grand acte de foi, qui nous conduit à prendre l'expérience du passé comme guide sûr de notre conduite dans le présent et l'avenir. Il est évident, par la nature de la ratiocination, que les axiomes sur lesquels elle est basée ne peuvent être démontrés par la ratiocination. C'est aussi un fait banal d'observation que, dans les affaires de la vie, nous adoptons constamment une ligne de conduite sur des preuves d'un caractère complètement insuffisant. Mais il est sûrement clair que la foi n'est pas nécessairement en droit de se passer de ratiocination parce que celle-ci peut se dispenser de la foi comme point de départ; de ce que nous sommes souvent obligés, sous la pression des événements, d'agir d'après de très mauvaises preuves, il ne s'ensuit pas qu'il soit convenable d'agir selon ces preuves lorsque la pression fait défaut.

Celui qui a écrit l'Épître aux Hébreux nous dit que « la foi est l'assurance des choses qu'on espère, le témoignage de celles qu'on ne voit point ». Dans la Version autorisée, il y a « substance » pour « assurance » et « preuve » pour « témoignage ». La question de la signification exacte des deux mots, ὑπόστασις et ἔλεγχος offre un beau champ de discussion au lettré et au métaphysicien. Mais j'imagine que nous ne serons pas bien loin de compte si nous admettons que l'écrivain a eu dans l'esprit la profonde vérité psychologique que les hommes sont constamment sûrs des choses qu'ils espèrent fermement, mais sans preuves, soit légales, soit logiques; et il appelle « foi » ce sentiment. Je puis avoir la foi la plus complète que mon ami n'a pas commis le crime dont il est accusé. Dans les premiers jours de l'histoire d'Angleterre, si mon ami avait pu se procurer quelques collègues d'une foi également robuste, il eût été acquitté. De nos jours, si je m'offrais comme témoin pour ce motif, le juge me dirait de me rasseoir, et le plus blanc-bec des licenciés sourirait de ma naïveté. Malheureux en effet est l'homme qui n'a pas pareille foi en quelques-uns de ses semblables, — mais plus malheureux encore l'homme qui se permet d'oublier que cette foi n'est pas, à strictement parler, une preuve, et qui, lorsque sa foi est trompée, ainsi que cela arrive de temps en temps, se transforme en Timon et reproche à l'univers ses propres bévues. Ainsi donc, si l'homme peut trouver un ami, l'hypostase de toutes ses espérances, le miroir de son idéal moral, dans le Jésus d'un ou de tous les Évangiles, qu'il vive par la foi en cet idéal. Qui saura ou pourra le lui défendre? Mais qu'il ne se fasse pas l'illusion que sa foi est une preuve de la réalité objective de ce en quoi il croit. Pareil témoignage ne s'obtient qu'en employant les méthodes de la science, telles qu'on les applique à l'histoire et à la littérature, et jusqu'ici ce témoignage est maigre.

Il paraît que M. Gladstone, il y a quelque temps, demanda à M. Laing de lui dresser un court résumé de la croyance négative; un corps de propositions négatives, qui sont aux négatifs ce que le *Credo* des Apôtres et d'autres sont aux positifs. M. Laing a immédiatement donné à M. Gladstone les articles désirés, — au nombre de huit.

Si quelqu'un m'avait adressé cette requête, j'aurais répondu que, s'il s'agissait des agnostiques, ils n'ont pas de credo, et, par la nature de leur position, n'en peuvent avoir.

L'Agnosticisme, en réalité, n'est pas une confession de foi, mais une méthode, dont l'essence gît dans l'application rigoureuse d'un seul principe Le principe est d'une grande antiquité ; il est aussi ancien que Socrate; aussi ancien que l'écrivain qui disait : « Essayez toutes choses, retenez ce qui est bon » C'est le fondement de la Réformation qui a, simplement, mis en action l'axiome que chaque homme doit savoir rendre compte de sa foi; c'est le grand principe de Descartes; c'est l'axiome fondamental de la science moderne. On peut exprimer positivement le principe comme suit : Dans les choses de l'intelligence suivez votre raison aussi loin qu'elle vous mènera sans regarder à aucune autre considération. Et négativement : Dans les choses de l'intelligence, ne prétendez pas que les conclusions soient certaines avant de savoir qu'elles sont démontrées ou démontrables. C'est là ce que j'appelle la foi agnostique; si un homme la garde entière et sans souillure, il n'aura pas honte de regarder l'univers en face, quoique l'avenir puisse lui réserver.

Les résultats de l'œuvre du principe agnostique varieront selon la connaissance et la capacité personnelles, et selon la condition générale de la science. Ce qui n'est pas prouvé aujourd'hui peut être prouvé, à l'aide de nouvelles découvertes, demain. Les seuls points négatifs fixes seront les négations qui découlent de la limitation démontrable de nos facultés. Et la seule obligation qu'on accepte est d'avoir l'esprit toujours ouvert à la conviction. Ceux qui ne manquent jamais à suivre leurs principes sont, je le crains, aussi rares parmi les agnostiques qu'ailleurs. Mais, si vous veniez à rencontrer un tel phénix, et à lui dire que vous avez découvert que deux et deux font cinq, il vous demanderait, patiemment, de vouloir bien exposer vos raisons de cette condition, et se déclarerait prêt à accepter votre avis s'il les trouvait satisfaisantes. L'injonction apostolique de « souffrir patiemment les sots » devrait être la règle de vie d'un véritable agnostique. J'ai profondément conscience de mon insuffisance à atteindre cet idéal, mais c'est ainsi que je conçois, personnellement, celui des agnostiques.

Toutefois, ainsi que j'ai commencé par le dire, je ne parle que pour moi-même, et je ne pense nullement à lancer l'anathème ou l'excommunication contre M. Laing. Mais, en comparant son Credo avec celui de saint Athanase, je pense avoir, somme toute, une conception plus claire de la signification de ce dernier. « Polarité, » par exemple, dans l'article VIII, est un mot que j'ai beaucoup entendu, pendant ma jeunesse, quand la *Naturphilosophie* était à la mode, et j'en ai grandement souffert. Depuis bien des années, dès que j'aperçois « polarité » ailleurs que dans une discussion sur quelque sujet purement physique, tel que le magnétisme, je ferme le livre. M. Laing m'excusera si la force de l'habitude l'a emporté chez moi quand je suis arrivé à son huitième article.

Et maintenant que faut-il dire du remarquable article de M. Harrison « Sur l'avenir de l'Agnosticisme[1] » ? Je voudrais bien n'avoir pas à en parler, car j'ai peur de n'en pouvoir rien dire qui manifeste mon très grand respect personnel pour cet écrivain éminent, et pour le zèle et l'énergie avec lesquels il galvanise, de temps à autre, la constitution affaiblie du Positivisme, de façon à le faire ressembler à la fois et plus que jamais au pape et païen de Bunyan. Il y a une histoire souvent répétée, et qui, je le crains, n'en est pas moins mythique pour cela, d'un caporal vaillant au verbe haut, commandant deux soldats, qui rencontre un régiment de l'ennemi par une nuit noire, et lui ordonne de se rendre sous peine d'anéantissement immédiat; et l'ennemi se rend. Ce conte me revient toujours à l'esprit quand je lis les ordres du Positivisme aux forces de la chrétienté et de la science : seulement l'ennemi n'a pas plus l'air de vouloir obéir maintenant qu'il ne l'a fait depuis quarante ans.

L'allocution dont il s'agit a le parfum papal qui s'attache d'ordinaire aux oracles des pontifes de l'Église d'Auguste Comte. M. Harrison parle avec autorité, et non comme un des scribes ordinaires de l'époque. Il sait, non seulement ce qu'est l'Agnosticisme et comment il s'est produit, mais ce qu'il deviendra. L'agnostique doit se contenter d'être le précurseur des positivistes. Dans son rôle de terrassier nivelant le terrain et le débarrassant des pauvres balayures telles que le

[1] *Fortnightly Review*, janvier 1889.

Christianisme, c'est une créature utile, qui mérite une tape amicale, à condition qu'il ne s'aventure jamais à sortir de son rôle. Mais que ces Sanballats scientifiques ne s'imaginent point pouvoir prendre part à la construction du Temple ; — ce ne sont que des Samaritains, destinés à s'éteindre à mesure que la religion de l'Humanité sera acceptée par le genre humain. Si tel doit être leur sort, ils ont encore le temps de se divertir. Mais écoutons M. Harrison prononcer leur sentence :

« L'Agnosticisme est une étape de l'évolution de la Religion, une étape entièrement négative, le point atteint par les physiciens, une conclusion purement mentale, sans aucun rapport avec les choses sociales [1]. » Je suis tout ébloui par cette déclaration ; y a-t-il donc des « conclusions » qui ne sont pas « purement mentales » ? N'y a-t-il « aucun rapport avec les choses sociales » dans les « conclusions mentales » qui affectent toute la conception de la vie des hommes ? Le prince des agnostiques, David Hume, était-il particulièrement imbu de science physique ? En supposant que la science physique n'existe pas, le principe agnostique, appliqué par le philologue et l'historien, ne mènerait-il pas aux mêmes résultats ? Suspendre son jugement de façon plus ou moins complète, comme on le fait actuellement en ce qui concerne les faits de la Rome des rois, ou à l'égard de la véritable origine des poèmes homériques, est-ce autre chose que de l'Agnosticisme en histoire et en littérature ? Et, s'il en

[1] *Loc. cit.*, p. 154.

est ainsi, comment l'Agnosticisme peut-il être la « pure négation du physicien » ?

« L'Agnosticisme est une étape dans l'évolution de la religion. » Il n'y a pas deux personnes qui s'accordent sur le sens du terme « religion » ; mais si, comme à mon sens il le devrait, il signifie la vénération et l'amour de l'idéal éthique, et le désir de réaliser cet idéal, dans la vie, que tout homme devrait éprouver, je dirai que l'Agnosticisme n'a rien de plus à y démêler qu'avec la musique ou la peinture. Si, d'autre part, M. Harrison, comme beaucoup de gens, entend par « religion » la théologie, alors, à mon avis, l'Agnosticisme ne peut être appelé une étape de son évolution que dans le sens où la mort est l'étape finale de l'évolution de la vie.

« Lorsque la logique agnostique sera simplement un des canons de la pensée, l'Agnosticisme, en tant que foi distinctive, aura spontanément disparu [1]. »

Je ne puis que m'étonner de ce que de telles phrases, et celles qui ont été déjà citées, soient sorties de la plume de M. Harrison. A-t-il vraiment l'intention de dire que les agnostiques ont une logique qui leur est propre ? Veut-il avoir la bonté de m'aider à sortir de mon ahurissement, quand j'essaye de penser à la « logique » comme étant autre chose que le canon (ce qui, je crois, veut dire règle) de la pensée ? Quant à dire que l'Agnosticisme est une foi distincte, j'ai déjà démontré qu'il ne pouvait rien être de pareil, à moins que la foi parfaite en la logique ne soit carac-

[1] *Loc. cit.*, p. 155.

téristique des agnostiques ; ce qui, après tout, pourrait bien être.

« L'Agnosticisme comme philosophie religieuse *per se* repose sur une ignorance presque complète de l'histoire et de l'évolution sociale [1]. »

Mais l'Agnosticisme (si j'en sais quelque chose) n'a ni *per se* ni *per aliud* la moindre prétention à être une philosophie religieuse ; bien loin de reposer sur l'ignorance de l'histoire et de cette évolution sociale dont l'histoire est le récit, il est et a été le résultat inévitable de la stricte adhésion aux méthodes scientifiques par les investigateurs historiques. Nos aïeux croyaient entièrement à l'existence de Romulus et Remus, du roi Arthur, et d'Hengist et Horsa. La plupart d'entre nous sont devenus agnostiques en ce qui concerne la réalité de ces personnages. C'est un fait notoire que M. Harrison, qui nous accuse tous si aisément d'ignorer l'histoire, ne devrait pas ignorer que le processus critique qui a ébranlé les fondements de la doctrine chrétienne orthodoxe doit son origine, non aux dévots de la science physique, mais, avant tout, à Richard Simon, le savant oratorien français, il y a tout juste deux cents ans. Je ne puis trouver de preuve que Simon, ou aucun des grands érudits et critiques du XVIIIe et du XIXe siècle, qui ont continué l'œuvre de Simon, aient eu une connaissance particulière des sciences physiques. J'ai déjà fait voir que Hume n'en avait guère. Et, assurément, une des plus puissantes influences, dans la même direction, sur l'histoire

[1] *Loc. cit.*, p. 152.

dans notre siècle, celle de Grote, ne vient pas du côté physique. La science physique, en réalité, n'a rien à voir, directement, avec la critique des Évangiles, elle est entièrement hors d'état de prouver de façon démonstrative qu'aucune assertion faite dans ces écrits est fausse. Il est de fait que la physiologie moderne trouve dans la nature des parallèles aux événements en apparence les plus éminemment surnaturels que racontent ces livres.

Il est consolant d'apprendre, par l'autorité de M. Harrison, que les lois de la nature physique ne manifestent aucune tendance à devenir « moins définies, moins logiques, ou moins populaires à mesure que le temps s'écoule [1] ». Mes pauvres facultés d'imagination ne conçoivent pas comment une loi de la nature pourrait devenir indéfinie ou « illogique ». Mais, avec le suffrage universel et la politique de chien de diligence propre aux chefs de cabinets — j'entends par là la théorie qui fait consister tout le devoir d'un chef politique à regarder de quel côté marche la voiture sociale, et alors de courir devant elle en aboyant le plus fort qu'il peut comme si celui qui fait du bruit et celui qui dirige ne faisaient qu'un; — il est vraiment satisfaisant pour moi de savoir que les lois de la nature gagnent en popularité. J'avais un peu douté de ce fait en observant certains développements récents de la politique dont on dit qu'elle est l'expression du grand cœur du peuple; mon amour pour mes concitoyens m'avait amené à redouter ce qui leur arriverait si

[1] *Loc. cit.*, p. 154.

jamais quelqu'une des lois de la nature devenait assez impopulaire à leurs yeux pour qu'ils voulussent la supprimer par l'autorité transcendante du suffrage universel. Si la légion de démons, avant de partir pour leur voyage dans les pourceaux, avait eu le temps de convoquer un *meeting*, et de décider, à l'unanimité, « que la loi de la gravitation est tyrannique et devrait être abrogée, » je crains bien que cela n'eût rien changé au résultat quand leurs deux mille hôtes involontaires auraient été lancés sur les pentes escarpées du fatal rivage de Génésareth.

« La question de la place de la Religion, comme élément de la nature humaine, comme force de la société humaine, son origine, son analyse et ses fonctions, n'ont jamais été considérées à un point de vue agnostique [1]. »

Je ne doute pas que M. Harrison ne soit beaucoup plus fort, en histoire, que moi ; en effet, il dit au public que quelques-uns de mes amis et moi n'avons eu aucune occasion de nous occuper de cette matière. Je n'aime point à contredire une assertion quelconque faite, sous sa propre autorité, par M. Harrison ; seulement, pour être fidèle à mes principes agnostiques, je demande humblement comment il a obtenu l'assurance sur ce chef. Je ne professe point de connaître l'étendue des études de M. Harrison ; mais, puisqu'il a trouvé bon de soulever cette question, j'oserai faire observer que, d'après le témoignage invoqué, on

[1] *Loc. cit.*, p. 152.

pourrait également se permettre de conclure que les travaux absorbants de M. Harrison, en sa qualité de *pontifex maximus* de la religion positiviste ne lui ont pas laissé le temps d'acquérir cette connaissance des méthodes et des résultats de la science physique, ou de l'histoire de la philosophie, ou de la critique philologique et historique, qui est indispensable pour quiconque désire avoir la connaissance véritable de l'Agnosticisme. L'incompétence en philosophie et dans toutes les branches de la science, les mathématiques exceptées, est le signe mental caractéristique bien connu du fondateur du Positivisme. La fidélité, chez les disciples, est une qualité admirable en soi ; il est seulement dommage qu'elle conduise, assez souvent, à l'imitation des faiblesses, tout comme à celle de la force du maître. Il n'y a que pareil excès de fidélité qui puisse expliquer qu'un « esprit fort, vraiment saturé du sens historique »[1], ait pu commettre l'extraordinaire oubli du fait historique de l'existence de David Hume impliqué par le passage suivant :

« Il serait difficile de nommer un seul agnostique connu qui ait donné à l'histoire rien qui ressemble à la masse de pensée et d'étude qu'il apporte à la connaissance du monde physique[2]. »

Quiconque a présent à l'esprit ce que j'oserai appeler le côté brillant du Christianisme — cet idéal d'humanité, avec sa force et sa patience, sa justice et sa pitié pour la fragilité humaine, son dévouement qui

[1] *Loc. cit*, p. 153.
[2] *Ibidem.*

va jusqu'au sacrifice de lui-même, sa pureté et sa noblesse morales, qui a été décrit par les Apôtres, en qui des multitudes de martyrs ont placé leur inébranlable foi, et de qui des hommes et des femmes de condition obscure, tels que Catherine de Sienne et John Knox, ont tenu le courage de braver et de réprimander des papes et des rois — ne sera disposé à diminuer l'importance de la foi chrétienne comme facteur de l'histoire humaine, ni à douter que, si cette foi devient incompatible avec notre connaissance ou notre besoin de connaître, quelque autre hypostase des espérances humaines, assez sincère et assez digne pour la remplacer, ne manquera pas de se produire. Mais j'ai trop de respect pour l'humanité de l'avenir pour croire que le mélange incongru de mauvaise science avec du papisme éviscéré avec lequel Aug. Comte a fabriqué la religion positiviste, soit jamais l'héritier des siècles chrétiens. Charles II dit à son frère : « On ne me tuera pas pour te faire roi, Jacques ! » Et si la science critique démolit sans remords les fondations historiques du plus noble idéal qu'ait jamais adoré l'humanité, il est peu probable qu'elle permette à la pitoyable réalité de grimper jusqu'à l'autel vide.

Qu'un homme se décide à se dévouer au service de l'humanité — comprenant la culture intellectuelle et morale sous ce nom, et que ce soit là, au sens propre du mot, sa religion, — voilà une résolution qui est non seulement intelligible, mais encore digne de louanges. Et je suis très disposé à croire que c'est la seule religion qui se montrera inattaquablement acceptable tant que durera la race humaine. Mais, quand le positiviste me demande d'adorer « l'Humanité » — c'est-à-dire d'adorer la conception généralisée des hommes tels qu'ils ont toujours été et seront probablement toujours, — je dois répondre que j'aimerais tout autant m'incliner pour adorer la conception généralisée d'un « désert de singes ». Nous n'allons pas, j'espère, retourner aux jours du Paganisme, où les hommes individuellement étaient déifiés, et où le bon sens mordant d'un Vespasien mourant pouvait suggérer l'amère plaisanterie *Ut puto Deus fio*. Aucune divinité ne s'abrite sous la peau d'un homme moderne, fût-il même un souverain. Et il n'y a plus personne, si ce n'est un magistrat municipal [1], que l'on déclare officiellement digne d'être révéré. Mais, s'il n'y a pas d'étincelle de divinité digne d'un culte dans les branches individuelles de l'humanité, d'où vient cette splendeur semblable à celle d'un Dieu que le Moïse du Positivisme croit, naïvement, voir éclairer tout le buisson?

Je ne connais pas d'étude plus ineffablement triste que celle de l'évolution de l'humanité, telle que la représentent les annales de l'histoire. L'homme émerge des ténèbres des âges préhistoriques avec les marques profondes de sa basse origine. C'est une brute, un peu plus intelligente que les autres, proie aveugle d'impulsions, qui, une fois sur deux, le mènent à la destruction, victime d'illusions continuelles qui font de son existence mentale une terreur et un fardeau,

[1] *Your worship*, votre Révérence, ce qui veut dire « digne de révérence » : ce titre s'applique aux juges de paix. (Traducteur.)

et de toute sa vie physique un travail stérile et un combat. Il parvient à un certain degré de confort physique, et élabore une théorie plus ou moins pratique de la vie, en des situations favorables telles que les plaines de la Mésopotamie, ou l'Egypte ; puis, pendant des milliers et des milliers d'années, il lutte, avec des fortunes diverses, qu'accompagnent le crime, l'effusion du sang et la misère, pour se maintenir à ce point contre l'envie et l'ambition de ses semblables. Il se fait une règle de tuer ou de persécuter autrement tous ceux qui essayent d'abord de le faire avancer, et, quand il a fait un pas en avant, il confère, bêtement, la déification *post mortem* à ses victimes. Il répète ce processus exactement avec tous ceux qui veulent avancer d'un pas. Et les meilleurs hommes des meilleures époques sont, simplement, ceux qui font le moins d'erreurs et commettent le moins de péchés.

Il est assurément incontestable que l'on doit se réjouir avec l'homme qui est bon, pardonner à celui qui est méchant, et plaindre et aider tous les hommes, autant qu'on le peut. C'est l'honneur du Judaïsme et de la Chrétienté d'avoir proclamé cette vérité, à travers toutes leurs aberrations. Mais le culte d'un Dieu, qui a besoin de pardon et d'aide, et qui mérite la pitié à chaque heure de son existence, ne vaut pas mieux que celui de tout autre fétiche choisi arbitrairement. Le projet de l'empereur Julien était encourageant, comparé à l'avenir de la nouvelle Anthropolâtrie.

Quand l'historien religieux du xxe siècle écrira l'histoire du XIXe, je prévois qu'il écrira quelque chose comme ceci :

« Les événements les plus curieux et les plus instructifs de l'histoire religieuse du siècle précédent ont été la naissance et le progrès de deux sectes nouvelles, appelées Mormons et Positivistes. Rien, dans les annales de l'illusion religieuse ne peut paraître improbable à celui qui aura étudié attentivement ces phénomènes remarquables.

Les Mormons naquirent au milieu d'une grande république qui, bien que relativement insignifiante, à cette époque, et comme territoire et comme population, était (nous le savons par les fragments des discours de leurs orateurs qui sont parvenus jusqu'à nous) non moins remarquable par l'intelligence naturelle de ses habitants que par la vaste étendue de leurs connaissances, grâce à l'activité de leurs éditeurs à répandre tout ce qu'ils pouvaient inventer, demander, emprunter ou voler. Ils n'étaient pas moins remarqués pour leur parfaite liberté de pensée, de parole ou d'action, excepté, toutefois, quand la majorité, bienfaisante et sage, exerçait, au besoin, son influence par le moyen d'une institution connue sous le nom de « goudronner et emplumer » [1], dont la nature exacte est fort discutée maintenant.

On s'accorde généralement sur ce point que le fondateur du Mormonisme, un certain Joseph Smith, était un chenapan ignorant et grossier, et qu'il a volé

[1] Traitement souvent infligé par une foule à des personnes qui lui déplaisent : la victime est déshabillée, enduite de goudron, puis de plumes, et chassée à travers les rues. (Trad.)

la « Bible » qu'il a commentée, n'étant pas assez habile pour inventer même la matière méprisable qu'elle contient. Néanmoins il a dû être un homme de quelque force de caractère, car un nombre considérable de disciples se réunirent bientôt autour de lui. Malgré des explosions répétées de haine et de violence populaires — au cours d'une desquelles Smith fut assassiné brutalement, — le corps des Mormons augmenta et devint une communauté florissante. Mais, les mœurs des Mormons étant répugnantes à la majorité, ils furent, plus d'une fois, sans aucun prétexte légal, mais à force d'émeutes, d'incendies, et de meurtres, chassés de la terre qu'ils occupaient. Harassé par ces persécutions, l'ensemble des Mormons finit par se confier à la merci d'un désert aussi stérile que celui de Sinaï ; et, après de terribles souffrances et privations, ils atteignirent l'oasis d'Utah. Là, les Mormons se développèrent et devinrent florissants, envoyant des missionnaires à toutes les parties de l'Europe et en recevant en échange, parfois, jusqu'à 10,000 convertis dans une année ; en 1880, cette riche et florissante communauté comptait 100,000 âmes à Utah seulement, et il y en avait 30,000 ou 40,000 dispersés ailleurs. Il n'y a pas, dans toute l'histoire des religions, un exemple plus remarquable de la puissance de la foi ; et, en ce cas, le fondateur de cette foi était, indubitablement, une créature des plus méprisables. Il est intéressant d'observer que la marche adoptée par la grande république et ses citoyens est tout à fait parallèle à celle que suivirent l'empire romain et ses citoyens envers les premiers chrétiens, sauf en ce que les Romains avaient une certaine excuse légale pour leurs actes de violence, parce que les « congrégations » chrétiennes n'étaient pas autorisées, et, par suite, étaient *ipso facto* des rassemblements illégaux. Jusqu'au moment où les États-Unis, vers la fin du XIXe siècle, décidèrent l'illégalité de la polygamie, les Mormons étaient dans la loi.

Rien de plus différent que l'histoire des Positivistes. Cette secte naquit à peu près au même temps que celle des Mormons, dans la couche supérieure et la plus instruite de la population sceptique et spirituelle de Paris. Son fondateur, Auguste Comte, était professeur de mathématiques, mais sans être remarquable dans ce département de la science, et n'étant guère qu'un amateur en matière de science physique, chimique et biologique. Ses ouvrages déplaisent par leur style lourd et diffus, et l'air de supériorité dédaigneuse qui les caractérise ; néanmoins, on y trouve çà et là quelques bonnes choses. Il serait trop long de reproduire en détail un système qui propose de régler toute la vie humaine par la promulgation d'un Lévitique païen. Qu'il suffise de dire que l'on peut classer Aug. Comte comme un syncrétique, qui, de même que les Gnostiques de l'histoire de la primitive Eglise, a essayé de combiner la substance de la science contemporaine, imparfaitement comprise, avec la forme du Christianisme romain. C'est peut-être pourquoi ses disciples sont si fort en colère contre quelques gens obscurs appelés Agnostiques, dont les opinions, si nous en jugeons par un passage des œuvres d'un grand polémiste positiviste, étaient fort absurdes.

Bref, Aug. Comte, trouvant le Christianisme et la Science à couteaux tirés, semble avoir dit à la Science : « Vous trouvez le Christianisme pourri jusqu'à la moelle, n'est-ce pas ? Eh bien, je vais en vider l'intérieur. » Et il dit au Romanisme : « Vous trouvez que la Science n'est qu'une lumière sèche, froide et nue. Eh bien ! je vais mettre dessus votre écorce, et comme un écolier crée un spectre avec un navet et une chandelle, voici la nouvelle religion de l'humanité complète. »

Malheureusement ni les Romanistes ni les gens qui étaient plus que des amateurs en science ne purent se résoudre à adorer convenablement la nouvelle idole d'Aug. Comte. Dans le pays natal du Positivisme, un homme de lettres distingué et un savant, pendant quelque temps, aidèrent à remplir une chambre de fidèles, mais leur amour se refroidit vite. En Angleterre, d'autre part, il semble certain que, dans la neuvième décade du siècle, la multitude des disciples a atteint le total grandiose de quelques vingtaines. Ils avaient l'avantage d'être défendus par un ou deux apôtres très éloquents et très érudits, et, en tous cas, la sympathie de plusieurs personnes éclairées et haut placées leur était acquise, et si on ne les voyait pas, on les entendait par tout le monde. Comme secte, ils souffraient du prodigieux inconvénient d'être des gens distingués, estimables, vivant au milieu de la civilisation usée du vieux monde, où quiconque eût essayé de les persécuter, comme on persécutait les Mormons, eût été immédiatement pendu. Mais la majorité ne songea jamais à les persécuter ; bien au contraire, c'étaient eux qui grondaient la majorité, et mettaient de diverses manières à l'épreuve la patience de celle-ci.

L'histoire de ces sectes dans les années de la fin du siècle est très instructive. Le Mormonisme.......

Mais je m'aperçois que je viens de tomber tout d'un coup du trépied de M. Harrison, emprunté pour cette occasion. Il est de fait que je n'entends rien au métier de prophète, et je n'aurais pas dû me mêler de cette besogne.

VIII

ENCORE L'AGNOSTICISME[1]

Ceux qui ont passé, de l'article du Dr Wace dans cette Revue[2], à la réfutation anticipée qui l'a suivi[3], ont dû jouir du plaisir d'une surprise dramatique, — tout comme quand le cinquième acte d'une pièce nouvelle se trouve plus brillant et intéressant qu'on ne s'y attendrait. J'espère que Mme Ward me pardonnera la comparaison, si je dis que sa façon efficace d'en finir avec les impédimenta démodés des listes de la controverse ne me rappelle rien autant que le geste de quelque Phyllis, aux mains fines, mais aux poignets vigoureux, qui, brandissant gracieusement sa « tête de loup » à long manche, balaye les toiles accumulées de générations d'araignées. Je suis d'autant plus reconnaissant de cette esquisse lumineuse des résultats des recherches critiques, telles que les font les théologiens qui sont des hommes de science et non les avocats d'une foi, qu'elle m'a relevé de la nécessité de m'occuper de la plus grande partie de la polémique du Dr Wace, et

[1] *Nineteenth Century*, avril 1889.
[2] *Ibid.*
[3] Dans *The New Reformation.*

me met à même de consacrer plus d'espace aux questions réellement importantes qui ont été soulevées [1].

Peut-être, cependant, devrais-je faire observer que mon approbation de la manière dont un éminent exégète, Reuss, par exemple, exécute sa tâche, ne m'engage nullement à l'adoption de toutes ses idées; ni même d'aucune de ses idées, et en outre que les divergences de vues d'une série de chercheurs n'empêchent pas que chacun d'eux ait pu faire d'importantes contributions au corps de vérités définitivement établi. Si je cite Buffon, Linné, Lamarck et Cuvier comme ayant, chacun et tous, pris une part active à la construction de la Biologie moderne, la déclaration que chacun de ces grands naturalistes était en désaccord, ou même en contradiction avec les autres est entièrement vraie ; mais supposer que la dernière assertion est en quelque manière incompatible avec la première serait trahir une singulière ignorance de la manière dont progresse toute vraie science.

Le Dr Wace prend beaucoup de peine pour faire croire que j'ai voulu éviter les véritables questions soulevées par son attaque contre moi, au Congrès de l'Eglise. J'assure le vénérable Principal qu'en ce point, comme sur quelques autres, il a eu une conception très erronée de mes intentions. Les choses

[1] Je reviendrai peut-être à la question de l'authenticité des auteurs des Evangiles. Pour le moment, je dois me contenter d'avertir mes lecteurs de ne point se fier aux assertions du Dr Wace, quant aux résultats obtenus par la critique moderne. Elles sont pleines d'erreurs surprenantes et graves.

prendraient des proportions plus exactes, dans l'esprit du Dr Wace, s'il voulait bien se rappeler qu'il y a tout juste trente ans que les foudres ecclésiastiques ont commencé à voltiger autour de mes oreilles. J'ai eu affaire au « Lion et à l'Ours », et il y a longtemps que je me suis accoutumé aux menaces des Goliaths de l'Episcopat. Aussi, je pense presque, si personnelle qu'ait été l'attaque du Dr Wace, que j'aurais pu la laisser de côté, et quoique, ainsi qu'il a la bonté de nous le dire, on puisse se procurer des tirages à part moyennant la modeste somme de vingt centimes, il est de fait que son attaque n'est venue à ma connaissance que longtemps après avoir été publiée. Puis-je encore me permettre d'indiquer que (en comptant l'affranchissement) une dépense de 25 centimes ou de 30 centimes, au plus, aurait permis au Dr Wace de se conformer aux convenances ordinaires en ce qu'il eût appelé mon attention sur le fait qu'il m'avait attaqué dans une réunion publique à laquelle je n'assistais pas? Je ne puis réellement être responsable des cinq mois de négligence dont se plaint le Dr Wace. Chose étrange, les Anglais qui fourmillaient dans l'Engadine, pendant les trois mois où je fus rappelé à la vie par l'air exquis et le confort parfait de la Maloja, ne dirent rien, en ma présence, des événements importants qui avaient eu lieu au Congrès de l'Eglise; et je pense pouvoir affirmer qu'il n'y avait pas un seul exemplaire de la brochure du Dr Wace dans aucune des bibliothèques où j'ai fouillé, en quête de quelque chose de plus édifiant que des romans anglais ennuyeux, ou des romans français suspects.

Et maintenant, m'étant, j'espère, justifié auprès du public des péchés dont j'ai été accusé, je me sens libre de traiter des matières auxquelles le temps et les caractères peuvent être employés avec plus de profit.

Je crois qu'il n'y a pas un seul argument que j'aie employé, ou que je sois près d'employer, qui soit original, ou qui ait quelque rapport avec le fait que je me suis, principalement, occupé de sciences naturelles. Les faits, comme le raisonnement, sont, ou la conséquence naturelle des propositions qui se trouvent dans les ouvrages de savants et de théologiens éminents dans les deux seuls pays, la Hollande et l'Allemagne [1], où, de notre temps, on trouve des professeurs de théologie pour lesquels la possession de leur chaire ne dépend point des résultats auxquels ont abouti leurs recherches [2]. Il est vrai que j'ai fait de mon mieux pour m'assurer de la solidité des fondations sur lesquelles

[1] Je crois, sans en être sûr, qu'il faut ajouter les Etats-Unis.

[2] Imaginez que toutes nos chaires d'astronomie eussent été fondées au XIVe siècle, et que leurs titulaires eussent été obligés de signer les articles ptolémaïques. En ce cas, malgré tout le respect que méritent les efforts d'hommes ainsi liés pour atteindre et expliquer la vérité, je pense que tout homme ayant le sens commun irait apprendre l'astronomie ailleurs. Les *Vorträge und Abhandlungen* de Zeller ont été publiés et me sont parvenus il y a un quart de siècle. L'écrivain, d'abord comme théologien et ensuite comme historien de la philosophie grecque, occupe un rang des plus elevés. Parmi ces essais, il y en a deux — *Das Urchristenthum* et *Die Tübinger historische Schule* — qui ont plus de chances d'être utiles à ceux qui veulent connaître à fond ce sujet que tout ce que les « apologistes » officiels, avec un œil pour la vérité et un autre pour les dogmes de leur secte, ont écrit jusqu'ici. Voir, pour l'opinion d'un théologien scientifique sur les théologiens de cette sorte, les pages 225 et 227 des *Vorträge*.

mes raisonnements sont élevés, et je désire être tenu pour pleinement responsable de tout ce que je dis. Toutefois je ne fais ici qu'exposer ; je suis justifié dans mon entreprise par la conviction de la suprématie du jugement personnel (en réalité, par l'impossibilité d'y échapper) qui est la base de la réformation protestante, et qui était la doctrine acceptée par la grande majorité des Anglicans du temps de ma jeunesse, avant ce retour vers « les rudiments misérables » d'un sacerdotalisme épuisé et idolâtre, qui nous a, maintenant même, donné le plus triste spectacle qui ait été offert aux Anglais au cours de cette génération. Une haute cour de justice ecclésiastique, avec une armée d'avocats rangés en bataille, est, et sera, Dieu sait jusqu'à quand, occupée de ces mêmes questions de « laver les coupes et les vases » auxquelles pensait le Maître, dont les représentants attitrés sont occupés à déchirer l'Église dans leurs querelles, quand il leur jeta le reproche amer :

« Isaïe a bien prophétisé de vous, ô hypocrites, ainsi qu'il est écrit : Ce peuple m'honore des lèvres, mais leur cœur est loin de moi, et c'est en vain qu'ils m'adorent, enseignant comme leur doctrine des préceptes humains [1]. »

Les hommes capables de s'absorber dans des escarmouches à propos de misérables disputes de cette espèce ne peuvent avoir beaucoup de sympathie pour l'ancienne doctrine évangélique de la « Bible ouverte », et ont un fâcheux pressentiment des résultats d'une

[1] Marc, VII, 6-7.

lecture assidue de la Bible, sans l'aide de lunettes ecclésiastiques, par la masse du peuple. A la grande surprise de nombre de mes amis, j'ai toujours plaidé en faveur de la lecture de la Bible, et de la diffusion de l'étude de cette si remarquable collection de livres parmi le peuple. Ses enseignements sont si infiniment supérieurs à ceux des sectes qui sont tout aussi actives maintenant que l'étaient les Pharisiens, il y a huit cents ans, à les étouffer sous « les préceptes des hommes » ; il est si certain, à mon sens, que la Bible contient en elle-même la réfutation des neuf dixièmes du mélange de métaphysique sophistique et de superstition du vieux monde qui a été entassé autour d'elle, par les soi-disant chrétiens des derniers temps ; il est si clair que le seul antidote à notre portée immédiate contre le poison qui a été mêlé au Christianisme, pour griser et tromper l'humanité, consiste à boire à longs traits à la source sans souillure, que j'exerce le droit et le devoir du jugement libre incombant à tout homme, surtout dans le but de persuader à d'autres laïques de suivre mon exemple. Si le Nouveau Testament est traduit en langue zouloue par des missionnaires protestants, il faut supposer que le néophyte zoulou est à même de tirer de son contenu toutes les vérités qu'il est nécessaire pour lui de croire ; j'espère ne pas manquer de modestie en réclamant d'être mis sur le même pied que le zoulou.

Ce qu'on reproche le plus constamment à ceux qui pensent comme moi, c'est que, satisfaits de nos déductions de pensée scientifique, nous ne nous préoccupons pas des pauvres et des ignorants. Que doivent-ils faire, ceux-là ? Mais est-il jamais venu à l'esprit de ceux qui parlent de la sorte que leurs symboles et les articles de leurs diverses confessions de foi, leur détermination de la nature et de l'étendue exacte des enseignements de Jésus, leurs exposés de la vraie signification de ce qui est écrit dans les Épîtres (laissant de côté les questions concernant l'Ancien Testament), ne sont pas autre chose que des déductions qui, en tous cas, prétendent être le résultat de pensées strictement scientifiques, et qui ne méritent aucune attention à moins de posséder réellement ce caractère ? S'il n'est pas, historiquement, vrai que telles ou telles choses se sont passées, en Palestine, il y a dix-huit cents ans, que devient le Christianisme ? Et qu'est-ce que la vérité historique si ce n'est celle dont le témoignage supporte l'investigation scientifique stricte ? Je ne me rappelle pas de problème de science naturelle venu à ma connaissance qui soit plus difficile, ou plus curieusement intéressant comme problème que celui de l'origine des Évangiles synoptiques et celui de la valeur historique des récits qu'ils contiennent. Le Christianisme des Églises se soutiendra ou tombera par les résultats de l'investigation purement scientifique de ces questions. On les a soulevées, dans un esprit purement scientifique, il y a environ un siècle. Elles ont été étudiées, à diverses reprises, par des hommes d'un vaste savoir et d'une grande pénétration critique : mais bien téméraire serait celui qui affirmerait qu'aucune solution de ces problèmes, formulée jusqu'ici, est satisfaisante. Le plus qu'on puisse dire, c'est que certaines solutions dominantes sont assurément erronées, tandis que d'autres sont plus ou moins vraies, probablement.

Si je fais de mon mieux pour sortir mes compatriotes de leur sommeil dogmatique, ce n'est point pour les amuser en leur faisant voir qui aura l'avantage dans une querelle entre un « homme de science » et un théologien. La question sérieuse est de savoir si les hommes de science théologique, ou avocats d'office de la théologie, doivent obtenir la confiance du grand public ; de savoir si un pays où il est permis à un corps d'excellents ecclésiastiques et laïques de discuter dans une réunion publique, s'il est désirable de laisser connaître aux congrégations de fidèles les résultats de la critique biblique, a quelque chance de se réveiller, sans qu'il lui faille être empoigné à l'épaule par une main laïque vigoureuse ; c'est de savoir si les livres du Nouveau Testament ayant été, ainsi que je le crois, écrits et compilés par des gens, qui, suivant leurs lumières, étaient parfaitement sincères, ne pourront, quand ils auront été convenablement étudiés, comme des documents historiques ordinaires, nous procurer les moyens de les critiquer eux-mêmes. Et il ne faut pas oublier que les livres du Nouveau Testament ne sont pas responsables de la doctrine inventée par les églises suivant laquelle ils auraient été tout autre chose que des documents historiques. L'auteur du troisième Évangile nous dit, aussi franchement que puisse le faire un homme, qu'il n'a droit à aucun autre caractère qu'à celui d'un compilateur et éditeur ordinaire, qui avait devant lui les ouvrages de prédécesseurs nombreux et diversement doués.

Dans mes articles précédents, selon le Dr Wace, j'aurais évité de répondre à sa proposition principale qu'il énonce comme suit :

« En dehors de tous les points discutés par la critique, nul ne doute, en pratique, que Notre-Seigneur ait vécu et qu'il soit mort sur la croix, obéissant le plus filialement du monde à son Père dans le Ciel, et qu'il ait rendu témoignage de la providence, de l'amour et de la grâce, envers l'humanité, de ce Père. L'Oraison dominicale donne un témoignage suffisant sur ces points. Rien qu'en y ajoutant le Sermon sur la Montagne, tout le monde invisible, dont l'agnostique ne veut rien savoir, se dresse, révélé à nos yeux... Si Jésus-Christ a prêché ce sermon, fait ces promesses, et enseigné cette prière, celui qui dit que nous ne savons rien de Dieu, ni d'une vie future, ou d'un monde invisible, celui-là dit qu'il ne croit pas en Jésus-Christ [1]. »

Et encore, ailleurs :

« La grande question à résoudre, en un mot, est celle que le Professeur Huxley a volontairement écartée, savoir: si, en tenant compte de la grande incertitude qui règne sur d'autres points de critique auxquels il en appelle, il peut y avoir des raisons de douter que l'Oraison dominicale et le Sermon sur la Montagne offrent un exposé vrai de la croyance essentielle et de l'enseignement cardinal de Notre-Seigneur [2]. »

Je ne savais, certainement, pas avoir éludé les questions énoncées ; je dirais, plutôt, que j'avais indiqué

[1] *Loc. cit.*, pp. 354-355.
[2] *Loc. cit.*, p. 355.

ma réponse assez clairement ; mais, puisque le Dr Wace demande une réponse plus catégorique, il aura ce qu'il désire. Si, comme il l'assure, « toute la question » se résume dans l'argument énoncé dans le dernier de ces deux extraits, tant pis pour lui, car je suis d'avis qu'il y a la plus grave des raisons de douter que le « Sermon sur la Montagne » ait jamais été prêché, et que la soi-disant « Oraison dominicale » ait jamais été prononcée, par Jésus de Nazareth. Mes raisons pour penser ainsi sont, entre autres, les suivantes. Il est certain, maintenant, que les trois Évangiles synoptiques, loin d'être l'œuvre de trois écrivains indépendants, sont étroitement dépendants l'un de l'autre [1]. Il y a deux solutions. Ou bien tous les trois renferment, comme base, des versions verbalement identiques, jusqu'à un certain point, d'une seule et même tradition ; ou bien deux d'entre eux dépendent ainsi, étroitement, du troisième ; et, depuis quelques années, l'opinion de la majorité des meilleurs critiques a été, de plus en plus, que notre second Évangile canonique (le soi-disant Évangile de Marc), est celui qui représente le plus exactement le fond primitif des trois [2].

[1] Je suppose que c'est à ce point que fait allusion le Dr Wace quand il dit que j'avance qu'il n'y a pas « de moyen visible d'échapper » à l'hypothèse d'un *Ur-Marcus* (p. 367). Le fait qu'un « théologien de grande réputation » confonde un fait incontestable avec un des moyens d'expliquer ce fait, ne paraîtra singulier qu'à ceux qui ne sont pas accoutumés aux manières de faire des théologiens.

[2] Tout examinateur qui a eu à juger des cas où un candidat a copié sur un autre sera particulièrement préparé à apprécier la force de l'énoncé donné dans l'excellent petit livre *The common Tradition of the Synoptic Gospel*, par le Dr Abbott et M. Rush-

C'est là, je trouve, un des résultats les plus précieux de la critique du Nouveau-Testament, et il est d'une importance infiniment plus grande que la discussion sur les dates et les noms d'auteurs.

Mais si, ainsi que je le crois, sans qu'il puisse y avoir aucun doute rationnel ou aucune discussion, le second Évangile est le représentant actuel le plus rapproché de la plus ancienne tradition, soit écrite, soit orale, comment se fait-il qu'il ne contienne ni le « Sermon sur la Montagne » ni « l'Oraison dominicale », ces incarnations typiques, selon le Dr Wace, de « la croyance essentielle et de l'enseignement cardinal » de Jésus? Non seulement l'Évangile de Marc ne contient point le « Sermon sur la Montagne » et ne renferme que fort peu des paroles contenues dans ce discours, mais encore, au point de l'histoire de Jésus où le « Sermon » se trouve dans Mathieu, il y a dans Marc un récit apparemment ininterrompu depuis la vocation de Jacques et de Jean jusqu'à la guérison de la belle-mère de Simon. Ainsi la plus ancienne

brooke (Macmillan, 1884). A ceux qui n'ont pas traversé de si pénibles épreuves, je recommanderai la courte discussion de l'authenticité des *Casket Letters*, dans l'intéressant livre de mon ami M. Skelton, *Maitland of Lethington*. La seconde édition du *Lehrbuch* de Holtzmann, publiée en 1886, renferme un exposé remarquablement juste et complet des résultats actuels de la critique. A la page 366, l'auteur dit que la question brûlante, pour le moment, est de savoir si « le récit relativement primitif, et la base des autres textes synoptiques, sont contenus dans Mathieu ou dans Marc. Ce n'est que sur ce point que les critiques bien renseignés (*Sachkundige*) sont en désaccord », et il décide en faveur de Marc. (Les *Casket Letters* sont les lettres de Marie d'Écosse, ou du moins attribuées à celle-ci, et d'où résulterait la preuve de ses relations adultères avec Bothwell).

tradition, non seulement omet le Sermon sur la Montagne, mais encore implique la probabilité qu'il n'a pas été prononcé au moment et au lieu où Mathieu, venu plus tard, l'insère dans sa compilation.

Et plus important encore est le fait que l'auteur du troisième Évangile, qui nous dit écrire après que « beaucoup » d'autres eussent « pris en main » la même entreprise, qui aurait dû, par conséquent, connaître le premier Évangile (s'il avait existé) et eût été obligé de lui accorder la déférence que mérite l'œuvre d'un apôtre témoin oculaire (s'il avait raison de le croire tel), cet auteur, dis-je, qui montre beaucoup plus de capacité littéraire que les deux autres, tait le Sermon sur la Montagne, tel que Mathieu le rapporte, tout comme le fait la plus ancienne autorité. Cependant, Luc renferme beaucoup de passages identiques ou parallèles à ceux qui se trouvent dans le Sermon sur la Montagne, de Mathieu, passages dispersés, pour la plupart, dans des points totalement différents.

Il y a toutefois, placé entre la vocation des Apôtres et une visite à Capharnaüm, occupant, par conséquent, une place répondant à celle du Sermon sur la Montagne dans le premier Évangile, il y a dans le troisième Évangile un discours qui ressemble d'aussi près au Sermon sur la Montagne, à quelques égards, qu'il en diffère largement à d'autres.

Il est dit que ce discours a été prononcé dans une « plaine » ou « terrain plat [1] » et pour le distinguer

[1] Luc, VI, 17.

de l'autre, nous pouvons l'appeler le Sermon de la Plaine.

Je ne vois aucune raison de douter que les deux évangélistes emploient, en très grande partie, les mêmes matériaux traditionnels, et une comparaison entre les deux sermons donne fortement à penser que la version de Luc est la plus ancienne. Les concordances entre les deux défendent de croire à leur indépendance. Tous deux commencent par une série de béatitudes, dont quelques-unes sont, verbalement, identiques. Au milieu de chacun d'eux [1] il y a un exposé frappant de l'esprit moral du commandement donné dans le Lévitique (XIX, 18). Et chacun d'eux finit par un passage contenant la déclaration qu'un arbre est connu à son fruit, et par la parabole de la maison bâtie sur le sable. Mais, tandis qu'il n'y a que 29 versets dans le Sermon de la Plaine il y en a 107 dans le Sermon sur la Montagne, l'excédent chez ce dernier étant principalement dû à de longues interpolations, l'une de 30 versets avant l'analogie du milieu avec Luc, et l'autre de 34 versets après. Il est tout à fait impossible, dans ces circonstances, de dire que l'exactitude de la version du sermon de Mathieu est plus probable, historiquement, que celle de la version de Luc ; et elles ne peuvent être exactes toutes les deux.

Luc a connu la collection d'axiomes décousus et d'aphorismes qui a paru sous le nom de Sermon sur la Montagne, ou bien il ne l'a pas connue. S'il ne la connaissait pas, il a dû ignorer l'existence du docu-

[1] Luc, VI, 27-38; Mathieu, V, 43-48.

ment qui constitue notre Mathieu canonique, ce qui ne plaide guère en faveur de l'authenticité ou de l'autorité de ce livre. S'il l'a connu, il a montré qu'il ne se préoccupait pas de son autorité pour un fait qui n'est pas de petite importance, et cela ne nous permet pas de concevoir qu'il ait cru le premier Évangile l'œuvre d'une autorité à laquelle il devait se soumettre, moins encore celle d'un apôtre témoin oculaire.

La tradition ecclésiastique concernant le second Évangile, tradition que je crois entièrement sans valeur, mais qui est le seul témoignage en faveur de la paternité de Marc, voudrait nous faire croire que Marc n'était que le porte-voix de l'apôtre Pierre. Par conséquent, nous devons supposer ou que Pierre ignorait ce résumé de la « foi essentielle et de l'enseignement cardinal » de Jésus, qui est contenu dans le Sermon sur la Montagne, ou qu'il n'en tenait pas grand compte ; assurément, il ne partageait pas l'opinion qu'a le Dr Wace au sujet de son importance [1].

Je croyais que tout lecteur des Evangiles, d'intelligence et d'attention moyennes, pour ne rien dire des théologiens célèbres, connaissait ces choses. Mais comment quelqu'un qui les sait peut-il demander s'il y

[1] Holtzmann (*Die Synoptischen Evangelien*, 1863, p. 75), suivant Ewald, pense que la « source A » (la tradition triple à peu près) contenait quelque chose qui répondait au « Sermon de la Plaine » immédiatement après ces mots de Marc : « Et il vint à une maison » (III, 19). Mais quel motif Marc peut-il avoir eu pour l'omettre? Holtzmann, toutefois, ne doute aucunement que le Sermon sur la Montagne ne soit une compilation ou, ainsi qu'il l'appelle dans son *Lehrbuch* (372) récemment publié, « une mosaïque artificielle ».

a « raison de douter » que le Sermon sur la Montagne ait été prêché par Jésus de Nazareth ? Si la conjecture est permise, là où rien d'autre n'est possible, la plus probable semble être que Mathieu, ayant un *centon* de maximes attribuées — il est impossible de dire si c'est à tort ou à raison — à Jésus, parmi ses matériaux, pensa qu'elles étaient, ou du moins pouvaient être, des fragments rapportés d'une histoire continue, et les mit à la place qu'il jugea leur convenir le mieux. D'anciens historiens de la plus haute renommée ne voyaient aucun mal à composer de longs discours qui n'avaient jamais été prononcés, et à les mettre dans la bouche d'hommes d'État et de guerriers, et je présume que, quel qu'ait été celui qui se cache sous le pseudonyme de Mathieu, il eût été tristement étonné qu'on eût des objections à ce qu'il suivît l'exemple des meilleurs modèles.

Il en est de même pour l'Oraison dominicale. Absente chez notre représentant de la tradition la plus ancienne, elle paraît, à la fois, chez Mathieu et Luc. Il y a lieu de croire que tout Juif pieux, au commencement de notre ère, priait trois fois par jour, suivant une formule renfermée dans le *Schmone-Esre* [1] du livre de prières des Juifs actuels. Jésus, qui était assurément, à tous égards, un Juif pieux, quoi qu'il ait pu être d'autre, faisait de même sans aucun doute. A-t-il modifié la formule ayant cours, ou la soi-disant Oraison dominicale est-elle la prière substituée au *Schmone-Esre* dans les congrégations des Gentils, c'est là une question qui ne saurait guère être résolue.

[1] Voir Schürer, *Geschichte des Jüdischen Volkes*, 2e partie, p. 384.

Dans un passage suivant de l'article du Dr Wace (p. 356), il ajoute, à la liste des vérités qu'il imagine être inexpugnables, « l'Histoire de la Passion ». Je ne suis pas bien sûr de ce qu'il entend par là. Je n'ai pas connaissance que personne (sauf certains anciens hérétiques) ait énoncé des doutes quant à la réalité de la crucifixion, et je n'ai, certainement, aucune envie d'argumenter à propos de l'exactitude précise de chaque détail de cette pathétique histoire de souffrance et d'injustice. Mais, si le Dr Wace entend par là, ainsi que je le suppose, que ce qui, suivant les idées orthodoxes, s'est passé après la crucifixion, et est, au sens dogmatique, la partie la plus importante de l'histoire, repose sur des preuves historiques solides, je demande la permission d'exprimer une conviction diamétralement opposée.

Lorsque les récits des événements en question, contenus dans les trois Évangiles synoptiques sont comparés ensemble, que découvrons-nous? Dans le plus ancien, il y a un récit simple, loyal, que, faute de preuves du contraire, je pourrais admettre comme exactement vrai. Dans les deux autres, il y a, autour de ce noyau possible et probable, une masse d'accrétions du caractère le plus douteux.

La cruauté de la mort par la crucifixion dépendait grandement de la durée de cette dernière. Si le poids du corps était quelque peu soutenu, ainsi que cela arrivait parfois, la douleur pendant les premières heures n'était pas nécessairement extrême, et aucun symptôme physique sérieux ne suivait immédiatement les blessures faites aux mains et aux pieds par les clous, lorsqu'ils étaient cloués, ce qui n'était pas toujours le cas. Mais, quand l'épuisement commençait, et que la faim, la soif et l'irritation nerveuse avaient fait leur œuvre, l'agonie du crucifié devait être terrible, et d'autant plus terrible que, en l'absence de trouble effectif du mécanisme de la vie physique, cette agonie pouvait se prolonger plusieurs heures, ou même plusieurs jours. Des hommes forts, tempérants, tels que l'étaient les paysans Galiléens d'ordinaire, pouvaient vivre plusieurs jours sur la croix. Il est nécessaire d'avoir ces faits présents à l'esprit quand nous lisons le récit contenu au quinzième chapitre du second Évangile.

Jésus fut crucifié à la troisième heure[1], et le récit semble indiquer qu'il mourut immédiatement après la neuvième heure [2]. Dans ce cas, il n'aurait été crucifié que six heures, et le temps passé sur la croix ne peut guère avoir été plus long, parce que Joseph d'Arimathée dut aller vers Pilate, fit ses préparatifs et déposa le corps dans le sépulcre creusé dans la pierre, avant le coucher du soleil, qui, à cette époque de l'année, avait lieu vers la douzième heure. Le fait de mourir après six heures seulement de crucifixion ne devait pas s'accorder avec la grande expérience qu'avait Pilate des effets de ce mode de punition. Par conséquent, il est tout à fait naturel que Pilate se soit « étonné qu'il fût déjà mort » et ait désiré d'être satisfait sur ce point par le témoignage de l'officier romain qui commandait le détachement témoin de

[1] xv, 25.
[2] Verset 34.

l'exécution. Ceux qui ont consacré quelque attention à cette question extraordinairement difficile: « Quels sont les signes irrécusables de la mort ? » seront à même d'apprécier la valeur de l'opinion d'un soldat grossier sur un pareil sujet, en admettant même que son rapport au Procurateur n'ait été aucunement influencé par le fait que l'ami de Jésus, qui attendait anxieusement sa réponse, était un homme riche et influent.

Le corps inanimé, enveloppé de linges, fut déposé dans un caveau frais et spacieux [1], creusé dans le roc, dont l'entrée était fermée, non par une porte ajustée, mais par une pierre qu'on roulait contre l'ouverture, ce qui, par conséquent, permettait à l'air de passer. Un peu moins de trente-six heures après (du vendredi à 6 heures du soir au dimanche à 6 heures du matin, ou un peu après) trois femmes visitent le tombeau et le trouvent vide. Et il leur est dit par un jeune homme « revêtu d'une robe blanche » que Jésus est allé à son pays natal en Galilée, et que les disciples et Pierre l'y trouveront.

Il reste donc clairement établi, dans la plus ancienne des traditions, que, faute de preuves du contraire, le sépulcre a pu être dépouillé, à n'importe quel moment de la nuit du vendredi ou de celle du samedi. Si l'on objecte qu'aucun juif n'aurait ainsi violé le sabbat, il faut se rappeler que Joseph d'Arimathée pouvait bien connaître la sage et libérale interprétation du quatrième commandement qui permettait

[1] Spacieux, puisqu'un jeune homme pouvait s'asseoir du côté droit (xv, 5) et par conséquent avec de la place de reste.

les œuvres de miséricorde envers les hommes — et même autorisait à retirer d'un fossé un bœuf ou un âne — le jour même du sabbat. En tous cas, la nuit du samedi appartenait aux plus scrupuleux des observateurs de la loi.

Tels sont les faits, comme les raconte le récit le plus ancien qui soit en existence. Je ne vois pas pourquoi on aurait quelque chose à dire contre la probabilité de ce récit; et, pour ma part, je suis tout prêt à accepter comme un fait historique que c'est là tout ce qu'on sait, positivement, de la fin de Jésus de Nazareth ; sur quelles bases pourrait-on demander à un homme raisonnable d'en croire davantage? Pour tout ce qui d'une part, dans le récit du premier Évangile, et, d'autre part, dans celui du troisième Évangile et des Actes, est en surplus de ce qui est raconté au second Évangile, il y a contradiction irrémédiable. Et ceci est d'autant plus significatif que la phrase importante « quelques-uns doutèrent » du premier Évangile, est omise dans le troisième.

Mais il nous est dit que nous avons le témoin Paul et qu'il nous parle directement dans les Épitres. Sans doute, et c'est même un témoin très singulier. Selon sa propre déclaration, Paul, dans la force de l'âge, doué de tous les moyens possibles de connaître, de première main, le témoignage de témoins oculaires, non seulement refusa d'y ajouter foi, mais il « persécuta l'Église de Dieu et y fit des ravages ». Les raisonnements d'Étienne s'émoussèrent sur l'intelligence déliée de ce fanatique des traditions de ses pères ; ses yeux restèrent aveugles à l'illumination extatique du visage du martyr « semblable à celui d'un ange » et quand, aux mots : « Voilà, je vois le ciel ouvert et le Fils de l'Homme à la droite de Dieu », la foule sanguinaire se précipita pour lapider le disciple en extase, Paul se fit, avec ostentation, le complice officiel de la première.

Et pourtant, cet homme étrange, parce qu'il a un jour une vision, se jette, de suite et avec un zèle tout aussi inconsidéré, dans l'opinion diamétralement opposée. Et il a grand soin de nous dire qu'il s'est abstenu d'examiner à nouveau les faits.

> « Aussitôt, sans consulter la chair ni le sang, et sans retourner à Jérusalem pour voir ceux qui avaient été apôtres avant moi, je m'en allai en Arabie[1]. »

Je n'ai pas la prétention de discuter la manière de faire de Paul. S'il en a été satisfait, c'est son affaire, et si cela satisfait quelqu'un d'autre, je n'ai pas le droit de discuter le droit de cette personne à être satisfaite. Mais j'ai, certainement, le droit de dire que cela ne me satisferait point en un cas pareil ; que je serais très honteux de prétendre que cela pourrait, ou devrait me satisfaire, et que je ne puis estimer que très bas la valeur du témoignage de gens qu'on peut satisfaire de la sorte, lorsque des questions de fait objectif, dans lesquelles leur foi est intéressée, se trouvent en jeu. De façon que, lorsqu'on me demande de croire beaucoup plus que le plus

[1] *Galates*, I, 16-17.

ancien Évangile ne nous dit sur les derniers événements de l'histoire de Jésus, d'après l'autorité de Paul[1], il me faut m'arrêter et attendre. A-t-il, à un moment subséquent, pensé qu'il valait la peine de « consulter la chair et le sang », ou, en style moderne, d'examiner à nouveau les faits, lui-même ? ou bien était-il prêt à accepter tout ce qui pouvait cadrer avec ses idées préconçues ? Veut-il dire, quand il parle de toutes les apparitions de Jésus après la crucifixion, comme si elles étaient de la même sorte, que c'étaient là des visions semblables à la manifestation qui lui avait été personnelle? Et, finalement, comment ce récit peut-il se concilier avec ceux du premier et du troisième évangiles, — lesquels, ainsi que nous l'avons vu, sont en désaccord?

Tant que l'on n'aura pas répondu à ces questions d'une manière satisfaisante, j'ai bien peur qu'en ce qui me concerne le témoignage de Paul ne puisse pas être regardé comme sérieux, excepté comme fournissant la preuve de l'état de l'opinion traditionnelle au temps où il écrivait, c'est-à-dire entre cinquante-cinq et soixante ans après Jésus-Christ ; c'est-à-dire plus de vingt ans après l'événement; période qui est plus que suffisante pour le développement d'une quantité quelconque de mythologie sur des matières au sujet desquelles rien n'était réellement connu. Quelques années plus tard, parmi les contemporains et les voisins des Juifs, et si l'interprétation la plus probable de l'Apocalypse peut être

[1] *Corinthiens*, xv, 5-8.

crue, même parmi les disciples de Jésus, il y avait une croyance, acceptée en dépit de toute preuve contraire, suivant laquelle l'empereur Néron ne serait point mort, mais eût été caché quelque part en Orient, et devait bientôt revenir à la tête d'une grande armée, pour se venger de ses ennemis[1].

Je crois donc avoir montré que la prétention du Dr Wace en ce qui regarde le Sermon sur la Montagne, l'Oraison dominicale et la Passion est plus audacieuse que discrète. Après toute cette discussion je reste encore agnostique. Dites-moi, d'abord, ce qu'on peut prouver que Jésus a été, a dit et a fait, et je vous dirai si je le crois, si je crois en lui ou non[2]. Puisque le Dr Wace convient que j'ai dissipé sa dernière ombre de scepticisme au sujet de la possession des pourceaux gadaréniens, il eût pu faire quelque chose pour me venir en aide. Au lieu de cela, il montre un manque complet de conception de la nature des obstacles qui empêchent la conversion de ses « infidèles ».

Je crois que la vérité, c'est que les difficultés pour arriver à une conclusion légitime sur le Sermon sur la Montagne, l'Oraison dominicale ou toute autre don-

[1] Le roi Hérode ne faisait aucune difficulté au sujet de la résurrection supposée de Jean-Baptiste. « Jean, à qui j'ai fait couper la tête, est ressuscité. » (Marc, VI, 16.)

[2] Je regrette l'interpolation « en », parce qu'une citation doit être exacte dans les petites choses comme dans les grandes. Mais je n'ai pu voir quelle différence cela peut faire de « croire Jésus » ou de « croire en Jésus ». Si vous « le croyez », vous devez croire qu'il a été ce qu'il professait être, c'est-à-dire « croire en lui », et si vous « croyez en lui », vous devez nécessairement « le croire ».

née qu'offrent les Évangiles synoptiques (et *a fortiori* le quatrième Évangile) sont impossibles à surmonter. Chacun de ces récits porte la couleur des préventions de ceux chez qui naquirent les premières traditions, et de ceux qui les recueillirent et s'en firent les éditeurs; la difficulté de tenir un compte exact de ces préventions est augmentée par notre ignorance des dates exactes auxquelles les documents furent réunis pour la première fois, de la proportion de ceux qui ont été, par la suite, fondus et intercalés avec les premiers, et du sens historique, ou du manque de sens, et des tendances dogmatiques de leurs compilateurs et éditeurs. Voyons maintenant s'il existe quelque autre route qui nous ferait arriver à quelque chose de mieux que la négation.

Il y a une idée, généralement répandue, que la « primitive Église », pendant qu'elle était dirigée par les Apôtres et leurs successeurs immédiats, était une sorte de colombier dogmatique pénétré de l'union la plus tendre et de l'harmonie doctrinale. Les Protestants, en particulier, aiment à s'attribuer le mérite d'être plus près de « l'Eglise des Apôtres » que ne le sont leurs voisins; et ils sont d'autant moins excusables de se faire cette illusion qu'ils sont grands lecteurs de documents prouvant exactement le contraire. Le fait est qu'au cours des trois premiers siècles de son existence l'Eglise a subi, rapidement, un processus d'évolution du caractère le plus remarquable, et dont l'étape finale diffère bien plus de la première que l'Anglicanisme ne diffère du Quakérisme. C'est ici que se trouve la clef de la compréhension du problème de l'origine de ce qu'on appelle maintenant « Christianisme », et de son rapport avec Jésus de Nazareth. Nous ne pouvons, non plus, arriver à une conclusion juste de ce qu'il est probable que Jésus a réellement dit ou fait, jusqu'à ce que ce point soit éclairci. C'est au cours des cent ans, à peu près, qui suivirent la crucifixion, que l'évolution du Christianisme a fait ses pas les plus importants et ceux qui ont eu, par la suite, le plus d'influence. C'est presque la période là plus obscure de l'histoire; mais il se trouve, très heureusement, que le commencement et la fin de cette période sont éclairés d'une manière brillante par le témoignage contemporain de deux écrivains dont l'existence historique ne fait pas de doute[1], alors que leurs ouvrages les plus importants ont une authenticité généralement reconnue. Ce sont : Justin, philosophe et martyr, et Paul, l'apôtre des Gentils. Je ne m'adresserai à ces témoins que pour constater l'état de l'opinion parmi ceux qui s'appelaient disciples de Jésus, de leur temps.

Justin, dans son dialogue avec le Juif Tryphon, qui fut écrit vers le milieu du IIe siècle, énumère certaines catégories de personnes qui, suivant son opinion, seront ou ne seront pas sauvées [2]. Ce sont :

1° Les juifs orthodoxes, qui refusent de croire que Jésus est le Christ. — *Pas sauvés;*

2° Les Juifs qui observent la loi, qui croient que

[1] Cela est vrai pour Justin; mais il y a une école de critique théologique qui met plus ou moins en doute la réalité historique de Paul et l'authenticité même des quatre Épitres cardinales.

[2] Voir *Dial. cum Tryphone*, § 47 et § 35. Je dois dire que Justin n'a point classé par ordre ses catégories comme je l'ai fait.

Jésus est le Christ, mais qui insistent pour que les Gentils convertis observent la loi. — *Pas sauvés ;*

3° Les Juifs qui observent la loi, qui croient que Jésus est le Christ, et professent que les Gentils convertis n'ont pas besoin d'observer la loi. — *Sauvés* (de l'avis de Justin, mais quelques-uns de ses confrères chrétiens croient le contraire) ;

4° Les Gentils convertis à la foi en Jésus comme Christ, qui observent la loi. — *Sauvés* (peut-être) ;

5° Les Gentils croyant à Jésus comme Christ, qui n'observent pas eux-mêmes la loi (si ce n'est en refusant de sacrifier aux idoles), mais qui ne considèrent pas comme hérétiques ceux qui l'observent. — *Sauvés* (c'est ici l'opinion propre de Justin) ;

6° Les Gentils croyants qui n'observent pas la loi, sauf le refus de sacrifier aux idoles, et qui tiennent pour hérétiques ceux qui l'observent. — *Sauvés ;*

7° Les Gentils pour qui Jésus est le Christ, et s'appelant chrétiens, mais qui mangent des viandes sacrifiées aux idoles. — *Pas sauvés ;*

8° Les Gentils qui ne croient pas que Jésus soit le Christ. — *Pas sauvés.*

Justin ne considère pas les chrétiens qui croient à la naissance naturelle de Jésus — et il admet qu'il en existe une minorité respectable — comme étant hérétiques, bien qu'il tienne pour certaine la naissance surnaturelle du Christ et sa préexistence comme « Logos » ou « Verbe ». Il conçoit le Logos comme un second Dieu, inférieur au premier Dieu, inconnaissable, au sujet duquel Justin, comme Philon, est complètement agnostique. Le Saint-Esprit n'est pas regardé par

Justin comme une personnalité distincte, et souvent il est mêlé au Logos. La doctrine de l'immortalité naturelle de l'âme est, pour Justin, une hérésie, et il croit aussi fermement à la résurrection des corps qu'à la seconde venue du Christ et à l'établissement du millénaire.

Ce pilier de l'Église, au milieu du IIe siècle — indigène de la Samarie, mais ayant beaucoup voyagé, — connaissait assurément très bien Rome, et probablement Alexandrie, et il est à croire qu'il connaissait l'état de l'opinion dans toute la longueur et la largeur du monde chrétien aussi bien qu'aucun homme de son temps. Si les diverses catégories ci-dessus énumérées sont disposées en séries ainsi :

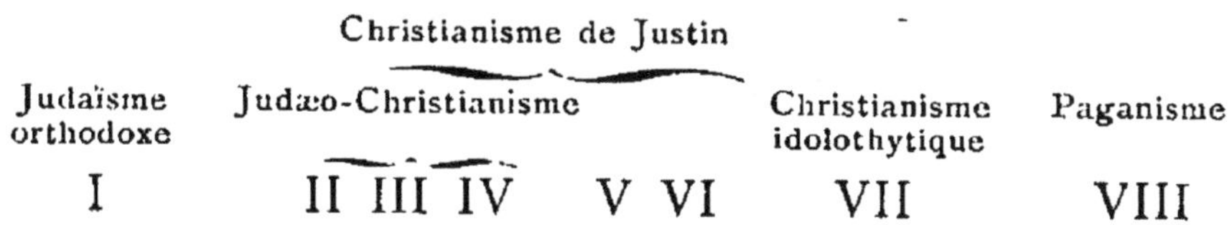

elles forment, évidemment, une série échelonnée depuis le Judaïsme orthodoxe, à l'extrême gauche, jusqu'au Paganisme, soit philosophique, soit populaire, à l'extrême droite ; et on observera, en outre que, bien que la conception du Christianisme de Justin soit très large, il exclut cependant, rigoureusement deux classes de personnes qui, de son temps, se comptaient parmi les Chrétiens, c'est-à-dire ceux qui tenaient pour la circoncision et les autres observances de la loi pour les Gentils convertis, savoir les Juifs chrétiens stricts (II), et d'autre part ceux qui affirment qu'on peut manger de la viande sacrifiée aux idoles, — qu'ils soient ou non gnostiques (VII). J'ai appelé ces derniers chrétiens « idolothytiques » parce que je n'ai pu inventer de meilleur mot ; je ne prétends pas qu'il puisse être défendu strictement au point de vue étymologique.

Au moment actuel, je ne crois pas qu'il y ait un missionnaire anglais, en aucun pays païen, qui s'inquiète de savoir si les matériaux de son dîner ont été, ou non, offerts aux idoles. D'autre part, je pense qu'aucune secte protestante orthodoxe, pour ne rien dire des Églises romaine et grecque, n'hésiterait à condamner comme hérétiques au premier chef la pratique de la circoncision et l'observance du sabbat juif et des règles concernant la nourriture.

En réalité, le Christianisme moderne a non seulement poussé et dépassé la droite de Justin, mais il s'est beaucoup rétréci.

	Justin		
Judaïsme	Judæo-Christianisme	Christianisme moderne	Paganisme
I	II III IV V	VI VII	VIII

Car, bien qu'il comprenne VII, et que même, dans le culte des saints et des reliques, il découpe un « gros morceau » dans le paganisme, il exclut, non seulement tous les Judæo-Chrétiens, mais tous ceux qui doutent que ceux-ci soient des hérétiques. Dès le XIIIe siècle, l'Inquisition aurait brûlé, gaiement, toute personne rentrant dans les catégories II, III, IV, V; et en Espagne elle les a brûlées. Et le loup continuerait ses ravages maintenant, s'il pouvait seulement délivrer ses mâchoires sanglantes de la muselière imposée par le bras séculier.

Il n'y a pas de communauté protestante, sauf les Unitairiens, qui ne déclarât Justin hérétique lui-même, à cause de sa doctrine de la divinité inférieure du Logos, et je crains fort que, en bonne logique, le Dr Wace lui-même ne se trouvât dans la pénible nécessité de le classer comme « infidèle », par la même raison et par d'autres encore.

Passons maintenant à notre seconde autorité. S'il y a un résultat certain entre tous ceux des investigations critiques des sources du Christianisme [1], c'est que Paul de Tarse écrivit, vers l'an 55 ou 60 de notre ère, c'est-à-dire environ vingt ou vingt-cinq ans après la crucifixion, son Epître aux Galates. S'il en est ainsi, l'Epître aux Galates serait une des preuves documentaires les plus anciennes, si ce n'est la plus ancienne, de l'état de la primitive Église. Et que l'on remarque qu'elle nous fournit, si elle est bien de Paul, le témoignage d'un homme qui a pris part aux événements narrés. A l'exception de deux ou trois autres épîtres de Paul, il n'y a pas un livre du Nouveau Testament qui offre de telles preuves de son authenticité et de son autorité.

Et quel état de choses y trouvons-nous révélé ? Une querelle amère, que Paul raconte sans aucun ménagement, n'hésitant point à railler impitoyable-

[1] Je me garde bien d'affirmer que même les quatres Épîtres cardinales de Paul n'ont pas été, elles aussi, sérieusement remaniées. Voir note 1, à la page 279.

ment ceux qu'on « estime être des piliers »: Jacques « le frère du Seigneur » ; Pierre, le rocher sur lequel il a bâti son Eglise, et Jean, « le disciple bien-aimé ». Et aucun respect envers « le rocher » n'empêche Paul de reprocher, en face, à Pierre sa « dissimulation » !

Le sujet de cette chaude discussion était simplement ceci : les Gentils convertis étaient-ils tenus, ou non, d'obéir à la Loi ? Paul répondait négativement, et agissant d'après sa conviction, avait créé à Antioche (et ailleurs) une communauté dite « chrétienne » où l'on entrait du moment où l'on croyait que Jésus était le Messie, et qu'on s'était fait baptiser après cette confession. Dans l'Épître dont il s'agit, Paul exprime ceci — son « évangile », comme il le dit — sous sa forme la plus extrême. Non seulement il nie la nécessité de se conformer à la Loi, mais il déclare que cette conformité a une valeur négative. « Voici, ce que je vous dis, moi Paul, c'est que, si vous vous faites circoncire, Christ ne vous servira de rien [1] ».

Il qualifie les observances légales de « misérables rudiments », et lance l'anathème contre quiconque prêche aux Galates un autre Évangile que le sien. C'est-à-dire que, par une conséquence directe, il lance l'anathème contre les Nazaréens de Jérusalem, dont le zèle pour la Loi est constaté par Jacques dans un passage des Actes, que nous citons plus loin. Dans la première Epître aux Corinthiens, en traitant la question du fait de manger des viandes sacrifiées aux idoles, il est évident que Paul lui-même considère que c'est un sujet indifférent ; mais il conseille qu'on

[1] *Galates*, v, 2.

ne le fasse point, à cause des frères faibles en la foi. D'autre part, les Nazaréens de Jérusalem s'opposaient avec acharnement à l' « Evangile » de Paul, et insistaient pour que chaque converti devînt un vrai prosélyte juif, et, par conséquent, observât toute la Loi ; à la tête de ce parti étaient Jacques, Pierre et Jean [1]. Paul ne dit point si la question de principes a été réglée par la discussion à laquelle il est fait allusion dans l'Epître aux Galates. Tout ce qu'il dit, c'est que cela finit par la convention pratique que lui et Barnabée continueraient leur manière de faire avec les Gentils, tandis que Jacques, Pierre et Jean traiteraient à leur guise les Juifs convertis. Plus tard, il se plaint amèrement de Pierre parce que, au cours d'une visite de cet apôtre à Antioche, il avait d'abord incliné vers l'opinion de Paul, et consenti à manger avec des Gentils convertis; mais, lorsque « quelques personnes envoyées par Jacques » furent venues, il « se retira et se sépara d'eux, craignant les circoncis. Et les autres Juifs usaient aussi de la même dissimulation que lui, de sorte que Barnabée lui-même fut entraîné à dissimuler avec eux [2] ».

On ne saurait tirer qu'une conclusion du récit que Paul a fait de cette fameuse dispute, dont le règlement fit la fortune de la Religion naissante. C'est que les disciples à Jérusalem, ayant à leur tête « Jacques, le frère du Seigneur », et les apôtres principaux, Pierre et Jean, étaient des Juifs stricts observateurs de la Loi, qui n'avaient voulu admettre des néophytes qu'à

[1] *Galates*, II, 9.
[2] *Galates*, II, 12-13.

condition qu'ils fussent, soit par leur naissance, soit en devenant prosélytes, des Juifs aussi stricts. En réalité, la seule différence entre Jacques, Pierre, Jean et le corps de disciples qu'ils dirigeaient et les Juifs qui les entouraient, et dont ils avaient partagé pendant nombre d'années les observances religieuses, c'est qu'ils croyaient que le Messie, que les chefs de la nation attendaient encore, était déjà venu dans la personne de Jésus de Nazareth.

Les Actes des Apôtres sont à peine dignes de foi ; ils appartiennent, certainement, s'ils sont authentiques, à une date plus rapprochée de nous que celle des Épîtres de Paul. Et la version que donne l'auteur de la conférence décrite d'une manière si vivante par Paul, fait supposer, si la dernière est exacte, qu'elle a été, incontestablement, colorée par l'art de quelque commentateur désireux d'étouffer un scandale. Mais elle n'en est pas moins instructive. Le jugement du « Conseil » prononcé par Jacques est que les Gentils convertis doivent seulement « s'abstenir des viandes sacrifiées aux idoles, des bêtes étouffées, du sang, et de la fornication. » Mais, en dépit de l'arrangement auquel l'auteur des Actes voudrait nous faire croire, l'Église de Jérusalem persista dans sa tentative de conserver l'observance de la Loi. Longtemps après la conférence, quelque temps après avoir écrit les Epîtres aux Galates et aux Corinthiens, et immédiatement après avoir expédié l'Épître aux Romains, Paul fait sa dernière visite à Jérusalem, et se présente devant Jacques et tous les anciens. Et voici ce que les Actes nous disent de l'entrevue :

« Et ils lui dirent : Frère, tu vois combien il y a de milliers de Juifs qui ont cru, et ils sont tous zélés pour la loi. Or ils ont été informés que tu enseignes à tous les Juifs qui sont parmi les Gentils de renoncer à Moïse, en leur disant qu'ils ne doivent pas circoncire leurs enfants, ni vivre selon les cérémonies de la loi [1]. »

Ils demandent, par conséquent, qu'il accomplisse un certain rite religieux dans le Temple afin que :

«... Tous sachent qu'il n'est rien de vrai dans tout ce qu'ils ont ouï dire de toi, mais que tu continues à garder la loi [2].

Je laisse à tout lecteur impartial de ces Epîtres à décider si Paul pouvait, avec une conscience nette, faire ce que l'auteur des Actes dit ensuite qu'il fit, lui qui avait écrit les Épîtres aux Galates et aux Corinthiens. Le point sur lequel j'appelle particulièrement l'attention est la déclaration que l'Église de Jérusalem, dirigée par le frère de Jésus et ses disciples et amis personnels, vingt ans et plus après sa mort, se composait de Juifs stricts et zélés.

L'orateur Tertullien, se souciant peu des dissensions intérieures des sectateurs de Jésus, parle de Paul comme « chef de file de la secte des Nazaréens [3] », ce qui doit avoir fait à Jacques à peu près le même

[1] *Actes*, XXI, 20-21.

[2] *Loc. cit.*, 24. — En réalité, on demandait à Paul de commettre à Jérusalem un acte du même caractère que l'acte qu'il flétrit du nom de « dissimulation » chez Pierre, à Antioche.

[3] *Actes*, XXIV, 5.

effet qu'eût ressenti l'Archevêque de Canterbury, du temps de George Fox, si l'on eût appelé ce dernier un « chef de file de la secte des Anglicans ». En réalité, « Nazaréen » était, ainsi que chacun le sait, l'appellation distinctive de Jésus ; ses partisans immédiats étaient connus comme Nazaréens ; la congrégation des disciples et, plus tard, des nouveaux convertis, à Jérusalem — l'Église de Jérusalem — était, expressément, la « secte des Nazaréens », qui n'était pas plus considérée comme en dehors du Judaïsme que ne l'étaient celles des Sadducéens ou des Essènes[1]. En réalité, les dogmes des Sadducéens et des Essènes divergeaient davantage de l'idéal pharisaïque de l'orthodoxie que ne le faisait le Nazarénisme.

Examinons, maintenant (60 ans après Jésus-Christ), la situation comparée à celle qui existait du temps de Justin, un siècle plus tard. Il est évident que les Nazaréens — que présidait Jacques, « le frère du Seigneur » et comprenant les douze Apôtres — appartenaient à la seconde catégorie de Justin, celle des « Juifs qui observent la Loi, qui croient que Jésus est le Christ, mais qui insistent sur l'observance de la Loi par les Gentils convertis, » jusqu'au moment où la controverse racontée par Paul se produisit. Selon Paul, ces Juifs lui permirent, simplement, de former à Antioche et en d'autres lieux ses congrégations de Gentils convertis non légaux ; et il semblerait que c'est à ces néophytes, qui rentreraient dans la cinquième

[1] Tout ceci a été indiqué clairement par Ritschel, il y a près de quarante ans. Voir *Die Entstehung der alt-Katholischen Kirche* (1850, p. 108).

catégorie de Justin, que l'on appliqua, pour la première fois, le nom de « Chrétien »; si quelqu'un de ces chrétiens avait usé de la permission aux trois quarts accordée par Paul, et mangé des viandes sacrifiées aux idoles, il eût appartenu à la septième catégorie de Justin.

D'où il suit que, si l'opinion de Justin, qui fut probablement celle de l'Église en général au milieu du IIe siècle, était correcte, Jacques, Pierre, Jean et leurs disciples ne pouvaient être sauvés ; Paul, pas davantage, s'il mettait en pratique ses idées sur le peu d'importance de manger des viandes consacrées aux idoles. Ou, pour me servir d'une autre image, le centre de gravité de l'orthodoxie, qui se trouve à l'extrême droite de la série au XIXe siècle, était à l'extrême gauche, précisément avant le milieu du Ier siècle, quand la « secte des Nazaréens » constituait toute l'Église fondée par Jésus et les Apôtres; tandis qu'au temps de Justin il était à mi-chemin entre les deux.

C'est donc une erreur profonde que d'imaginer que les Judæo-Chrétiens (Nazaréens et Ebionites) des derniers temps étaient des produits hérétiques d'un « Christianisme » primitif universaliste. Tout au contraire, le « Christianisme » universaliste est un produit du Nazarénisme primitif, purement juif, lequel, éliminant, graduellement, les cérémonies et les prescriptions relatives à l'alimentation, de la loi juive, a classé le culte qui lui a donné naissance, avec toutes ses étapes intermédiaires de développement, parmi les hérésies damnables.

Puisqu'il en a été ainsi, nous sommes à même de

former un jugement sûr à l'égard des limites dans lesquelles l'enseignement de Jésus de Nazareth a dû être renfermé. L'autorité ecclésiastique voudrait nous faire croire que les mots écrits à la fin du premier Evangile: « Allez donc, et instruisez toutes les nations, les baptisant au nom du Père, et du Fils, et du Saint-Esprit » font partie des derniers ordres de Jésus, au moment où il s'est séparé des Onze. Si cela est, Pierre et Jean doivent avoir entendu ces mots ; ils sont trop clairs pour n'être pas compris, et l'occasion en a été trop solennelle pour qu'ils aient pu s'oublier. Cependant les Actes nous disent que Pierre eut besoin d'une vision pour baptiser Cornélius, et Paul, dans l'Épître aux Galates, ne connaît pas ces mots qui l'auraient complètement défendu contre ceux qui, s'ils les avaient entendus, doivent être considérés comme les ayant oubliés ou négligés. D'autre part, Pierre et Jean, qu'on suppose avoir entendu le Sermon sur la Montagne, ne connaissent pas ce qui est dit : que Jésus n'est point venu pour détruire la Loi, mais pour que la Loi soit accomplie, jusqu'au dernier iota et trait, ce qui sûrement aurait été une assez bonne preuve de leur manière d'envisager la question.

On nous dit quelquefois que les amis personnels et les compagnons de tous les jours de Jésus restaient Juifs zélés et s'opposaient aux innovations de Paul, parce qu'ils étaient durs de cœur et lents à comprendre. Cette hypothèse s'accorde difficilement avec la foi concomitante de ceux qui l'adoptent, en la pénétration miraculeuse et la sagacité surhumaine de leur Maître ; je ne vois pas non plus comment on pourrait la mettre en harmonie avec le postulat orthodoxe, savoir : que Mathieu est l'auteur du premier Évangile, et Jean celui du quatrième. S'il en est ainsi, alors assurément Mathieu n'était pas un être sans intelligence ; et quant au quatrième Évangile — roman théosophique de premier ordre, — il n'a pu être écrit que par un homme d'une capacité littéraire remarquable, qui avait puisé profondément aux sources de la philosophie alexandrine. En outre, la doctrine de l'auteur du quatrième Évangile est plus éloignée de celle de la « secte des Nazaréens » que celle de Paul lui-même. Je sais très bien que des critiques orthodoxes ont pu soutenir que Jean, le Nazaréen, qui avait probablement dépassé cinquante ans quand il a dû écrire le livre le plus complètement judaïsant du Nouveau Testament — l'Apocalypse — dans le grec le plus rude, subit une étonnante métamorphose à la fois dans son style et dans sa doctrine lorsqu'il atteignit le bel âge de quatre-vingt-dix ans, et qu'il a donné au monde une histoire où le critique le plus habile ne peut (toujours) découvrir où finissent les discours de Jésus, et où commence le texte du récit ; lequel récit est entièrement inconciliable, en ce qui concerne les faits, avec celui de son compagnon d'apostolat, Mathieu.

Voici comment finit toute cette affaire : — La « secte des Nazaréens », le frère de Jésus et ses disciples, nommés par lui Apôtres, et ceux qui reçurent les enseignements de ces derniers, jusqu'à l'année 50 après Jésus-Christ, n'étaient pas des « chrétiens » dans le sens où ce terme a été compris à partir de sa naissance placée à Antioche, mais des Juifs — des Juifs strictement orthodoxes — dont la foi dans le caractère messianique de Jésus ne permettait ni de les exclure des services du temple, ni de les bannir du sein plus vaste du Judaïsme [1]. La proclamation publique de leur opinion spéciale sur le Messie était, sans nul doute, offensante pour les Pharisiens, tout comme le fanatisme de la *Low Church* l'est pour les fanatiques de la *High Church* dans notre propre pays; ou comme toute sorte de dissidence est antipathique à des religionnaires fervents de toutes les confessions de foi. Le danger politique d'un mouvement messianique était indubitablement sérieux ; pour les Sadducéens, ils eussent voulu étouffer le Nazarénisme, dans la crainte qu'il ne finît par une rébellion inutile contre leurs maîtres romains, comme cet autre mouvement galiléen à la tête duquel Judas s'était mis, une génération auparavant. La Galilée avait toujours été une sorte de serre chaude d'enthousiasme séditieux contre la domination romaine, et le grand prêtre et le procurateur avaient un besoin égal de surveiller de près les habitants de cette région. Somme toute, pourtant, les Nazaréens ne furent guère troublés pendant les vingt premières années de leur existence, et la haine immortelle des Juifs envers ces derniers convertis, qu'ils considéraient comme apostats et fauteurs d'un Judaïsme simulé, fut éveillée par Paul. A leur point de vue, Paul n'était qu'un renégat, également opposé au

[1] « Si chacun, dès qu'il reconnaissait Jésus pour le Messie, était baptisé aussitôt, les premiers chrétiens n'ont pu reconnaître aucune autre différence essentielle entre eux et les Juifs. » (Zeller, *Vorträge*, 1865, p. 26).

Judaïsme orthodoxe et au Nazarénisme orthodoxe, et ses enseignements menaçaient de détruire le Judaïsme. Et ils avaient raison, à leur point de vue. Pendant un siècle, l'influence de Paul contribua grandement à transformer le Nazarénisme, d'abord cœur de la nouvelle foi, en une erreur repoussée avec mépris, et l'esprit de la doctrine de Paul continua son œuvre, poussant le Christianisme de plus en plus loin du Judaïsme, au point que « les viandes consacrées aux idoles » pouvaient être mangées sans scrupule, tandis que les façons nazaréennes d'observer le sabbat, ou la pâque, étaient flétries comme hérésie judaïsante.

Mais, si les Nazaréens primitifs dont parlent les Actes étaient des Juifs orthodoxes, quelle probabilité peut-il y avoir que Jésus ait été autre chose ? Comment peut-il avoir fondé la religion universelle dont on n'a entendu parler que vingt ans après sa mort [1]. Que Jésus ait possédé, à un rare degré, le don d'attacher les hommes à sa personne et à sa fortune, qu'il ait prononcé plus d'une parole remarquable, et qu'il se soit fait l'avocat de l'équité, de la douceur et de l'humilité ; qu'il ait pu négliger les subtilités des bigots pour l'observance de la loi, et qu'il en ait appelé de préférence à ces nobles conceptions de la religion qui constituaient la moelle ou le noyau de l'enseignement des grands prophètes de sa nation sept cents

[1] Le Dr Harnack, dans la seconde édition récemment publiée de sa *Dogmengeschichte*, dit (p. 39) : « Jésus-Christ n'a avancé aucune doctrine nouvelle, » et plus loin (p. 65) : « Il n'est pas difficile d'opposer à chaque parole de Jésus une observation qui prouve qu'elle n'a rien d'original. » Voir aussi l'appendice 4, à la même page.

ans auparavant, et que, dans les dernières scènes de sa carrière, il ait incarné le martyr idéal d'Isaïe, tout cela peut être, et je crois que cela est très probable. Mais tout ceci ne représente pas un pas au dehors des frontières du Judaïsme orthodoxe. Puis, qui nous dira si Jésus s'est donné pour le vrai Messie, attendu par sa nation dès l'apparition du livre pseudo-prophétique de Daniel, un siècle et demi avant son temps, ou si c'est l'enthousiasme de ses sectateurs qui l'a forcé, graduellement, à prendre cette attitude?

Mais il y a une chose qui est certaine : si la croyance en un prompt retour du Messie, qui était partagée par tous les partis de la primitive Eglise, nazaréens ou paulins, que Jésus prédit, à diverses reprises, dans les Évangiles synoptiques, croyance qui domina la vie des chrétiens pendant le 1er siècle qui suivit la crucifixion, s'il a accepté et enseigné cette croyance, il a été assurément sous l'empire d'une illusion, et il est responsable de ce que le temps, en s'écoulant, a démontré être une erreur prodigieuse.

Quand j'ai osé douter « qu'aucun théologien protestant ayant une réputation à perdre oserait affirmer qu'il croit à l'histoire des Gadaréniens », il semble que j'aie compté sans le Dr Wace, qui, faisant allusion à ce passage de mon article, dit :

« Il jugera si je rentre dans cette catégorie ; mais je répète que j'y crois, et qu'il a éloigné la seule objection que j'eusse à y croire [1].

[1] *Loc. cit.*, p. 363.

Loin de moi la prétention de me poser en juge dans une question aussi délicate que celle-là ; mais je crois pouvoir me risquer à exprimer la conviction que, en fait de courage, le Dr Wace s'est élevé à lui-même un monument *œre perennius*. Car vraiment, à mon humble avis, le Dr Wace en affirmant solennellement qu'il croit à l'histoire des Gadaréniens d'après le témoignage qui en est fourni, manifeste une certaine intrépidité splendide, semblable à celle que l'on admire chez ceux qui vont à la boucherie. Je ne suis peut-être pas aussi flatté que je devrais l'être, en apprenant que j'ai été complice en éteignant dans l'esprit du Dr Wace la dernière lueur de doute que le bon sens eût pu suggérer. En réalité, je dois répudier toute responsabilité de l'emploi qu'on pourra faire des renseignements que j'ai fournis. Je refuse formellement d'admettre que le fait d'avouer mon ignorance sur la question de savoir si les diables, à l'existence desquels je ne crois pas, ont pu, s'ils existaient, passer ou non d'hommes dans des pourceaux, puisse, logiquement, avoir été d'une utilité quelconque à une personne qui croyait déjà aux démons et à l'exactitude historique des Évangiles.

Quant à l'histoire gadarénienne, le Dr Wace, très solennellement et à deux reprises, affirme qu'il « y croit ». Je suis au regret d'avoir encore à le troubler; mais qu'entend-il par « y » ? Car il y a deux versions, l'une dans Marc et Luc, et l'autre dans Mathieu. Dans le premier, il y a un démoniaque ; dans le dernier, il y en a deux. L'histoire est racontée, en détail, avec la vigoureuse diction familière et les détails pittoresques, d'une légende populaire, dans le second Évangile. L'événement immédiatement antérieur est la tempête sur le lac de Génésareth. Les événements immédiatement postérieurs sont le message du chef de la synagogue et la guérison de la femme qui avait perdu du sang. Dans le troisième Évangile, l'ordre des événements est exactement le même, et il y a une concordance générale et verbale très étroite dans les récits du miracle. Tous deux s'accordent à déclarer qu'il n'y avait qu'un démoniaque, et qu'il était la résidence de nombreux démons dont le nom était « légion ».

Dans le premier Évangile, l'événement qui précède immédiatement l'affaire des Gadaréniens est, comme auparavant, la tempête ; le message du chef de la synagogue, et la guérison de la perte de sang en sont séparés par la guérison d'un paralytique, la vocation de Mathieu, et une discussion avec quelques Pharisiens. Ensuite, quand le second Évangile parle du pays des « Géraséniens » comme étant le lieu où s'est passé l'événement, le troisième Évangile dit « Géraséniens », « Gergéséniens » et « Gadaréniens » en différents anciens manuscrits, tandis que le premier donne « Gadaréniens ».

Les points réellement importants à remarquer, toutefois, dans le récit du premier Évangile, sont ceux-ci : c'est qu'il y a deux démoniaques au lieu d'un, et que, bien que l'histoire soit abrégée par des omissions, ce qu'il en reste est souvent verbalement identique aux passages correspondants dans les deux autres Évangiles. Le plus impudent des conciliateurs ne peut pourtant dire qu'un homme est comme deux hommes, ou deux hommes comme un; et, bien qu'on ait déjà émis l'idée que deux miracles différents, s'accordant dans tous les détails essentiels, sauf le nombre des démoniaques, ont été effectués immédiatement après la tempête sur le Lac, je regretterais d'avoir à reprocher à quelqu'un de l'adopter sérieusement. On ne saurait prétendre non plus, en ce cas, que le discours est allégorique.

Donc, quand le Dr Wace dit qu'il croit au récit des évangélistes synoptiques pour l'endiablement miraculeux des pourceaux, je puis en tout honneur, demander auquel d'entre eux il croit? Suit-il la version d'un des évangélistes, ou celle des deux évangélistes? Et, après avoir fait son choix, quelles raisons nous en donne-t-il? Si l'on admet que le témoignage des deux doit être pris contre le témoignage isolé, non seulement on traite le témoignage avec cette méthode de sens commun contre laquelle les théologiens de son école protestent si chaudement, non seulement toute question d'inspiration est supprimée, mais il se pose la question suivante: Après tout, est-ce bien le témoignage de deux contre un? Les auteurs des versions du second et troisième Évangiles sont-ils vraiment des témoins indépendants? Pour répondre à cette question il suffit de placer les versions des deux l'une à côté de l'autre, et de les comparer avec soin. On s'apercevra alors que les coïncidences, non seulement pour la substance, mais encore pour l'arrangement et pour l'emploi des mots identiques dans le même ordre, sont telles que l'on ne peut concevoir que deux alternatives: ou bien un évangéliste a librement copié l'autre; ou bien les deux ont pris pour base une source commune, qui peut avoir été soit un document écrit, soit une tradition orale définie apprise par cœur. Assurément, ces deux témoignages ne sont pas ceux de témoins indépendants. En outre, quand le récit du premier Évangile est comparé avec celui des deux autres, le même fait est apparent.

Supposant donc que le Dr Wace a raison d'admettre que Mathieu, Marc et Luc ont écrit les ouvrages que la tradition leur attribue, quelle est la valeur de leur concordance, même si quelque chose qui ressemble plus ou moins à ce miracle particulier s'est passé, puisqu'on peut démontrer que, ou bien tous trois se basent sur quelque récit antérieur, et dont l'authenticité n'est point connue, ou bien que deux copient le troisième ?

Le Dr Wace dit qu'il croit à l'histoire des Gadaréniens ; quelle que soit la version qu'il accepte, par conséquent, il croit que Jésus a dit tout ce que toutes les versions assurent qu'il a dit, et que, par là, il a virtuellement déclaré que la théorie de la nature du monde spirituel, impliquée dans cette histoire, est vraie. Quant à moi, je tiens pour fausse cette théorie: je crois que c'est une fiction monstrueuse et malfaisante, et je n'hésite point à déclarer ne point y croire, quel que soit celui qui m'en affirme la vérité. Si donc le Dr Wace a raison de tenir à sa foi, il a aussi tout à fait raison de me classer parmi les gens qu'il nomme « infidèles »; et bien que je ne puisse donner satisfaction à son bizarre désir de me voir me glorifier d'un titre que, à mon point de vue, il serait simplement inintelligent d'accepter, je me réjouirai certainement de n'être plus compté parmi les « chrétiens » tant que l'affirmation que l'on croit à des histoires telles que celle de l'affaire des pourceaux gadaréniens, d'après une tradition d'origine inconnue, dont il ne reste que deux récits divergents, d'origine également inconnue, formera une partie quelconque de la foi chrétienne. Et quoique j'aie, plus d'une fois, répudié le don de prophétie, je crois pouvoir me risquer à exprimer l'espérance que, si les « chrétiens » en général suivent la ligne adoptée par le Dr Wace, tous les hommes de bon sens présenteront les qualités requises pour être rangés parmi les « infidèles ».

IX

AGNOSTICISME ET CHRISTIANISME[1]

> Nemo ergo ex me scire quærat, quod me nescire scio, nisi forte ut nescire discat.
>
> (Saint AUGUSTIN, *De Civitate Dei*, XII, 7).

La discussion actuelle est née de l'usage, devenu général au cours des dernières années, des termes « Agnostique » et « Agnosticisme ».

On a accusé les gens qui s'appellent « Agnostiques » de ce faire parce qu'ils n'ont pas le courage de se déclarer « Infidèles ». On a insinué qu'ils ont adopté un nom nouveau afin d'échapper aux désagréments qui s'attachent à la désignation qui leur convient. J'ai répondu à cette imputation entièrement erronée en montrant que le terme « Agnostique » a pris naissance, en réalité, d'une manière qui la dément ; ma déclaration n'a pas été, et ne saurait être réfutée. En outre, parlant pour moi-même, et n'attaquant le droit d'aucune autre personne à se servir de ce terme dans

[1] *Nineteenth Century*, juin 1889. La substance d'un paragraphe qui servait de préambule a été reportée dans la préface.

un autre sens, je dirai que l'on ne peut convenablement décrire l'Agnosticisme comme étant une foi « négative », ni même comme étant une foi quelconque, si ce n'est en tant qu'elle exprime une foi absolue dans la validité d'un principe qui est autant moral qu'intellectuel. Ce principe peut être énoncé de diverses manières, mais toutes ces manières peuvent se ramener à ceci : qu'un homme a tort de se dire assuré de la vérité objective d'aucune proposition s'il ne peut produire une preuve qui justifie logiquement cette certitude. Voilà ce qu'affirme l'Agnosticisme; et à mon sens c'est là tout ce qui est essentiel à l'Agnosticisme. Ce que les Agnostiques nient et répudient comme immoral, c'est la doctrine contraire, d'après laquelle il y a des propositions que les hommes doivent croire, sans preuve logiquement satisfaisante, et que la réprobation doit s'attacher à ceux qui font profession de ne pas croire à des propositions aussi mal étayées. La justification du principe agnostique se trouve dans le succès qui a suivi son application dans le champ de l'histoire, soit naturelle, soit civile, et dans le fait que, en ce qui concerne ces sujets, nul homme sain d'esprit ne songe à nier sa validité.

Je dois ajouter, toujours en parlant en mon propre nom, que, bien que l'Agnosticisme ne soit pas, et ne puisse être une croyance, sauf en ce qui regarde son principe général, il est pourtant vrai que l'application de ce principe a pour résultat la négation, ou la suspension de jugement, en ce qui concerne nombre de propositions au sujet desquelles nos « Gnostiques » ecclésiastiques contemporains professent une entière certitude. Et, en tant que ces personnes ecclésiastiques peuvent être justifiées de leur coutume depuis longtemps établie (que beaucoup maintenant trouvent plus honorée par l'omission que par l'observance) d'appeler de noms injurieux ceux qui ne pensent pas comme eux, j'admets qu'ils ont tout droit de nous appeler, moi et ceux qui pensent comme moi, des « Infidèles » ; tout ce que j'oserai faire observer, c'est qu'ils ne peuvent s'attendre à ce que nous parlions de nous-mêmes en pareils termes.

L'étendue de la région de l'incertain, le nombre des problèmes dont l'investigation aboutit à la conclusion « manque de preuves », varie suivant la science et les habitudes intellectuelles de l'Agnostique, comme individu. Je n'aime guère à parler de quoi que ce soit comme étant « inconnaissable ». Ce dont je suis sûr, c'est qu'il y a beaucoup de sujets sur lesquels je ne sais rien, et qui, autant que j'en puis juger, sont hors de la portée de mes facultés. Mais que ces choses soient connaissables par quelqu'un d'autre, c'est précisément un de ces points qui dépassent ma connaissance, bien que je puisse avoir une opinion assez nette quant à la probabilité du cas.

Pour moi, personnellement, je suis tout à fait assuré que la région de l'incertitude — le pays nébuleux où les mots jouent le rôle des réalités — est bien plus étendue que je ne la souhaiterais. Le Matérialisme et l'Idéalisme, le Déisme et l'Athéisme, la doctrine de l'âme et de sa mortalité ou de son immortalité, apparaissent dans l'histoire de la philosophie comme les ombres des héros scandinaves, s'entre-tuant éternellement et ressuscitant éternellement dans un « Nifelheim » métaphysique. Voilà bientôt vingt-cinq siècles, à tout le moins, que l'humanité a commencé à prêter une sérieuse attention à ces sujets. De génération en génération, la philosophie a été condamnée à rouler la pierre au haut de la montagne, et au moment où tout le monde aurait juré qu'elle arrivait au sommet, la pierre roulait de nouveau en bas. Tout ceci est écrit dans des livres innombrables, et celui qui ne plaindra pas sa fatigue à les parcourir découvrira que la pierre est juste au point où elle était au début de l'œuvre. Hume l'a vu ; Kant l'a vu ; depuis eux, des yeux de plus en plus nombreux ont été débarrassés des taies qui les empêchaient de voir ; et maintenant le poids et le nombre de ceux qui refusent de devenir la proie de mystifications verbales commencent à compter dans la vie pratique.

Un conflit entre l'Agnosticisme et la Théologie était inévitable, ou plutôt entre l'Agnosticisme et l'Ecclésiasticisme. Car la Théologie, la science, est une chose, et l'Ecclésiasticisme, champion d'une conclusion arrêtée d'avance [1], quant à la vérité d'une forme particulière de Théologie, en est une autre. L'Agnosticisme ne cherche point de querelle à la Théologie. Bien au contraire, l'Agnostique, connaissant trop bien l'influence des préjugés et de l'idiosyncrasie, même sur ceux qui désirent le plus être impartiaux, ne peut rien souhaiter avec plus d'insistance que de voir le

[1] « Soutenons, avant d'avoir prouvé. Ce paradoxe apparent est le secret du bonheur. » (Dr Newman, *Tract.* 85, p. 85.)

théologien scientifique parfaitement libre de cribler la matière à sa guise, et de trouver des brèches dans la position occupée par l'Agnostique ; et, même si la démonstration n'est pas possible, ce dernier souhaite que le premier expose, avec leur force entière, les motifs des conclusions qu'il croit probables. Le théologien scientifique admet le principe agnostique, quelque grandement que diffèrent ses résultats de ceux auxquels arrivent la plupart des Agnostiques.

Mais, entre l'Agnosticisme et l'Ecclésiasticisme ou, comme l'appellent nos voisins de l'autre côté de la Manche, le Cléricalisme, il ne peut y avoir ni paix ni trêve. Le clérical affirme qu'il est mal, moralement, de ne pas croire à certaines propositions, quels que soient les résultats d'une stricte investigation scientifique de la preuve de ces propositions. Il nous dit « que l'erreur religieuse est, en soi, d'une nature immorale [1] ». Il déclare avoir jugé d'avance certaines conclusions, et considère ceux qui montrent des raisons de suspendre leur jugement comme des émissaires de Satan. Il s'ensuit nécessairement que, pour lui, ce n'est pas la constatation de la vérité, mais l'acquisition de la foi qui est le but suprême de la vie mentale. Et, si l'on analyse avec soin la nature de cette foi, on trouvera, trop souvent, qu'elle n'est pas le processus mystique d'unité avec le Divin, tel que l'enthousiaste religieux le comprend, mais bien ce que la naïve simplicité d'un élève de l'école du Dimanche l'avait un jour définie. « La Foi, disait

[1] Dr Newman, *Essay on Development*, p. 357.

ce plagiaire inconscient de Tertullien, c'est de pouvoir dire que vous croyez des choses qui sont incroyables. »

Eh bien! moi, et beaucoup d'autres agnostiques, nous croyons que la foi, dans ce sens, est une abomination ; et bien que nous ne nous permettions pas le luxe de nous faire à nous-mêmes justice en injuriant ceux qui pensent de façon différente, nous sentons que le désaccord entre nous et ceux qui professent cette doctrine est encore plus moral qu'intellectuel. Il est à désirer que la lumière se fasse sur ces sujets. Si nos adversaires cléricaux étaient vraiment au fait du véritable état de la question, nous en finirions avec l'étrange illusion que l'on trouve souvent, entre les lignes, dans leurs écrits, et selon laquelle ceux qu'ils aiment tant à appeler « Infidèles » sont des gens qui devraient être, et qui sont, au fond, honteux de leur état d'âme. Il serait peu courtois de faire plus d'indiquer combien cet agréable rêve est en opposition directe avec les faits.

Les Cléricaux et leurs alliés laïques nous disent, d'ordinaire, que, si nous refusons d'admettre qu'il y a de sérieux motifs d'exprimer des convictions définies sur certains sujets les liens de la société humaine se dissoudront, et l'humanité retombera dans la barbarie. Il y a plusieurs réponses à faire à cette assertion. La première, c'est que les liens de la société humaine ont été formés sans l'aide de leur théologie, et, de l'avis de juges compétents assez nombreux, ont été plutôt affaiblis que fortifiés par elle. La science et l'art de la Grèce, la morale du vieil Israël, l'organisation sociale de l'ancienne Rome ont toutes réussi à exister sans l'aide de la foi en un seul article caractéristique, même le plus simple, des symboles chrétiens. La science, les arts, la jurisprudence, les théories politiques et sociales principales du monde moderne sont issues de celles de la Grèce et de Rome, — non pas favorisées par les enseignements fondamentaux du Christianisme, mais en opposition avec eux, la science, les arts, et toute occupation sérieuse des choses de ce monde étant également méprisables pour ces chrétiens. Et puis, tout ce qu'il y a de mieux dans les éthiques du monde moderne, et qui ne vient ni de la pensée grecque ni des barbares, est le développement direct de la morale de l'ancien Israël. Il n'y a pas de code de législation, ancien ou moderne, qui soit à la fois aussi juste et aussi miséricordieux, aussi tendre au faible et au pauvre, que la loi juive ; et, s'il faut en croire les Evangiles Jésus de Nazareth a déclaré, lui-même, qu'il n'enseignait rien qui ne se trouvât, ou implicitement, ou explicitement dans le système religieux et éthique de son peuple.

« Et le scribe lui dit : En vérité, Maitre, tu as bien dit qu'Il est un, et qu'il n'y en a point d'autre que Lui, et que l'aimer de tout son cœur, de toute sa pensée et de toute sa force, et aimer son prochain comme soi-même, est plus que tous les encensements et les sacrifices [1]. »

Voici le plus court des résumés de l'enseignement des prophètes d'Israël au VIIIe siècle avant l'ère chré-

[1] Marc, XII, 32-33.

tienne; le Maître, dont la doctrine est ainsi énoncée en sa présence, réfute-t-il cette exposition? Non : on nous dit, au contraire, que Jésus vit qu'il avait « bien répondu », et qu'il répliqua : « Tu n'es pas éloigné du Royaume de Dieu. »

Je pense donc que, même si les symboles, depuis celui des Apôtres jusqu'à celui de saint Athanase, étaient balayés et oubliés, et si même l'humanité arrivait à la conclusion que le fait qu'un évêque lave ou ne lave point une tasse, n'a pas l'ombre d'importance, les choses n'en iraient pas plus mal. Les causes qui ont amené le développement de la moralité chez l'homme, qui nous ont guidés et poussés tout le long de la route qui sépare le sauvage de l'homme civilisé, ces causes ne cesseront point d'agir parce qu'un certain nombre d'hypothèses ecclésiastiques seront reconnues sans fondement. Et quand même la notion absurde que la moralité est plutôt l'enfant de la spéculation que celui de la nécessité pratique et de l'instinct hérité avait quelque fondement, si tout le monde se mettait à voler, à assassiner et à commettre toutes sortes de crimes dès qu'on découvrirait que certaines parties de l'ancienne histoire sont des mythes, quelle importance auraient de tels arguments pour quiconque professe les principes agnostiques?

Assurément, la tentative de chasser Béelzébuth avec l'aide de Béelzébuth était un procédé plein de promesses, si on le compare à celui qui consiste à préserver la moralité à l'aide de l'immoralité. Car je suppose qu'on admettra qu'un agnostique puisse être parfaitement sincère, puisse être compétent, puisse avoir étudié la question en jeu avec autant de soin que ses adversaires cléricaux. Mais, si l'agnostique croit réellement à ce qu'il dit, l'argumentateur des « conséquences terribles » (d'accord, j'en conviens, avec ses propres principes) lui demande, virtuellement, de s'abstenir de dire la vérité, ou de dire ce qu'il croit n'être pas vrai, à cause des conséquences qu'il suppose devoir être dangereuses pour la moralité. « Mes bien-aimés frères, pour être d'une moralité sans tache, avant toutes choses, mentons, » c'est là la somme totale de plus d'une exhortation adressée à l' « Infidèle ». J'ai déjà fait remarquer que nous ne pouvons rendre ce service à ceux qui nous exhortent. Nous laissons à ceux qui les ont inventées l'application pratique des doctrines commodes de la « Restriction » et de l' « Interprétation non naturelle ».

J'espère avoir maintenant fait réparation pour toute ambiguïté, ou toute lacune de détail, dans mon énoncé de ce que je tiens pour l'essence de la doctrine agnostique. Désormais, je pourrais me flatter de l'espoir que je n'entendrai plus affirmer que nous sommes, nécessairement, des Matérialistes, des Idéalistes, des Athées, des Déistes, ou tout autres *istes* si l'expérience ne m'avait appris que la démonstration de l'erreur d'une déclaration ne garantit nullement contre la répétition de celle-ci. Et ceux qui apprécient la nature de notre position verront de suite que, lorsque le Cléricalisme déclare que nous devrions croire ceci, cela, et autre chose, et que nous sommes très pervers de ne pas le faire, il nous est impossible de donner une autre réponse que celle-ci : Nous n'avons pas la moindre objection à croire tout ce que vous voudrez, pourvu que vous donniez des motifs sérieux à notre foi ; mais, si vous ne pouvez le faire, nous devons refuser respectueusement, quand bien même ce refus amènerait le naufrage de la moralité, et assurerait notre propre damnation. Nous laissons volontiers cette dernière à la décision de l'avenir. Le passé nous a donné la ferme conviction qu'aucun bien ne peut venir du mensonge, et nous sentons que nous avons le droit de refuser même une expérience dans cette direction.

Au cours de la discussion actuelle, on a affirmé que le Sermon sur la Montagne et l'Oraison Dominicale fournissent un résumé sommaire et condensé du sens essentiel de l'enseignement de Jésus de Nazareth, tel qu'il l'a énoncé. Cette Somme supposée de la théologie nazaréenne affirme distinctement l'existence d'un monde spirituel, d'un ciel et d'un enfer de feu ; elle enseigne la paternité de Dieu, et la malignité du Diable ; elle déclare la providence universelle du premier, et notre besoin de délivrance des machinations du dernier ; elle affirme le fait de la possession par les démons, et le pouvoir qu'ont les fidèles de chasser ces derniers. Et l'on tire, de ces prémisses, la conclusion que les Agnostiques qui nient l'existence de preuves entraînant la certitude, en ce qui concerne l'existence et la nature du monde spirituel, contredisent les déclarations expresses de Jésus. J'ai répondu à cette argumentation en montrant qu'il y a de bonnes raisons de douter de l'exactitude historique de l'attribution à Jésus soit du Sermon sur la Montagne, soit de l'Oraison dominicale, et, par conséquent, la conclusion en question n'est pas garantie, en tout cas, par les motifs exposés.

Mais que les Évangiles contiennent, ou non, des déclarations dignes de foi sur ce fait et d'autres faits historiques invoqués, il est très certain que nous pouvons en tirer, ainsi que des autres livres du Nouveau Testament, une exposition assez complète de cette théorie du monde spirituel que professaient à la fois Nazaréens et Chrétiens, et qu'ils supposaient, sans aucun doute, être entièrement sanctionnée par Jésus, bien qu'il soit tout aussi clair qu'ils n'ont point imaginé qu'il leur eût révélé quelque chose d'inconnu jusque-là. Si la doctrine pneumatologique qui pénètre tout le Nouveau Testament n'est nulle part systématiquement exposée, elle est partout sous-entendue. Les auteurs des Évangiles et des Actes la tiennent pour établie comme chose connue, et il est facile de recueillir dans ces sources une série de propositions qui n'ont besoin que d'être arrangées pour former un système complet.

Dans ce système, l'homme est considéré comme une dualité formée d'un élément spirituel, l'âme, et d'un élément corporel [1], le corps. Et cette dualité se

[1] On ne suppose nullement que « spirituel » et « corporel » soient des équivalents exacts d' « immatériel » et « matériel » dans l'esprit de ceux qui ont anciennement philosophé sur ces sujets. Le « corps spirituel » des morts ressuscités (I *Cor.*, XV) n'est pas le corps de « chair et de sang » « naturels ». Paul n'enseigne pas la résurrection du corps dans le sens ordinaire du mot « corps » ; c'est un fait qu'on perd souvent de vue, mais qui est gros de conséquences.

trouve répétée dans l'univers, qui consiste en un monde corporel embrasé et pénétré par un monde spirituel. Le premier se compose de la terre, comme constituant principal et central, avec le soleil, les planètes et les étoiles. Au-dessus de la terre il y a l'air, et au dessous l'abîme des eaux. Il n'est pas très certain s'il faut concevoir le ciel qui est au-dessus de l'air, et l'enfer qui est au dessous, dans les profondeurs souterraines, comme étant corporels ou incorporels. Quoi qu'il en soit, le ciel et l'air, la terre et l'abîme sont peuplés d'innombrables êtres analogues, dans leur nature, à l'élément spirituel qui est dans l'homme, et ces esprits sont de deux sortes : bons et mauvais. Le chef des bons esprits, infiniment supérieur à tous les autres, et leur créateur, aussi bien que le créateur du monde corporel et des mauvais esprits, c'est Dieu ; sa résidence, c'est le ciel, où il est entouré par les armées rangées des bons esprits, ses anges ou ses messagers, qui exécutent sa volonté dans tout l'univers.

D'autre part, le chef des mauvais esprits est Satan, *le* diable *par excellence*. Lui et sa bande de démons sont libres d'errer à travers tout l'univers, sauf le ciel ; les esprits malins sont bien supérieurs à l'homme en puissance et en subtilité, et toutes leurs forces sont consacrées à lui apporter des maux physiques et moraux, et à contrarier, autant qu'ils le peuvent, les intentions bienveillantes de l'Être Suprême. En réalité, les âmes et les corps des hommes sont, à la fois, le théâtre et le prix d'un train de guerre incessant entre les bons et les mauvais esprits entre les puissances de la lumière et les puissances des ténèbres. En faisant tomber Adam et Eve, Satan amena le péché et la mort à l'humanité. Semblables aux dieux des païens, les démons sont les fondateurs et les soutiens de l'idolâtrie; comme « puissances de l'air », ils affligent l'humanité par la peste et la famine; comme « esprits immondes », ils causent les maladies de l'esprit et du corps.

La signification de l'apparition de Jésus, en qualité de Messie ou Christ, est le renversement de l'œuvre de Satan, en ce qu'il met fin, à la fois, au péché et à la mort. Il annonce que le royaume de Dieu est proche, que « le Prince de ce monde » va être finalement « chassé [1] » du Cosmos, comme Jésus, pendant sa carrière terrestre, le chassait des individus. Alors Satan, avec toute sa bande et avec les méchants qu'ils auront menés à la destruction, sera jeté dans l'abîme du feu qui ne s'éteint point, — pour y endurer des tortures continuelles, sans aucun espoir d'obtenir le pardon du Dieu miséricordieux, leur père, ou d'émouvoir le Messie glorifié au point d'en obtenir un dernier acte d'intercession compatissante, ou même d'interrompre, par une sympathie d'un instant pour leur misère, la psalmodie harmonieuse de leurs frères parmi les anges et les hommes, plongés pour l'éternité dans une béatitude ineffable.

Le Protestant le plus rigoureux, qui refuse d'admettre l'existence d'aucune source de vérité divine, en dehors de la Bible, ne peut nier que chaque point

[1] Jean, XII, 31.

de la théorie pneumatologique ci-dessus exposée ne soit amplement appuyé sur les Écritures. Les Évangiles, les Actes, les Epitres et l'Apocalypse affirment l'existence du Diable, de ses démons, et de l'enfer, aussi distinctement qu'ils affirment celle de Dieu, de ses anges et du ciel. Il est évident que les conceptions Messianique et Satanique des auteurs de ces livres sont l'envers et l'endroit de la même monnaie intellectuelle. Si nous passons des Ecritures aux traditions des Pères et aux confessions de foi des Églises, il paraîtra qu'en ce point particulier, en tout cas, le temps n'a amené aucune déviation importante de la croyance primitive. Depuis Justin, on peut souvent se demander si c'est Dieu ou le Diable qui occupe la plus grande part de l'attention des Pères. C'est le Diable qui pousse les autorités romaines à persécuter les chrétiens ; les dieux et les déesses du Paganisme sont des diables, et l'idolâtrie elle-même est une invention de Satan ; si un saint est déchu de la grâce, c'est par la séduction du démon ; si l'hérésie naît, c'est le Diable qui l'a suggérée, et quelques-uns des Pères [1] vont jusqu'à défier les païens à une sorte de lutte d'exorcisme, dans le but de mettre à l'épreuve la vérité du Christianisme. Le Christianisme du moyen âge est d'accord, sur ce chef, avec celui des Pères. Les masses, le clergé, les théologiens, et les

[1] Tertullien (*Apologia adv. Gentes*, chap. XXIII) défie ainsi les autorités romaines : Qu'elles amènent une personne possédée du démon en présence d'un chrétien devant leur tribunal ; et si le démon n'avoue pas être tel, sur l'ordre du chrétien, que le chrétien soit immédiatement exécuté.

philosophes vivent et se meuvent et ont leur être dans un monde plein de démons, où la sorcellerie et la possession sont d'occurrence quotidienne. La Réforme n'a guère fait de différence. Quels que soient les autres points attaqués par Luther, il laissa intacte la démonologie traditionnelle; et nul ne conservait au Diable une foi plus cordiale et complète que lui, et, plus tard, les fanatiques calvinistes de la Nouvelle-Angleterre. Enfin, dans ces dernières années du XIXe siècle, les hypothèses démonologiques du Ier siècle sont encore, explicitement ou implicitement, crues et mises en pratique par l'immense majorité des chrétiens de toutes les confessions.

Ce n'est que çà et là, où le progrès de la pensée scientifique en dehors du monde clérical a eu quelque influence sur les chrétiens, qu'eux et leurs maîtres ont gardé un silence prudent sur la démonologie de leur foi. Ils cachent leur incrédulité réelle en une moitié de la doctrine chrétienne en se taisant judicieusement, ou en recourant à ces asiles des indigents de la logique, à l'adaptation ou à l'allégorie. Mais les fidèles qui ont recours à l'allégorie pour échapper à l'absurdité ne ressemblent à rien tant qu'aux moutons de la fable qui — pour sauver leur vie — sautèrent dans la fosse. La fosse de l'allégorie est si commode, si prête à avaler bien plus encore qu'on ne veut y mettre! Si l'histoire de la tentation est une allégorie, si la première reconnaissance de Jésus comme fils de Dieu, par les démons, est une allégorie; si la déclaration précise de l'auteur de la première Épître de Jean (III, 8) : « C'est pour cela que le Fils de Dieu a été manifesté, afin de détruire les œuvres du Diable », est une allégorie, alors la version de Paul relative à la chute peut être allégorique, et encore plus les mots de consécration de l'Eucharistie, ou la promesse de la seconde venue ; en réalité, il n'y a pas un dogme du Christianisme clérical dont la base évangélique ne puisse être sapée par cette opération.

Quant à l'adaptation, que tout honnête homme qui peut lire le Nouveau Testament se demande si Jésus et ses plus proches amis et disciples peuvent être déshonorés d'une manière plus grossière que par la supposition qu'ils ont dit et fait ce qu'on leur attribue tandis qu'en réalité ils ne croyaient ni à Satan et à ses démons, ni à la possession ou à l'exorcisme [1].

Un théologien éminent a fait justement observer que nous n'avons pas le droit d'examiner les propositions de la foi chrétienne avec un œil ouvert et l'autre fermé [2]. Il n'est réellement pas permis de voir, d'un œil, que l'on affirme que Jésus déclare la personnalité et la paternité de Dieu, sa providence tendre, et sa promptitude à écouter la prière, et de fermer l'autre à l'enseignement non moins défini attribué au Christ en ce qui concerne la personnalité et la misanthropie du Diable, sa vigilance maligne et sa sujétion aux formules et aux rites d'exorcisme. L'assertion de Jésus que le Diable « a été meurtrier dès le commencement [3] » est rapportée par la

1 Voir l'expression de l'opinion orthodoxe sur le subterfuge de l' « adaptation » déjà cité ci-dessus, dans l'*Agnosticisme*.

2 *Tract.* 85, p. 29.

3 Jean, VIII, 44.

même autorité qui déclare que « Dieu est Esprit[1] ».

Pour ceux qui admettent l'autorité du fameux dicton Vincentien que la doctrine qui a été professée « toujours, partout, et par tous, » doit être reçue comme faisant autorité, la démonologie doit avoir une plus haute sanction qu'aucun autre dogme chrétien, sauf peut-être ceux de la Résurrection et de la mission messianique de Jésus ; car il serait malaisé de nommer un seul autre point de doctrine où le Nazaréen ne diffère point du chrétien, et où les phases historiques différentes et les subdivisions contemporaines du Christianisme ne diffèrent point l'une de l'autre. Et, si l'on accepte la démonologie, il n'y a plus aucune raison pour rejeter les miracles où les démons jouent un rôle. L'histoire des Gadaréniens s'adapte bien dans le plan général du Christianisme, et le témoignage en faveur de « Légion » et de ses agissements est tout aussi bon qu'aucun autre dans le Nouveau Testament en faveur de la doctrine mise en lumière par cette histoire.

C'est dans le but de mettre en lumière ce grand fait, de faire ouvrir leurs deux yeux aux gens qui regardent le Cléricalisme, que j'ai consacré tant d'espace à l'histoire miraculeuse qui se trouve être un des meilleurs types de sa classe. Et je ne pourrais souhaiter une plus ample justification de la marche que j'ai suivie que le fait que mon adversaire, héroïquement logique, a déclaré croire implicitement à l'histoire des Gadaréniens et (par une conséquence nécessaire) à toute la

[1] Jean, IV, 24.

démonologie chrétienne. Il doit être, maintenant, évident que, si le récit du monde spirituel donné dans le Nouveau Testament, sur l'autorité présumée de Jésus, est vrai, la moitié démonologique de ce récit doit être tout aussi vraie que l'autre moitié. Et, par conséquent, ceux qui mettent en doute la démonologie et essayent de l'éluder nient la vérité de ce qu'a dit Jésus, et sont, en langage clérical, tout aussi bien des « infidèles » que ceux qui nient la spiritualité de Dieu. Cela est aussi clair que possible, et mon adversaire se trouve dans un dilemme : il lui faut ou bien admettre que la possession des pourceaux gadaréniens a réellement eu lieu, ou se ranger parmi les « infidèles ». Ainsi qu'on pouvait s'y attendre, il a choisi la première de ces deux alternatives, et je puis exprimer la grande satisfaction que j'éprouve à voir qu'il est un terrain commun sur lequel nous nous rencontrons. Autant que j'en puis juger, nous nous accordons pour formuler une des grandes divergences de vues entre les conséquences des principes agnostiques (tels que je les formule) et les conséquences du dogmatisme clérical (tel qu'il l'accepte) comme suit :

Le Cléricalisme dit : La démonologie des Évangiles est une partie essentielle de cet exposé du monde spirituel, dont la vérité est certifiée par Jésus.

L'Agnosticisme (*me judice*) dit qu'il n'y a pas de bonne preuve de l'existence d'un monde démoniaque spirituel, et il y a beaucoup de raisons de douter de son existence.

A ceci le clérical peut répondre : Votre doute signifie que vous ne croyez pas en Jésus ; donc vous êtes un « infidèle » et non un « agnostique ». L'agnostique peut répliquer : Non ; et cela pour deux raisons : d'abord, parce que la preuve que vous apportez de ce que vous affirmez ne vaut pas grand'chose ; et en second lieu, parce qu'un homme peut être agnostique, en ce qu'il admet ne point avoir de connaissance positive, et pourtant considérer qu'il a plus ou moins de motifs probables pour accepter une hypothèse quelconque à l'égard du monde spirituel. Tout comme un homme peut déclarer franchement qu'il n'a aucun moyen de savoir si les planètes, en général, sont habitées, et penser pourtant qu'une des deux hypothèses possibles est plus probable que l'autre, de même il peut admettre qu'il n'a aucun moyen de rien savoir du monde spirituel, et cependant penser qu'une des opinions courantes sur ce sujet est, jusqu'à un certain point, plus probable.

La seconde réponse a une valeur si évidente qu'elle n'a pas à être discutée ; j'y appelle l'attention, simplement pour être juste envers les agnostiques qui peuvent attacher une beaucoup plus grande valeur que je ne le fais à aucune sorte de spéculation pneumatologique, et non pour échapper à la responsabilité de déclarer, que, Jésus ait-il ou n'ait-il pas sanctionné la partie démonologique du Christianisme, je la rejette sans hésitation. La première réponse, d'autre part, ouvre toute la question de savoir si l'on doit considérer comme témoignage historique inattaquable, en ce qui regarde les faits, toutes les sources bibliques ou autres, d'où dérivent des hypothèses concernant le monde spirituel.

J'ai hâte de dire, en ce qui regarde le degré de confiance à accorder aux récits évangéliques, que je désire en finir avec la supposition commune que c'est un sujet d'importance fondamentale que de déterminer les noms d'auteurs et les dates de ces ouvrages. Cette idée est basée sur la notion que ce que disent les témoins contemporains doit être vrai, ou du moins a, *prima facie*, le droit d'être supposé tel : de sorte que, si les auteurs des Évangiles étaient contemporains des événements, et bien plus encore, s'ils en étaient témoins oculaires, les miracles qu'ils racontent doivent être historiquement vrais, et par conséquent la démonologie qu'ils impliquent doit être acceptée. Mais l'histoire de la *Translation des bienheureux martyrs Marcellin et Pierre* et les autres considérations (auxquelles d'innombrables additions pourraient être puisées dans les Pères et les écrivains du moyen âge) exposées dans un essai précédent donnent, à mon avis, une preuve suffisante que, en ce qui concerne le miraculeux, ni l'intelligence la plus considérable, ni une honnêteté au-dessus de tout soupçon, ni la connaissance du monde, ni la fidélité éprouvée chez les historiens civils, ni la piété profonde chez les témoins oculaires et les contemporains, rien de tout cela ne peut garantir la vérité objective de leurs déclarations quand nous savons qu'une croyance ferme aux miracles est ancrée dans leur esprit, et y a régné avant leurs observations et leurs raisonnements.

Donc, bien qu'il soit, à mon avis, démontrable que nous n'avons aucune vraie connaissance des véritables auteurs, ou de la date de composition des Évangiles, tels que nous les avons reçus, et que l'on ne peut que se livrer à des conjectures plus ou moins probables sur ce sujet, je n'ai pas voulu consacrer plus d'espace à cette question. Je suppose qu'on accordera que les auteurs des œuvres attribuées à Mathieu, Marc, Luc et Jean, quels qu'ils soient, sont des personnages dont la capacité et le jugement dans la narration des événements ordinaires ne sont pas tout à fait aussi assurés que dans le cas d'Eginhard ; et nous avons vu ce que vaut le témoignage d'Eginhard quand il s'agit du miraculeux.

J'ai eu soin d'expliquer que les arguments dont je me suis servi, au cours de cette discussion, ne sont pas nouveaux ; ils sont historiques et n'ont rien à voir avec ce que l'on nomme, d'ordinaire, science, et on les trouve tous, à ma connaissance, dans les ouvrages de théologiens éminents.

Mon argument, que le témoignage en faveur de miracles tels que ceux qu'Eginhard raconte, et par conséquent de la démonologie du moyen âge, est tout aussi bon que le témoignage en faveur de miracles tels que celui des Gadaréniens, cet argument n'est pas de mon invention. Un théologien érudit et éminent, il y a cent cinquante ans, en a indiqué la force consciemment ou inconsciemment, et ma ligne de défense a été sinon exactement occupée, du moins si bien fortifiée par des bastions et des redoutes, par un Vauban ecclésiastique actuellement vivant, que, à mon avis, on l'a rendue inattaquable. Au commencement du siècle dernier, l'esprit clérical de notre pays se préoccupa beaucoup de la question, non pas exactement des miracles, dont l'occurrence aux temps bibliques était passée à l'état d'axiome, mais du problème de savoir quand les miracles avaient cessé. Le clergé anglican était bien sûr qu'aucun miracle n'avait eu lieu de son temps, ni de quelque temps auparavant, il était tout aussi sûr que des miracles avaient eu lieu seize ou dix-sept siècles auparavant. Et c'était, pour lui, une question vitale que de déterminer à quel moment du temps, entre ce *terminus a quo* et ce *terminus ad quem*, les miracles avaient pris fin.

Les Anglicans et les Romanistes s'accordaient pour admettre que posséder le don de faire des miracles était une preuve, *prima facie*, de la solidité de la foi des thaumaturges. La supposition (même soutenue par une grande autorité) que des hérétiques pouvaient exercer une puissance miraculeuse menait à des conséquences trop horribles pour que cela fût possible à des gens occupés à bâtir leur édifice dogmatique sur le sable de l'histoire de la primitive Église. Si, ainsi que le soutenaient les Romanistes, une série ininterrompue de miracles authentiques ornait les annales de leur Église, à travers toute son existence, aucun Anglican ne pourrait les accuser légèrement de corrompre les doctrines. D'où il suit que les Anglicans qui se livraient à de telles accusations étaient tenus de prouver que les miracles modernes, ceux du moyen âge romain, et les miracles plus récents des Pères étaient faux, et ils faisaient s'arrêter la puissance miraculeuse de l'Église au point exact du temps où cessait la doctrine anglicane, et commençait la doctrine romaine. Avec un peu d'adaptation — tirant ici et poussant là — on pouvait accorder ou sembler faire accorder assez bien le Christianisme des trois ou quatre premiers siècles avec le plan anglican. Ainsi, on pouvait reconnaître les miracles, par exemple, de Justin jusqu'à Jérôme ; tandis que, plus tard, l'Église s'étant « corrompue », c'est-à-dire ayant suivi la même ligne de développement que les Anglicans, mais plus loin que ceux-ci ne le voulaient, — ses miracles devaient forcément être des ruses et des impostures.

Dans de pareilles circonstances, on peut imaginer que l'établissement d'une frontière scientifique entre le royaume primitif des faits supposés, et le domaine plus récent des illusions, présentait des difficultés ; et il coula, des plumes cléricales, de vrais torrents de plaidoyers théologiques sur ce sujet, jusqu'au moment où le savant et subtil prêtre anglican, Conyers Middleton, dans son *Free Inquiry*, eut déchiré le tissu de sophismes qu'ils avaient si laborieusement tissé, et démontré que les miracles de l'époque des Pères, soit au début, soit plus tard, doivent subsister ou tomber ensemble, puisque le témoignage en faveur des miracles les plus récents est aussi bon que celui qui appuie les premiers. Si une des séries est certifiée par des témoins contemporains d'une haute réputation, l'autre l'est tout autant, et, selon toute probabilité, l'une vaut l'autre. C'est là le résultat sérieux et irréfutable qui découle des travaux de Middleton. Mais la liberté du *Free Inquirer* a ses limites ; et il tire une ligne de démarcation distincte entre les miracles des Pères et ceux du Nouveau Testament, par la raison que ces derniers, étant inspirés, sont en dehors de la portée de la critique.

Un siècle plus tard, la question fut soulevée de nouveau par un autre ecclésiastique, égal à Middleton en savoir et en finesse, et de beaucoup son supérieur en subtilité et en habileté dialectiques. Celui-ci, bien qu'Anglican, méprisait le nom de Protestant, et, tout en étant homme d'Église, s'appliqua à mettre au clair, avec une adresse infinie, l'inanité complète des arguments de ceux parmi ses confrères de l'Église qui s'imaginaient pouvoir être, à la fois, Anglicans et Protestants. L'argument de l'*Essay on the Miracles Recorded in the Ecclesiastical History of the Early Ages* [1], par John Henry Newman, maintenant cardinal romain, mais qui était alors pasteur anglican [2], cet argument est résumé par lui dans le passage qui suit :

« Si les miracles de l'histoire de l'Église ne peuvent être défendus par les arguments de Leslie, Lyttelton, Paley ou Douglas, combien y a-t-il de miracles des écritures qui remplissent ces conditions [3] ? »

Et bien que la réponse ne soit pas donnée en toutes

[1] Je cite la première édition (1843); une seconde en a paru en 1870. Le *Tract* 85 des *Tracts for the Times* devrait être lu avec cet *Essay*. Si j'étais appelé à rédiger un *Manuel de l'Infidélité*, je pense que j'épargnerais ma peine en faisant un choix dans ces ouvrages, et dans l'*Essay on Development* du même auteur.

[2] Newman, d'abord anglican se convertit au catholicisme dont il devint un des grands dignitaires : il est mort en 1892. (Trad.)

[3] P. CVII.

lettres, il demeure certain pour le lecteur que dans l'esprit de l'auteur la réponse est : Aucun.

En réalité, c'est là une conclusion irrésistible, si l'argument en faveur des miracles de l'Écriture est basé sur ce que les laïques, qu'ils soient hommes de loi, ou de science, ou historiens, ou hommes d'affaires ordinaires, appellent témoignage. Ce qui fait une impression profonde, c'est le magnifique mépris avec lequel, par moments, le Dr Newman éloigne également ceux qui offrent et ceux qui demandent un témoignage de ce genre.

« Quelques auteurs infidèles nous conseillent de n'accepter aucun miracle qui ne serait point jugé tel dans une cour de justice ; c'est-à-dire qu'ils emploient contre les Écritures une arme que les Protestants voudraient réserver aux attaques contre l'Église ; comme si des questions morales et religieuses avaient besoin de preuves légales, et que le témoignage fût le critérium de la vérité [1].

« Comme si le témoignage était le critérium de la vérité, » — même quand la vérité dont il s'agit est la question de savoir s'il s'est ou s'il ne s'est pas produit certains phénomènes à un certain temps et en un certain lieu ! Cette révélation soudaine du grand abîme qui existe entre l'esprit clérical et l'esprit scientifique

[1] P. CVII. — Toutefois, lorsque cela lui convient, comme dans l'Introduction à l'*Essay on Development*, le Dr Newman sait demander une preuve stricte dans les questions religieuses tout aussi vivement que le fait aucun « auteur infidèle », et il prétend parfois céder à la force de cette preuve. (*Essay on Miracles*, 1870, note, p. 391.)

coupe la respiration à quiconque n'est pas familiarisé avec l'*Organon* clérical. On peut répliquer : qu'admettre que les miracles peuvent servir, ou ont servi, une fin morale ou religieuse ne modifie aucunement le fait qu'ils prétendent être des événements historiques, des choses qui se sont réellement passées, et comme tels doivent nécessairement être précisément les sujets à propos desquels la preuve est nécessaire, et où les preuves légales (qui ne sont telles que parce qu'elles sont adéquates) peuvent être, à juste titre, exigées. Le miracle des Gadaréniens a dû se passer, ou bien il n'a pas eu lieu. Que la « question » des Gadaréniens soit morale ou religieuse, ou ni l'un ni l'autre, cela n'a rien à voir avec le fait que c'est une question purement historique de savoir si les démons ont dit ce qu'on déclare avoir été dit par eux, et si les pourceaux démoniaques sont tombés, ou non, des falaises qui bordent le lac de Génésareth, à un certain jour d'une certaine année, après l'an 26 et avant l'an 36 de notre ère ; car, si vague et incertaine que soit la chronologie du Nouveau Testament, je suppose que l'on peut admettre que l'événement en question, s'il s'est jamais produit, a dû se passer sous le gouvernement de Pilate. Si ce n'est point là un sujet où un homme sain d'esprit ait droit d'exiger des preuves, et des preuves non seulement légales, mais strictement scientifiques quand on lui demande de croire à l'histoire, en quel cas pourra-t-il en demander ? Faut-il donc, sérieusement, demander qu'on croie à des déclarations qui, à parler poliment, ne sont pas tout à fait probables, et de l'acceptation ou du rejet desquelles toute la conception de la vie peut dépendre, sans demander seulement ce qu'il faudrait de preuve « légale » pour envoyer un voleur en prison, ou pour prouver la validité d'un testament attaqué ?

Les « auteurs infidèles » (si, comme on me l'assure, je puis répondre pour eux) se refuseront à perdre du temps à de purs obscurcissements de pensée de ce genre ; mais, pour les Anglicans qui acceptent ses prémisses, le Dr Newman est réellement un antagoniste formidable. Que peuvent-ils, en effet, répondre quand il demande, en plein dans son sujet :

« Si les personnes qui non seulement mettent en question, mais encore jugent d'avance les miracles ecclésiastiques à cause de leur manque de ressemblance, quel qu'il soit, avec ceux qui se trouvent dans les Écritures — comme si le Tout-Puissant ne pouvait faire dans l'Église chrétienne ce qu'il n'avait point déjà fait au temps de sa fondation, ou sous le pacte mosaïque, — si ces raisonneurs ne sont point du même côté que les sceptiques ; »

et :

« Si ce n'est point par une heureuse inconséquence qu'ils continuent à croire aux Ecritures, tout en rejetant l'Eglise [1]. »

J'invite l'orthodoxie anglicane à examiner encore ce passage :

[1] P. LIII. — Voyez aussi *Tract.* 85, p. 110 : « Je suis persuadé que, si les hommes qui attaquent les doctrines de l'Eglise comme n'étant pas évangéliques étaient tant soit peu logiques, ils approuveraient les Juifs d'avoir rejeté l'Evangile. »

« Le récit des combats de saint Antoine avec les mauvais esprits est plutôt un développement qu'une contradiction de la révélation, savoir : des textes qui parlent de Satan chassé par la prière et le jeûne. Par conséquent, se scandaliser des miracles de l'histoire ecclésiastique, ou les tourner en ridicule à cause de leur étrangeté, c'est se séparer de la philosophie de l'Écriture [1]. »

Plus loin, le Dr Newman déclare qu'il a été admis :

« ... qu'une ligne distincte doit être tirée, en ce qui concerne le caractère et les circonstances, entre les miracles de l'Écriture et ceux de l'histoire de l'Eglise; mais ce n'est nullement ici le cas (p. LV)... Il ne manque pas, dans l'histoire de l'Eglise, d'exemples de miracles aussi effrayants par leur caractère et aussi considérables par leurs effets que ceux qui sont racontés dans les Ecritures. Le feu interrompant la reconstruction du Temple juif, et la mort d'Arius sont des exemples d'événements solennels de ce genre dans l'histoire de l'Église. D'autre part, il y a des exemples difficiles dans l'histoire scripturale comme : le serpent d'Éden, l'arche, la vision de Jacob pour la multiplication de son bétail, l'ânesse de Balaam se mettant à parler, la cognée d'Elisée flottant sur son ordre, le miracle des pourceaux, et divers exemples de prières ou de prophéties, dans lesquels, comme dans le cas de la bénédiction et de la malédiction de Noé, des paroles qui semblent être le résultat de sentiments personnels sont expressément ou virtuellement attribués à une suggestion divine [2]. »

Qui contredira ici notre autorité ecclésiastique?

[1] Pages LIII-LIV.
[2] Page LVI.

Les « auteurs infidèles » pourraient être accusés de souhaiter tourner en ridicule les miracles de l'Écriture en les mettant au niveau de l'histoire remarquable du feu qui a arrêté la reconstruction du Temple, ou de celle de la mort d'Arius ; mais le Dr Newman est au-dessus de tout soupçon. Il est fâcheux que sa liste de ce qu'il nomme, délicatement, des exemples « difficiles » soit aussi courte. Pourquoi omettre la fabrication d'Ève aux dépens de la côte d'Adam, sur l'exactitude historique stricte de laquelle repose le principal argument des défenseurs d'une partie inique de notre loi actuelle concernant le mariage ? Pourquoi négliger le récit des « Bene Elohim » et de leurs exploits, sur lequel est basée la plus grande partie des pires agissements des inquisiteurs du moyen âge à l'égard de la sorcellerie ? Pourquoi oublier l'ange qui a lutté avec Jacob, et qui, ainsi que le suggère la narration, a un peu dépassé les bornes de la loyauté à la fin de leur corps-à-corps ? Assurément, nous devons convenir avec le Dr Newman que, si tous ces chameaux ont passé, il semblerait y avoir quelque affectation à faire des difficultés aux moucherons, à refuser de croire à la subite maladie d'Arius au milieu de ses ennemis mortels, si pieux [1] fussent-ils, et à l'incendie

[1] Selon le Dr Newman, « cette prière (celle de l'évêque Alexandre, qui priait Dieu d' « enlever Arius ») aurait été dite à environ trois heures de l'après-midi du samedi ; ce même soir-là, Arius était dans le grand square de Constantin et il fut subitement saisi d'indisposition. » (P. CLXX.) L' « infidèle » Gibbon semble avoir insinué qu'il fallait « choisir entre le poison et le miracle », et dans ce cas, et il faut bien convenir que, si l'évêque avait été à la portée d'un commissaire de police moderne, les choses auraient

violent qui arrêta les constructions juliennes. Bien que les *paroles* de la conclusion de l'*Essay on Miracles* puissent, peut-être, être citées contre moi, je puis exprimer ma satisfaction à me trouver, au fond, d'accord avec un théologien au-dessus de tout soupçon d'hétérodoxie. Je puis, de tout cœur, déclarer que je pense qu'il y a autant de raisons de croire à l'assassinat miraculeux de l'homme à qui manque la puissance athanasienne d'affirmer des choses contradictoires en ce qui regarde la nature de Dieu le Père, qu'il y en a de croire aux histoires du serpent et de l'arche racontées dans la Genèse, à l'ânesse de Balaam dans les Nombres, ou à la cognée flottant sur les eaux, à l'ordre d'Élisée, dans le second livre des Rois.

Un des caractères d'un raisonnement réellement solide est d'être susceptible du développement le plus complet, et de mener quelquefois à des conclusions que n'attendaient pas ceux qui s'en servent. A mon sens, il est impossible de refuser de suivre le Dr Newman quand il applique son raisonnement aux miracles des Pères et du moyen âge en remontant dans le temps aussi loin que des miracles y sont racontés. Mais, si les règles de la logique sont valides, je me sens forcé d'étendre l'argument aux prétendus miracles romains de nos jours, que le Dr Newman n'aurait peut-être pas admis, mais que le cardinal Newman ne saurait rejeter. Sans aucun doute, le

pu tourner mal pour lui. Les « Infidèles » modernes, ayant quelque connaissance de la chimie, n'auront peut-être pas moins d'audace pour insinuer qu'il faut « choisir entre le feu grisou et le miracle » en cherchant la cause de l'incendie de Jérusalem.

témoignage est aussi bon, ou peut-être meilleur, en faveur des miracles opérés par Notre-Dame de Lourdes qu'à l'égard de la cognée flottante d'Élisée, ou des exploits de l'ânesse de Balaam. Mais il nous faut aller plus loin ; il y a un système moderne de thaumaturgie et de démonologie qui est tout aussi bien établi que l'ancien système[1]. Des gens véridiques, excellents, quelquefois même instruits et sensés, même des savants à sérieuses prétentions, rendent témoignage de la « lévitation » de corps beaucoup plus lourds que la cognée d'Élisée ; de l'existence d' « esprits » qui, au sens du toucher, n'ont pu être distingués de la chair et du sang, et ont, à l'occasion, su lutter avec toute la vigueur de l'adversaire de Jacob ; ils certifient même l'existence d'un langage sous forme

[1] Un écrivain d'un journal spiritualiste me prend à partie pour avoir osé douter de la vérité historique et littérale de l'histoire des Gadaréniens. Le passage suivant de sa lettre mérite d'être cité : « Pour l'esprit matérialiste et scientifique, pour quiconque n'est pas initié aux vérités spirituelles, il est certain que cette histoire des pourceaux Gadaréniens ou Gergénésiens présente des difficultés insurmontables ; elle semble grotesque et absurde. Pour le spiritualiste expérimenté et cultivé, ce miracle est, ainsi que je le vais montrer, le plus instructif, le plus profondément utile, et le plus bienfaisant que Jésus ait jamais opéré au cours de son pèlerinage rédempteur sur terre » Cela est exactement mon opinion. Et la première page du même journal porte, parmi d'autres du même genre, l'annonce qui suit :

« Aux spiritualistes aisés — Une dame médium, de puissance bien éprouvée, désirerait rencontrer un monsieur d'un certain âge, disposé à lui offrir un intérieur confortable et l'entretien, en échange de ses services spiritualistes, ses guides ayant considéré que sa santé est trop délicate pour des séances publiques ; on préférerait Londres. — Ecrire à *Mary*, bureau du *Light*. »

Allons-nous donc revenir aux jours des Juges, où le riche Michée avait éphod, téraphim et lévite à son usage personnel?

de coups qu'on déclare être frappés par des êtres spirituels dont les discours, au point de vue de la cohérence et de la valeur, sont de beaucoup inférieurs à ceux de la monture humble, mais sagace, de Balaam. Je suis bien persuadé que, si nous étions en des temps de persécution, il y a plus d'un estimable « spiritualiste » qui monterait volontiers au bûcher pour confesser sa foi pneumatologique et donner, selon le cœur même de Paley, un témoignage de la vérité de ses doctrines. Il y a nombre de prêtres modernes qui, frappés sans doute de l'impossibilité de refuser les preuves spiritualistes, si l'on accepte celles du Cléricalisme, et hors d'état de faire quelque objection *a priori* par leur croyance implicite en la démonologie chrétienne, se montrent disposés à prendre au sérieux le pauvre Sludge [1] et à le croire possédé d'autres démons encore que ceux du besoin, de l'envie, et de la vaine gloire.

Dans ces circonstances, il fallait s'attendre, bien qu'il ne soit pas moins intéressant de noter le fait, à ce que les arguments de l'école la plus récente des « spiritualistes » présentassent une ressemblance de famille étonnante avec ceux qui ornent les dissertations subtiles de l'avocat des miracles cléricaux d'il y a quarante ans. Il est malheureux pour les « spiritualistes » que, à des reprises fréquentes, les médiums célèbres et qui inspiraient la confiance, et qui, en réalité, à quelques égards, rappellent les voyants montanistes [2] et gnostiques du IIe siècle,

1 Le héros d'un des poèmes de Browning. (Trad.)

2 Songez à la « sœur » de Tertullien (« hodie apud nos »), qui

aient été convaincus devant les tribunaux de fraude et d'imposture; ou bien, fatigués, semble-t-il, des dupes honnêtes qui ne jurent que par eux, aient avoué spontanément leurs iniquités prolongées, comme les femmes Fox l'ont fait, il y a peu de temps à New-York [1]? Mais les catastrophes de ce genre ne déconcertent aucunement les croyants. Ils admettent franchement que non seulement les médecins, mais les esprits qu'ils appellent, sont terriblement aptes à perdre de vue les principes élémentaires du bien et du mal, et ils demandent, d'un air triomphant : Comment l'occurrence d'impostures accidentelles peut-elle entamer la réalité des manifestations authentiques (c'est-à-dire de celles qu'on n'a pas encore prouvé être des impostures ou des illusions)? Et, en cela, ils sont inconsciemment plagiaires de l'homme d'église qui admet tout aussi franchement que beaucoup de miracles ecclésiastiques peuvent avoir été inventés, et qui demande, avec un froid mépris, non seulement des preuves légales, mais de la probabilité du sens commun : Pourquoi devrait-on croire qu'aucun n'est

onversait avec les anges, voyait et entendait des mystères, connaissait les pensées des hommes et prescrivait des médecines pour leur corps (*De Anima*, chap. IX). Tertullien nous dit que cette femme voyait l'âme comme corporelle, et décrivait sa couleur et sa forme. L' « infidèle » ne pourra probablement pas s'empêcher d'insulter à la mémoire de cette sainte extatique en faisant remarquer que les opinions bien connues de Tertullien sur la corporalité de l'âme peuvent avoir eu quelque chose à voir avec les facultés remarquablement perceptives du médium montaniste, aux révélations duquel, en ce qui touche le monde spirituel, il prenait un intérêt si profond.

[1] Voir le *New-York World* du dimanche 21 octobre 1888 et le *Report of the Seybert Commission*, Philadelphie, 1887.

authentique? Je dois dire cependant que les spiritualistes, à ma connaissance, ne se hasardent point à outrager la raison avec autant d'audace que le font les cléricaux. Ils ne raillent point les « preuves » et ils comprennent que l'on exige des preuves légales. En réalité, il est certain que les spiritualistes invoquent de meilleures preuves de leurs manifestations qu'il n'en existe au sujet de la mort miraculeuse d'Arius, ou de la Découverte de la Croix [1].

Depuis la « lévitation » de la cognée à un bout d'une période de près de trois mille ans jusqu'à la lévitation de Sludge et compagnie à l'autre extrémité, il y a une continuité complète du miraculeux, avec toutes les gradations de l'enfantin au prodigieux, de la satisfaction d'un caprice jusqu'à la démonstration d'une vérité sublime. Il n'y a pas moyen de tracer une ligne de démarcation dans la série, et de mettre à part les cas d'intervention spirituelle attestés d'une manière plausible. Si l'un est vrai, tous peuvent être vrais; si l'un est faux, tous peuvent être faux.

Voilà, à mon sens, le résultat inévitable de cette méthode de raisonnement qui est employée à la réfutation du Protestantisme, avec tant de succès, par un des polémistes les plus fins et les plus subtils qui

[1] L'observation faite par le Dr Newman que la multiplication miraculeuse des morceaux de la vraie croix (dont « tout le monde est plein », suivant Cyrille, de Jérusalem, et dont on rapporte que le nombre est tel qu'il suffirait à construire un navire de guerre) n'est pas plus étonnante que celle des pains et des poissons, est certainement une de celles que je ne saurais contredire. Voir *Essay on Miracles*, 2e édition, p. 163.

aient jamais défendu le Cléricalisme, — et c'est beaucoup dire.

« ... Le Christianisme de l'histoire n'est pas le Protestantisme. S'il y eut jamais une vérité reconnue, c'est celle-là... S'enfoncer dans l'histoire, c'est cesser d'être Protestant[1]. »

Il me paraît absolument certain que ces épigrammes antiprotestantes sont profondément vraies. Mais il me parait également certain que, dans le même sens, le Christianisme de l'histoire n'est pas du « Romanisme », et qu'à s'enfoncer dans l'histoire on cesse d'être Romaniste. Les raisons qui me font douter de la compatibilité de la doctrine Romaine, ou de toute autre forme de Catholicisme avec l'histoire, ont la même origine que les raisons invoquées par le Dr Newman dans le fameux essai que je viens de citer. Si, d'une main, le Dr Newman a détruit le Protestantisme, il a, de l'autre, anéanti le Romanisme, et le résultat total de ses efforts a été d'ébranler le Christianisme dans ses fondements. Et nul ne devait savoir que c'est là le résultat fatal de ses arguments — si le monde refusait d'accepter les doctrines romaines et les miracles romains — mieux que l'auteur du *Tract*. 85.

Le Dr Newman a fait son choix et a passé à l'Église romaine, il y a un demi-siècle. Quelques-uns de ceux qui étaient essentiellement en harmonie avec ses idées, le précédèrent, et beaucoup le suivirent. Mais il en est beaucoup resté, et, comme l'ancien parti

[1] *An Essay on the Development of Christian Doctrine*, par J.-H. Newman, D. D.; pp. 7 et 8 (1878).

puseyite et le parti ritualistique actuel, ils continuent à saper et à miner le Protestantisme de l'Église anglicane, œuvre si bien commencée par lui et ses amis. Au moment actuel, ils ont quelques droits à être considérés comme vainqueurs sur toute la ligne. Je suis assez âgé pour me rappeler les petits commencements du parti des *Tracts*[1] et je suis émerveillé quand je considère la position actuelle de leurs héritiers. Leur petit levain a fait lever sinon la totalité de la pâte de l'Église anglicane, à tout le moins une bonne partie de celle-ci ; cette Église est, à peu de chose près, une école préparatoire au Papisme. Il appartient donc aux Anglais (qui, à ce que m'a appris une autorité élevée, sont tous, de par la loi, membres de l'Église de l'État, à moins qu'ils ne professent appartenir à une autre secte), il leur appartient donc de surveiller et de savoir vers quel but elle tend. Sur ce point, les écrits du Dr Newman, tant qu'il est resté dans la bergerie anglicane, sont un vaste trésor de documents excellents et autorisés. Les doctrines sur les miracles cléricaux et sur le développement sont les pierres de l'édifice élevé par les écrivains des *Tracts*. Il croyait que ses arguments menaient soit vers Rome, soit vers ce que les prêtres appellent l' « Infidélité », et que je nomme Agnosticisme. Je crois que sa conviction était entièrement exacte ; mais, tandis qu'il a choisi la première alternative, je choisis l'autre ; comme il rejette

[1] Il s'agit ici des *Tracts for the Times*, de petites brochures religieuses dues aux écrivains qui, de 1833 à 1840, avec Newman et Pusey en tête, furent les initiateurs du mouvement réactionnaire de la *High Church*. (Trad.)

le Protestantisme par la raison qu'il est incompatible avec l'histoire, de même *a fortiori*, je conçois qu'il faut rejeter le Romanisme, et qu'une étude impartiale des preuves doit refuser l'autorité de Jésus à tout ce qui dépasse le Nazarénisme de Jacques, Pierre et Jean. Et qu'on ne suppose point que c'est ici une pure perversion « infidèle » des faits. Nul n'a plus ouvertement ni plus clairement admis la possibilité de pareille interprétation que ne l'a fait le Dr Newman. Si, dit-il, il y a des textes qui semblent montrer que Jésus avait en vue l'évangélisation des païens :

« ... les Apôtres n'ont-ils pas entendu Notre-Seigneur ? Et quelle fut l'impression qu'ils reçurent de ce qu'ils entendirent ? N'est-il pas certain que les Apôtres ne recueillirent point cette vérité de son enseignement[1] ?

« Il dit : « Prêchez l'Évangile à tous. » Ces mots signifiaient simplement : « Amenez tous les hommes au Christianisme par le Judaïsme. » Faites-en des Juifs, afin qu'ils jouissent des privilèges du Christ qui se trouvent dans le Judaïsme ; enseignez-leur ces rites et ces cérémonies, la circoncision et autres, qui jusqu'ici n'ont été que des ordonnances mortes, et qui maintenant vivent ; et il semble que les Apôtres les aient compris ainsi[2]. »

Dans la mesure où le Nazarénisme se différenciait du Judaïsme orthodoxe contemporain, il semble avoir tendu vers un réveil de l'esprit moral et religieux de la période prophétique, accompagné de la foi au Christ comme Messie, et de diverses accrétions qui

[1] *Tract.* 85, p. 63.
[2] *Ibid.*, 65.

avaient enveloppé le Judaïsme après la captivité. C'est à ces dernières qu'appartiennent les doctrines de la Résurrection, du Jugement dernier, du Ciel et de l'Enfer, de la hiérarchie des bons anges, de Satan et de la hiérarchie des mauvais esprits. Et il y a de fortes raisons de croire que toutes ces théories, du moins sous la forme où les professaient les Juifs après la captivité, étaient dérivées de sources persanes et babyloniennes[1], et sont essentiellement d'origine païenne.

Il ne me semble pas facile de dire jusqu'à quel point Jésus a sanctionné ces infiltrations du Paganisme environnant dans le Judaïsme, jusqu'à quel point personne a le droit de déclarer que refuser d'accepter l'une ou l'autre de ces doctrines comme vérités reconnues semble équivaloir à contredire Jésus. Mais il est à peine moins difficile de concevoir qu'il aurait pu nier distinctement l'une d'elles, et, plus particulièrement, cette démonologie qui a été acceptée par les Églises Chrétiennes dans chaque siècle, et à travers tous leurs antagonismes réciproques. Mais, je le répète, je suis convaincu — Jésus ait-il sanctionné ou non la démonologie de son temps et de sa nation — que cette démonologie est condamnée. L'avenir du Chris-

[1] Le Dr Newman aborde cette question avec son talent habituel « Maintenant, j'avoue que je ne suis pas du tout porté à nier que cette doctrine d'un ange apostat et de ses armées ait été empruntée à Babylone : elle pourrait, néanmoins, être encore divine. Dieu qui a fait parler l'ânesse du prophète, et a, par là, instruit ce dernier, pouvait instruire son église au moyen de la ville païenne de Babylone. » (*Tract.* 85, p. 83.) Il semble qu'il n'y ait point de terme au fardeau d'apologétique que peut porter l'ânesse de Balaam.

tianisme, comme système de dogmes et à part des anciennes morales Israélites qu'il s'est appropriées et a développées, est renfermé dans la réponse que l'humanité finira par donner à la question de savoir si elle est prête à croire en des histoires telles que celle des Gardaréniens, et aux hypothèses pneumatologiques qui les accompagnent, ou à ne pas y croire. Je pense qu'ils refuseront de croire, en quelque temps et en quelque lieu que leurs esprits aient été disciplinés par la science. Et cette discipline doit, à la fois, suivre et guider les pas de la civilisation en progrès.

Les pages précédentes étaient écrites lorsque je pris connaissance du contenu du numéro de mai de la *Nineteenth Century*, dans lequel je découvris maintes choses décidément peu flatteuses pour moi. Il semblerait que la « fuite » fût ma réponse principale, et que « l'impossibilité de raisonner juste » et la « pourriture du raisonnement » fussent les principaux traits caractéristiques de mon esprit ; en outre, il est « à peine croyable » qu'une assertion que je tire de mon propre fonds puisse être vraie. Choses que je note, uniquement, comme exemple de la grande vérité qu'une longue expérience m'a inculquée, que c'est de ceux-là seuls qui jouissent de la bénédiction d'une ferme foi chrétienne que l'on peut attendre de telles manifestations d'humilité, de patience et de charité.

Je m'étais imaginé que personne, parmi les lecteurs de mes articles précédents, ne pourrait conserver le moindre doute à l'égard de ma position relativement à la question principale telle qu'elle a été exposée, et exposée à nouveau par mon adversaire.

« Un Agnosticisme qui ne sait rien de la relation de l'homme à Dieu doit non seulement refuser de croire aux enseignements les moins douteux de Notre Seigneur, mais doit aussi nier la réalité des convictions spirituelles dans lesquelles Il vivait[1]. »

Il est dit que c'est là « la simple question en discussion », et les trois témoignages en faveur de cet enseignement et de ces convictions, qui ont été choisis, sont le Sermon sur la Montagne, l'Oraison Dominicale et l'Histoire de la Passion.

Ma réponse, sous sa forme la plus condensée, a été celle-ci. En premier lieu, le témoignage est tel que la nature exacte des enseignements et des convictions de Jésus est extrêmement incertaine, de sorte que ce que les prêtres veulent bien appeler une négation de ceux-ci peut n'être rien de pareil. Et, en second lieu, si Jésus enseignait le système démonologique impliqué par l'histoire des Gadaréniens — si une croyance en ce système faisait partie des convictions spirituelles dans lesquelles il a vécu et est mort, — alors moi, pour ma part, je refuse, sans hésitation, de croire à cet enseignement, et je nie la réalité de ces convictions spirituelles. Et je vais plus loin et j'ajoute que, autant on pourra prouver que Jésus a sanctionné les théories essentiellement démonologiques ayant cours parmi les Juifs de son siècle, exactement autant, pour

[1] *Nineteenth Century*, mai 1889, p. 501.

moi, sera affaiblie son autorité en toute matière touchant au monde spirituel.

En ce qui regarde la première moitié de ma réponse, j'ai indiqué que le Sermon sur la Montagne, tel qu'il est donné dans le premier Evangile, est, de l'avis des meilleurs critiques, une « mosaïque », une réunion de matériaux tirés de différentes sources, et je ne vois pas que cette manière de voir soit contestée. Le seul autre Evangile, le troisième, qui contienne quelque chose de semblable, représente non seulement le discours, mais les circonstances comme très différents. Toutefois dire qu'il y a quelque chose de vrai au fond de chacun des discours — ce qui est fort possible — est tout différent du fait d'affirmer que nous avons le droit de dire ce qu'était ce quelque chose, ou de choisir quelque phrase particulière et déclarer que c'est là une déclaration authentique. Ceux qui s'occupent de théologie comme science, et qui apportent à cette étude une connaissance adéquate des façons des anciens historiens, n'auront aucune difficulté à trouver des exemples de ce que je veux dire. Je vais en citer un qui vient de traverser mon champ de vision limité.

Josèphe[1] cite un discours qu'il dit avoir été prononcé par Hérode au commencement d'une guerre contre les Arabes. Il est à la première personne, et le lecteur supposera naturellement qu'il est donné comme version véritable de ce qu'Hérode a dit. Quelques dix-sept ans plus tard[2], le même auteur donne un autre texte, à la première personne aussi, du dis-

[1] Josèphe, *Histoire des Juifs*, chapitre XIX.
[2] Josèphe, *Antiquités*.

cours prononcé par Hérode à cette occasion. Cette seconde harangue est deux fois plus longue que la première, et, bien que la teneur générale des deux oraisons soit à peu près la même, il y a à peine identité verbale entre elles, et on a introduit dans l'une beaucoup de matières qui manquent dans l'autre. Josèphe se vante de son exactitude ; il avait pour contemporains des hommes dont les pères avaient pu entendre le discours d'Hérode, et cependant son sens historique est si curieusement limité qu'il peut tout à fait innocemment commettre une véritable fabrication littéraire ; car un des deux récits doit être inexact. Si maintenant l'on me demande si je crois qu'Hérode a fait une déclaration quelconque à cette occasion, si par exemple il a prononcé le pieux aphorisme : « Là où Dieu se trouve, il y a la multitude et le courage, » qui se lit dans les *Antiquités*, mais non dans les *Guerres*, je suis obligé de répondre que je n'en sais rien, un des deux récits — et peut-être tous deux — est faux ; en tous cas, je ne saurais dire ce qu'il y a de vrai dans aucun d'eux. Et si quelque admirateur fervent de l'Iduméen édifiait une théorie de la piété d'Hérode sur le témoignage de Josèphe en faveur de l'énoncé de cet aphorisme, est-ce donc une « pure fuite » que de répondre que le témoignage en faveur du fait de l'avoir dit est sans valeur ?

J'apprends aussi qu'adoptant la tactique de Conachar quand il est confronté avec Hal o'the Wynd, j'ai essayé de me faire suivre par mon adversaire à l'esprit simple, dans une chasse à l'oie sauvage à travers l'histoire primitive du Christianisme, dans l'espoir d'échapper à une défaite imminente en ce qui concerne la question principale. Mais il me sera permis d'indiquer qu'il y a l'alternative d'une autre hypothèse qui cadre également avec les faits, et, à tout prendre, il peut y avoir eu quelque méthode dans la folie de ma panique supposée.

Car, admettant qu'il soit établi que le Christianisme des Gentils était chose totalement différente du Nazarénisme de Jésus et de ses disciples immédiats; admettant qu'on puisse démontrer que, dès la sixième décade de notre ère, à tout le moins, il y eut de vives divergences d'opinions parmi les disciples de Jésus; admettant qu'il soit à peu près certain que les Evangiles et les Actes aient pris leur forme actuelle sous l'influence de ces divergences ; admettant que leurs auteurs et ceux entre les mains desquels ils passaient n'avaient pas d'idées plus étranges à l'égard de la véracité historique que celles dont Josèphe fait parfois montre, assurément alors les chances que les Evangiles soient des récits authentiques des enseignements de Jésus deviennent très faibles. Et, puisque toute la position des adversaires est basée sur la supposition que ce sont des récits exacts (surtout les discours à propos desquels les anciens historiens montrent une si étrange inexactitude) je me risque à faire remarquer que cette partie de mon argumentation porte très sérieusement sur la question principale, et comme raisonnement est parfaitement saine.

Puis, lorsque je passai sous silence les paroles prononcées par Jésus sur la croix, il semblait que je n'eusse pu avoir d'autre motif que mon penchant naturel à la fuite. Un dignitaire de l'Eglise peut avoir des raisons respectables de refuser une partie d'escrime « en vue de Gethsémané et du Calvaire », mais un « Infidèle » jamais! Il est évidemment impossible que, croyant que « le plus comprend le moins », et après avoir déclaré le témoignage de l'Evangile en général, au sujet des paroles de Jésus, d'une valeur douteuse, j'aie cru inutile de choisir, pour préciser mon opinion, ces exemples particuliers qui avaient la chance de blesser plus spécialement les personnes qui ont une autre manière de voir. Mais imaginer que les sons familiers du tambour de guerre clérical me donneront la tentation de m'engager dans une aussi oiseuse discussion est une idée à mettre de côté. Je ne ferai rien de pareil; il me suffit de prier mes lecteurs d'ouvrir le XXIIIe chapitre de Luc (version revue) au verset 34, et il trouvera en marge :

« Quelques anciennes autorités omettent: « Et Jésus dit : Père, pardonnne-leur, car ils ne savent ce qu'ils font. »

De sorte que, même au IVe siècle, il y avait des autorités, parmi les plus anciennes et les plus importantes, qui ne connaissaient pas ces paroles, si souvent citées comme caractéristiques de Jésus, ou ne croyaient pas qu'elles eussent été prononcées.

Il y a bien des années, je reçus une lettre anonyme qui m'accablait de reproches sur mon manque de courage moral à exprimer mes idées Il me semble que c'était là une des plus singulières accusations que pût porter un écrivain de lettre anonyme. Mais je ne suis pas sûr que le fait d'avoir, dans les pages de l'article en question, copieusement accusé mon penchant à la « fuite », ne puisse paraître encore plus singulier à ceux qui considèrent que la force principale des réponses dont j'ai été honoré (dans cette revue et ailleurs) est dirigée, non contre quoi que ce soit dans le texte de mon premier article, mais contre une note qui se trouve à la page 171. Voici cette note :

Le Dr Wace nous dit : « On peut demander jusqu'à quel point nous pouvons nous reposer sur les récits que nous possédons de l'enseignement de Notre-Seigneur sur ces sujets. » Et il semble croire que l'on a répondu de façon appropriée par l'assertion qu' « on doit considérer la question comme réglée par le fait qu'en pratique M. Renan a abandonné la position adverse ».

J'ai demandé au Dr Wace d'indiquer les passages des œuvres de M. Renan dans lesquels, ainsi qu'il l'affirme, se manifeste ce changement d'attitude (non seulement à l'égard de l'âge et de l'authenticité des Évangiles, mais, qu'on le remarque, de leur valeur historique), et le Dr Wace a eu la bonté de le faire. Examinons maintenant les parties de la citation que le Dr Wace fait de Renan, en ce qui concerne cette question :

« L'auteur de cet Évangile (Luc) est certainement le même que l'auteur des Actes des Apôtres. L'auteur des Actes semble être un compagnon de saint Paul, caractère qui s'accorde complètement avec Saint Luc. Je sais qu'on peut opposer plus d'une objection à ce raisonnement, mais il y a, à tout événement, une chose qui est hors de doute, c'est que l'auteur du troisième Évangile et des Actes est un homme qui appartenait à la seconde génération apostolique ; et ceci nous suffit.

Voilà une curieuse façon d'abandonner ses positions. M. Renan pense qu'il est hors de doute que l'auteur du troisième Évangile est l'auteur des Actes. Conclusion sur laquelle je suppose que les critiques sont généralement d'accord. Il remarque, plus loin, que cette personne paraît être un compagnon de saint Paul, et il ajoute que Luc était un compagnon de saint Paul. Puis, sans que cela soit bien nécessaire, M. Renan fait observer qu'il y a plus d'une objection à bondir ainsi, d'après de pareilles données, sur la conclusion que Luc est l'auteur du troisième Évangile. Et, finalement, M. Renan se contente de réduire ce qui est « hors de doute » au fait que l'auteur des deux livres est un homme appartenant à la seconde génération apostolique. Eh bien, il me semble que je serais d'accord avec M. Renan sur tout ce qu'il considère comme étant « hors de doute », sans abandonner quoi que ce soit, « en pratique » ou en théorie.

Le Dr Wace[1] dit qu'il tire la citation ci-dessus de la préface de la quinzième édition de la *Vie de Jésus*. Mon exemplaire de *Les Évangiles*, daté de 1877, contient une liste des *Œuvres complètes* de Renan, en tête desquelles je trouve la *Vie de Jésus*, quinzième édition. C'est, par conséquent, un ouvrage plus récent que la *Vie de Jésus* citée par le Dr Wace. *Les Évan-*

[1] *Nineteenth Century*, mars, p. 363.

giles, ainsi que l'implique leur nom, traitent à fond les questions concernant la date et l'authenticité des Évangiles, et quiconque désirerait, non seulement utiliser, pour la controverse, les expressions de M. Renan, mais donner un exposé complet de ses idées, dans leur signification la plus étendue, devrait, je crois, se reporter à cette dernière source.

En suivant cette marche, le Dr Wace aurait pu trouver des affirmations aussi décisives en faveur du rôle de Luc comme auteur du troisième Évangile qu'il l'a fait dans les *Apôtres*. Je fais remarquer ceci parce que je désire indiquer que, en acceptant même les plus fortes déclarations de Renan, je ne puis encore rien trouver qui justifie la phrase grandiloquente où ce dernier est considéré comme ayant abandonné la partie. Car Renan [1] parle de la manière dont les « excellentes intentions » de Luc l'ont amené à torturer l'histoire dans les Actes; il déclare que Luc est le fondateur de cette « fiction éternelle que l'on appelle l'histoire ecclésiastique, » et, à la page précédente, il parle du « mythe » de l'Ascension avec sa « mise en scène voulue ». Ensuite [2] je trouve « Luc, ou l'auteur, quel qu'il soit, du troisième Évangile », et les récits de la Passion, de la mort et de la résurrection de Jésus sont déclarés être « peu historiques » [3]. « La valeur historique du troisième Évangile est sûrement moindre que celle des deux premiers [4]. » Décidément, pour les

[1] *Évangiles*, p. 438.
[2] Page 435.
[3] Page 280.
[4] Page 283.

orthodoxes, c'est tout à fait une victoire à la Pyrrhus. Et, pendant ce temps, le théologien scientifique sait que plus il y a de raisons de croire que Luc a été le compagnon de Paul, et moins il est facile de lui accorder créance, s'il a réellement écrit les Actes. Car, en ce cas, il n'eût pu manquer de connaître le récit que fit Paul de la conférence de Jérusalem, et il doit l'avoir de propos délibéré présentée sous un jour faux.

Nous pouvons maintenant nous occuper de la partie essentielle de la citation du Dr Wace[1] concernant le premier Évangile :

« Saint Mathieu mérite, évidemment, une confiance particulière en ce qui concerne les discours. Voilà bien les « oracles », les notes mêmes prises pendant que le souvenir de l'enseignement de Jésus était vivant et défini. »

M. Renan exprime ici l'opinion très générale quant à l'existence d'une collection de « logia », ayant une origine différente du texte dans lequel elles sont incrustées, dans Mathieu. Les « notes » feraient penser à un sténographe, mais cette suggestion est involontaire, car M. Renan admet que les « notes » furent prises, non pas au moment où furent prononcées les « logia », mais plus tard, alors que leur souvenir, suppose-t-il, était encore vivant et défini ; de sorte que, dans cette citation même, M. Renan laisse en suspens la question de la valeur historique générale du premier Évangile, tandis qu'il est évident que l'exac-

[1] *Nineteenth Century*, p. 365.

titude de « notes » prises, non au moment du discours prononcé, mais de mémoire, est une affaire sur laquelle il est permis d'avoir plus d'une opinion. En outre, Renan appelle expressément l'attention sur la difficulté de distinguer les « logia » authentiques des additions plus récentes du même genre [1]. Le fait est qu'il n'y a pas là de contradiction à l'égard de cette opinion sur le premier Évangile exprimée dans les *Évangiles* [2].

« Le texte du soi-disant Mathieu suppose la préexistence de celui de Marc, et ne fait guère que le compléter. Il le complète de deux manières : — d'abord, par l'insertion de ces longs discours qui donnent leur principale valeur aux Evangiles Hébreux, puis en y ajoutant des traditions de formation plus moderne, résultats des développements successifs de la légende, et auxquels la conscience chrétienne attachait déjà une valeur infinie. »

M. Renan suggère, ensuite, que, en outre de Marc, le « pseudo-Mathieu » utilisait une version Aramaïque de l'Evangile exposée primitivement dans ce dialecte. Enfin, parlant du second Evangile, il dit :

« Il (Marc) est plein d'observations de détail, qui procèdent, sans aucun doute, d'un témoin oculaire Rien ne s'oppose à la supposition que ce témoin oculaire... ait été l'apôtre Pierre lui-même, ainsi que le dit Papias [3]. »

1 *Evangiles*, p. 201.
2 *Ibid*., p. 175.
3 *Nineteenth Century*, p. 365.

Examinons cette situation à la clarté des *Évangiles* :

« Cet ouvrage, bien que composé après la mort de Pierre, était, en un sens, son œuvre ; il représente la manière dont Pierre avait accoutumé de raconter la vie de Jésus [1]. »

M. Renan dit, ensuite, que, comme document historique, l'Evangile de Marc a une grande supériorité [2], mais Marc a quelque motif pour omettre les discours, et il attache une « importance puérile » aux miracles [3]. L'Evangile de Marc est moins une légende qu'une biographie écrite par une plume crédule [4]. Il serait téméraire d'affirmer que Marc n'a pas subi d'interpolations et des retouches [5].

Si quelqu'un pense que je n'ai pas le droit de tracer une distinction marquée entre les « théologiens scientifiques » et les « avocats des dogmes », ou que le fait que je mettais en garde contre l'acceptation trop prompte de certaines déclarations relatives à l'état de la critique biblique était inutile, ou que mon inquiétude au sujet du sens du mot « pratique » était superflue, qu'il compare la déclaration d'après laquelle M. Renan a, en pratique, abandonné sa position avec les faits qui viennent d'être exposés. Car quelle est la position de M. Renan ? La question, telle que le Dr Wace la pose, est : « On peut demander

1 *Les Évangiles*, p. 116.
2 *Ibid.*, p. 116.
3 *Ibid*, p. 117.
4 *Ibid.*, p. 118.
5 *Ibid.*, p. 120.

jusqu'à quel point on peut se fier aux récits que nous possédons sur l'enseignement de Notre-Seigneur sur ces sujets. » On voit clairement que les déclarations de M. Renan constituent une réponse contraire, — un démenti « pratique » à l'égard de la confiance qu'on peut leur accorder. Il ne croit pas que l'apôtre Mathieu ait écrit le premier Evangile ; il ne prétend pas savoir qui est responsable de la collection des « logia », ni combien il en est d'authentiques ; tout en appelant le second Evangile le plus historique de tous, il fait remarquer qu'il est écrit avec crédulité et peut avoir subi des interpolations et des retouches ; et, quant à l'auteur, « quel qu'il soit, » du troisième Evangile, qui peut « se fier aux récits » d'un auteur qui est traité aussi cavalièrement que Luc l'est par M. Renan ?

Je répète ce que j'ai déjà dit bien des fois : la question de l'âge et du nom des auteurs des Evangiles n'a pas, à mon sens, l'importance qu'on lui assigne si communément, par la simple raison que les récits, même de témoins oculaires, ne justifieraient pas suffisamment la croyance en une partie importante et essentielle de leur contenu ; bien au contraire, ces récits discréditeraient les témoins. Le miracle des Gadaréniens, par exemple, est d'une si extrême improbabilité que le fait qu'il est relaté par trois autorités, même indépendantes, ne justifierait pas notre foi, à moins que nous n'eussions des preuves décisives de leur capacité comme observateurs et comme interprètes de leurs observations. Mais il est évident que les trois autorités ne sont pas indépendantes, qu'elles ont simplement adopté une légende dont il y a deux versions; et, au lieu de prouver la vérité du récit, elles révèlent leur propre crédulité superstitieuse : de sorte que, si Mathieu, Marc et Luc sont réellement responsables des Evangiles, c'est non pas tant mieux pour l'histoire des Gadaréniens, mais tant pis pour eux-mêmes.

On a tiré une quantité énorme de matière à controverse de mon affirmation dans la note à laquelle j'ai fait allusion, comme à un *obiter dictum* sans conséquence pour mon argument, que, si l'ouvrage de M. Renan[1] n'existait pas, les résultats principaux de la critique biblique, tels qu'ils se trouvent dans les œuvres de Strauss, Baur, Reuss et Volkmar, par exemple, ne seraient pas sensiblement affectés. Je croyais m'être déjà suffisamment expliqué ; mais il semble que mon explication n'a servi qu'à révéler un peu plus ma perversité native ; je demande donc encore la parole.

Ce qu'on observe universellement, au cours du développement historique d'une branche quelconque de la science, c'est que les hommes qui font époque, et qui sont les vrais architectes de l'édifice de la science exacte sont ceux qui introduisent des idées ou des méthodes fécondes. En règle générale, l'homme qui fait ceci pousse son idée ou sa méthode trop loin ; ou, si ce n'est lui, c'est son école qui le fait, infailliblement, et ses successeurs sont obligés de réduire son œuvre à la valeur qui lui est propre, et à lui assigner

[1] J'espère qu'on ne supposera pas que je n'apprécie point les travaux de M. Renan à leur juste valeur, ou que j'aie voulu en parler sur un ton de dénigrement.

sa vraie place dans le tout. Il n'est pas rare qu'à leur tour ils exagèrent le processus critique, et qu'en essayant d'éliminer l'erreur, ils chassent la vérité.

Ainsi, comme je viens de le dire, Linné, Buffon, Cuvier, Lamarck ont réellement « exposé les résultats » d'une science en cours de développement, bien que se contredisant cordialement l'un l'autre, en mainte occasion. Malgré cette circonstance, la méthode et la nomenclature de la classification moderne ont été grandement le résultat de l'œuvre de Linné; la conception de la Biologie, comme science, et de sa relation avec la Climatologie, la Géographie et la Géologie, ont de fortes racines dans les résultats des travaux de Buffon; l'Anatomie comparée et la Paléontologie doivent beaucoup aux travaux de Cuvier, tandis que la Zoologie des invertébrés et le réveil de l'idée de l'évolution se rattachent intimement à l'œuvre de Lamarck. En d'autres termes, les résultats principaux de la Biologie, jusqu'aux premières années de ce siècle, se trouvent dans les œuvres de ces hommes, ou en découlent.

De même, si je ne me trompe, Strauss, s'il n'a été le premier à tenir compte de la faculté mythopœique pour expliquer le développement des récits de l'Evangile, et bien qu'il ait pu exagérer l'influence de cette faculté, a obligé la théologie scientifique, dans la suite, de prendre cet élément en sérieuse considération ; de même Baur, en accordant la prépondérance au fait cardinal de la divergence entre les tendances nazaréenne et pauline dans la primitive Eglise; de même, Reuss, en donnant un merveilleux exemple de l'application froide et impartiale des principes de la critique scientifique à tout le champ de l'Ecriture ; de même, Volkmar dans son exposé, clair et précis, des limitations nazaréennes de Jésus, ont tous apporté des résultats d'une valeur permanente à la Théologie scientifique. J'ai pris ces noms dans l'ordre où ils se sont présentés à mon esprit. Nul doute que je puisse avec avantage leur en ajouter d'autres ; peut-être aurais-je pu mieux choisir ? Mais il est réellement absurde d'essayer de faire croire que je ne savais pas que ces auteurs ont des idées grandement divergentes, et je crois qu'aucun théologien scientifique ne niera qu'en principe ce que j'ai dit est parfaitement juste. Les avocats du Cléricalisme, naturellement, ne sauraient regarder la chose à ce point de vue. A leurs yeux, ces simples chercheurs de vérité, dans la mesure où leurs résultats sont défavorables à la foi que soutiennent les cléricaux, sont plus ou moins des « infidèles », ou du moins des soutiens de l' « infidélité », et la seule chose qu'ils veuillent — ou probablement puissent — voir, c'est le fait que, en beaucoup de choses, les chercheurs de vérité diffèrent les uns des autres, et par conséquent peuvent facilement être représentés au public comme étant toujours en désaccord ; comme si quelqu'un qui les citerait comme ayant, chacun et tous, contribué pour leur part aux résultats de la science théologique, ne faisait que montrer son ignorance, et comme si une accusation d'inconséquence pouvait être basée sur le fait que lui-même est souvent en désaccord avec eux. Je n'ai jamais rien fait qui permette qu'on fasse de moi un sectateur de Strauss, ou de Baur, de Reuss, de

Volkmar ou de Renan ; ce que je dois à ces hommes éminents — qui me sont si supérieurs en savoir théologique — est vraiment considérable ; ce n'est pourtant pas tant de leurs opinions que de celle qu'ils m'ont mis à même de me former moi-même, que je leur suis redevable.

Dans *Encore l'Agnosticisme* (voir plus haut) j'ai fait allusion aux difficultés que rencontrent ces professeurs de la science théologique dont la position matérielle dépend des résultats de leurs recherches ; et j'ai ajouté, dans une note :

« Imaginez que toutes nos chaires d'astronomie aient été fondées au XIVe siècle, et que leurs titulaires soient obligés de signer les articles de Ptolémée. Dans ce cas, malgré tout le respect que méritent les efforts de personnes ainsi contraintes pour atteindre et expliquer la vérité, je pense que tous les hommes de bon sens iront ailleurs pour apprendre l'astronomie. »

Je n'écrivis point ce paragraphe sans voir que sa signification pourrait être torturée comme elle l'a été réellement ; mais, si ceci était évident, la nécessité de cette déclaration l'était plus encore. C'est là mon opinion arrêtée ; je l'affirme de nouveau, et je dis qu'à mon sens il est très malheureux qu'aucun sujet se rattachant à la science soit jamais confié à des maîtres qui sont privés de la liberté de suivre les méthodes scientifiques jusqu'à leurs conclusions légitimes, quelles que soient ces conclusions. S'il m'est permis d'emprunter une phrase qui a joué un grand rôle au Congrès de l'Eglise, je pense qu'il « devrait être désagréable » à tout homme de science de se trouver en telle position.

La nature de l'homme ne change pas par le fait que ce dernier occupe une chaire d'enseignement, même de théologie. Je pense bien que si, en 1859, la conservation de mes fonctions avait dépendu de mon adhésion aux doctrines de Cuvier, les objections à celles-ci que renferme l'*Origine des Espèces* auraient été entourées d'une auréole de gravité que, étant libre d'enseigner à ma guise, je n'ai pas réussi à découvrir. En faisant cet aveu, il ne me semble pas confesser que des « intérêts égoïstes » m'eussent empêché de faire une loyale enquête, ou que j'aurais été influencé par des « motifs sordides ». J'espère que même le fragment de sens moral que peut garder un « infidèle » au point de vue clérical, eût pu m'aider à franchir la difficulté; mais il serait peu honorable de nier, ou de déguiser le fait que la nature de ma position m'eût créé une difficulté très sérieuse. Et qu'on veuille bien remarquer que la tentation, pour moi, eût été bien moindre que dans le cas d'un professeur de théologie; quelque doctrine biologique que j'eusse répudiée, personne parmi les gens dont je me soucie ne m'en aurait moins estimé. Aucun journal scientifique ne m'aurait hué comme les feuilles religieuses ont hué mon trop honnête ami, feu l'évêque de Natal, et mes collègues de la *Royal Society* ne m'auraient pas mis en quarantaine comme l'ont fait ses collègues de l'épiscopat.

Je dis que ces faits sont évidents, et qu'il est salutaire et nécessaire de les exposer. Il est de l'intérêt de la Théologie, si elle est une science, et il est de l'intérêt de ces professeurs de théologie qui veulent être quelque chose de mieux que des avocats de dogmes, de prendre la chose à cœur. Celui qui ne cherche que la vérité théologique ne se croira pas plus insulté que le prisonnier qui travaille dans ses chaînes ne me cherchera querelle si j'insinue qu'il vaudrait mieux pour lui qu'on brisât ses liens ; à moins, toutefois — comme cela se voit, dit-on, au cours de longues captivités, — que la victime ne finisse par cesser de sentir le poids de ses chaînes, ou même ne se mette à les serrer contre son cœur, comme si c'étaient d'honorables ornements [1].

[1] Les journaux politiques renferment un extrait d'un discours remarquable du prince de Bismarck où il dit au Reichstag qu'il a depuis longtemps renoncé à acheter des fonds étrangers de peur que cela ne contribuât à égarer son jugement dans ses transactions avec les États étrangers. Cette déclaration prouve-t-elle donc que le Chancelier s'accuse d'être « sordide » et « égoïste », ou cela ne montre-t-il pas plutôt que, même quand il ne s'agit que de lui, il reste l'homme des réalités ?

X

LES LUMIÈRES DE L'ÉGLISE ET LA LUMIÈRE DE LA SCIENCE

Il y a trois manières d'étudier tout récit concernant des événements passés, que la tradition soit orale ou écrite.

Le récit peut être d'une vérité exacte. C'est-à-dire que les mots, pris dans leur sens naturel, et interprétés selon les règles de la grammaire, peuvent transmettre à l'esprit de celui qui écoute ou qui lit une idée correspondant exactement à celle qui serait restée dans l'esprit d'un témoin. Par exemple, l'assertion que Charles Ier a été décapité, à Whitehall, le 30 janvier 1649, est d'une vérité aussi exacte qu'aucune proposition de mathématiques ou de physique; nul ne doute qu'une personne jouissant de ses facultés, bien placée, ayant passé toute cette journée à Whitehall, et ayant tenu ses yeux ouverts, aurait vu couper la tête au Roi, et qu'il serait resté dans son esprit une notion de ce fait qu'elle aurait traduite en mots de la même valeur que ceux dont nous nous servons pour l'exprimer.

Ou bien, le récit peut être en partie vrai et en partie

faux. Ainsi, quelques histoires des temps nous disent ce qu'a dit le Roi et ce qu'a dit l'évêque Juxon ; ou bien elles signalent des conspirations royalistes dans le but de sauver le Roi ; ou bien, elles donnent, en détail, les motifs qui ont décidé les chefs de la chose publique à ordonner la mort du Roi. Un des récits déclare que le Roi s'agenouilla sur un billot élevé ; un autre qu'il se coucha, posant le cou sur une simple planche. Il y a des représentations picturales contemporaines de ces deux modes. De tels récits, tout en étant véridiques quant à l'événement principal, peuvent représenter, et représentent réellement divers degrés d'erreur de présentation, consciente ou inconsciente, de suppression, d'invention au point de devenir à peine distincts des vraies fictions. Ainsi ces récits présentent une forme de passage vers les narrations de la troisième catégorie, où l'élément fictif domine. Ici, encore, nous retrouvons toutes les gradations imaginables, depuis les ouvrages tels que le récit presque historique de l'année de la peste par Defoe, qui donne probablement une idée plus vraie de cet horrible temps qu'aucune histoire authentique, passant ensuite aux romans, drames ou épopées historiques, jusqu'aux créations du génie imaginatif telles que les anciennes *Arabian Nights*, ou le moderne *Shaving of Shagpat*. Il n'est pas nécessaire au but que je me propose en ce moment de m'occuper des narrations de fiction délibérée. Il n'est pourtant peut-être pas inutile que je me disculpe de toute intention d'amoindrir leur valeur, en insistant sur la nécessité dominante de se rappeler qu'il n'y a aucun rapport entre l'importance esthétique, ou éthique, ou même scientifique, d'ouvrages semblables, et leur valeur comme documents historiques. Nul doute que pour le poète, ou même pour celui qui étudie la psychologie, *Hamlet* et *Macbeth* ne puissent en apprendre plus que tous les livres d'un troupeau de professeurs d'esthétique ou de philosophie morale. Mais comme témoignages d'événements qui se sont passés en Danemark ou en Ecosse, aux temps et aux endroits indiqués, ils n'ont point de valeur ; on peut les admirer profondément et reconnaître de la plus vive façon leur influence, tout en sachant que, historiquement parlant, ce sont des fables sans valeur, où le fondement quelconque de réalité qui peut exister est noyé dans l'amas des additions dues à l'imagination.

Je n'ai pourtant pas, en ce moment, l'intention d'insister sur l'importance de la littérature de fiction et sur l'immensité de l'œuvre qu'elle a accomplie dans l'éducation de la race humaine. Je me propose de m'en tenir à une étude bien plus limitée ; et je demande s'il y a deux autres classes de récits suivis (distincts de déclarations de faits individuels), ou n'y en a-t-il qu'une ? Y a-t-il aucune œuvre historique connue qui soit exactement vraie d'un bout à l'autre, ou n'y en a-t-il pas ? Dans le cas de la plupart des histoires, la réponse n'est pas douteuse : elles ne sont vraies qu'en partie. Les ouvrages vénérés portant les noms de quelques-uns des plus grands des anciens écrivains grecs et romains, et qui ont été acceptés par les générations successives, jusqu'à nos temps modernes, comme des trésors de vérités incontestables, ces ouvrages même ont été forcés par la critique scientifique, après un long combat, à descendre au niveau commun ; il a fallu reconnaître que l'alliage est riche en erreur. Je pourrais bien tenir ceci pour acquis, mais il vaut mieux que je me retranche derrière l'opinion très nette émise par une autorité historique qui n'est certainement pas le moins du monde suspecte de tendances sceptiques.

« Il fut un temps — et ce temps n'est pas très éloigné — où toutes les relations des anciens auteurs, en ce qui regarde le vieux monde, étaient reçues avec une entière confiance, et la foi, inaltérée par la raison et le sens critique, acceptait avec une égale satisfaction le récit des campagnes de César et celui des agissements de Romulus, l'histoire des marches d'Alexandre et celle des conquêtes de Sémiramis. La plupart d'entre nous doivent se rappeler que, dans ce pays, toute l'histoire de la Rome royale et même la légende de la colonisation du Latium par les Troyens étaient présentées aux enfants sérieusement, comme étant de l'histoire, et l'on en parlait avec aussi peu d'hésitation et sur un ton aussi dogmatique que s'il s'agissait du récit de la conspiration de Catilina, ou de la conquête de la Grande-Bretagne.

Mais tout ceci est changé maintenant. Le siècle dernier a vu naître et grandir une science nouvelle, — la science de la critique historique... Tout le monde de l'histoire profane a été révolutionné [1]... »

[1] *Bampton Lectures* (1859) sur les *Historical Evidences of the Truth of the Scripture Records Stated anew with special References to the Doubts and Discoveries of modern Times*, par le révérend G. Rawlinson, M. A., pages 5 et 6.

Si ces paroles étaient vraies lorsqu'elles tombèrent des lèvres du conférencier Bampton [1], en 1859, combien plus de force n'ont-elles pas, maintenant que les immenses travaux de la génération qui s'en va constituent un exemple grandiose de la puissance et de la fécondité des méthodes scientifiques de l'étude de l'histoire, non moins que de tous les autres domaines de la connaissance.

A l'heure actuelle je suppose qu'il ne se trouve personne qui doute que les histoires concernant d'autres peuples que les Juifs et leur progéniture spirituelle au premier siècle, ne fassent partie de la seconde des trois classes que nous avons énumérées. De même que l'autobiographie de Gœthe, on pourrait les intituler toutes : *Wahrheit und Dichtung* (Vérité et Fiction). La proportion des deux éléments varie indéfiniment, et la qualité de la fiction varie à travers toute la série. Mais la *Dichtung* est toujours présente. Car le plus pénétrant et le plus érudit des historiens ne saurait remédier aux imperfections de ses sources de renseignement ; le plus impartial ne saurait, non plus, échapper à l'influence de l' « équation personnelle », engendrée par son tempérament et son éducation. Donc, depuis les récits d'Hérodote jusqu'à ceux qu'on trouve dans le *Times* d'hier, il faut lire toute l'histoire en se disant que la fiction y entre pour une part. Le vaste développement moderne de la littérature fugitive ne peut être le mal sans mélange qu'on le dit être, puisqu'il a mis un terme à l'erreur

[1] Orateur désigné pour faire les conférences subventionnées par Bampton, à Oxford. (Trad.)

populaire d'un temps moins envahi par la presse, où l'on croyait que tout ce qui est imprimé devait être vrai. Nous espérerions plutôt que quelque influence bienfaisante créera parmi les érudits une suspicion également salutaire à l'égard des manuscrits et des inscriptions, si anciens qu'ils puissent être ; car un écrit peut mentir, même s'il est en caractères cunéiformes. Le sansonnet de Hotspsur, à qui l'on avait appris de ne rien dire que « Mortimer » à l'oreille du roi Henri IV, pourrait être un hôte utile dans toute bibliothèque d'historien, si l'on substituait « fiction » au nom de l'ami de Henry Percy.

Mais le but principal du conférencier était de persuader à la congrégation réunie à Saint-Mary, à Oxford, il y a trente et un ans, par des preuves recueillies non sans peine et produites avec une habileté remarquable, qu'il existe un groupe de vérités qui est soustrait à cette règle générale, et que les récits des Écritures canoniques ne contiennent aucun mélange d'erreur. Le conférencier fait remarquer à son auditoire, avec justice et franchise, que ce qui distingue spécialement le Christianisme, entre toutes les religions du monde, c'est son droit à être historique, à être fondé sur des événements qui sont réellement arrivés, exactement comme on déclare, dans les saints livres, qu'ils sont arrivés, et qui sont vrais dans le sens où le récit de l'exécution de Charles Ier est vrai. En outre, on affirme que le Nouveau Testament présuppose l'exactitude historique de l'Ancien Testament ; que les points de contact entre l'histoire « sacrée » et l'histoire « profane » sont innombrables, et que la démonstration de la fausseté des annales hébraïques, particulièrement en ce qui concerne les récits qu'on affirme être vrais dans le Nouveau Testament, serait fatale à la théologie chrétienne.

Tout ce que je possède de pénétration ne me permet pas de découvrir une seule fêlure dans l'argument qui vient d'être résumé. Je ne puis comprendre qu'on puisse douter un instant que la Théologie chrétienne doive ou persister ou tomber, selon que les Écritures hébraïques sont ou non dignes de foi. L'idée même du Messie, ou Christ, est inextricablement liée à l'histoire juive ; l'identification de Jésus de Nazareth avec ce Messie repose sur l'interprétation de passages des Écritures hébraïques qui n'ont aucune valeur probante, à moins de posséder le caractère historique qu'on leur assigne. Si l'alliance avec Abraham n'a pas été conclue, si Jahveh n'a pas ordonné la circoncision et les sacrifices, si les « Dix paroles » n'ont pas été écrites de la main de Dieu sur les tables de pierre, si Abraham n'est qu'un héros plus ou moins mythique, tel que Thésée; si l'histoire du Déluge est une fiction, celle de la Chute une légende, et celle de la Création le rêve d'un voyant; si tous ces récits définis et détaillés d'événements apparemment réels n'ont pas plus de valeur, comme histoire, que n'en ont les histoires de la Rome des rois, que dire alors de la doctrine messianique, énoncée beaucoup moins clairement ? Et que devient l'autorité des auteurs des livres du Nouveau Testament qui, d'après cette théorie, n'ont pas seulement accepté des fictions nuageuses comme étant des vérités solides, mais ont bâti les fondements même du dogme chrétien sur des sables mouvants de la légende ?

Mais on dira que ce n'est là que la glose de cette raison charnelle que les profanes appellent sens commun. Je me hâte, par conséquent, d'appeler à mon aide, pour soutenir ma position, les forces d'une autorité ecclésiastique inattaquable. Dans un sermon prêché, en décembre dernier, dans la cathédrale de Saint-Paul [1], le chanoine Liddon déclare que :

« Pour les chrétiens, il doit suffire de savoir que Notre-Seigneur Jésus-Christ a mis le sceau de sa sanction infaillible sur tout l'Ancien Testament. Il a trouvé le Canon hébraïque tel que nous l'avons entre les mains aujourd'hui, et l'a traité avec une autorité indiscutable. Il y a plus : il s'est détourné de son chemin — s'il n'est pas irrévérencieux de parler ainsi — afin d'en sanctionner plus d'une partie que le scepticisme moderne rejette. Quand il veut avertir ses auditeurs du danger des rechutes spirituelles, il leur dit de se souvenir de la « femme de Loth [2] ». Quand il veut indiquer comment les occupations terrestres peuvent aveugler l'âme sur la venue du jugement, il leur rappelle comment les hommes mangeaient et buvaient, et se mariaient, et se donnaient en mariage jusqu'au jour où Noé entra dans l'arche et où le déluge vint qui les détruisit tous [3]. Quand il veut poser son doigt sur un fait dans l'histoire passée

[1] *The Worth of the old Testament*, sermon prêché à la cathédrale de Saint-Paul le second dimanche de l'Avent, 8 décembre 1889, par H.-P. Liddon, docteur en Théologie et en Droit, chanoine et chancelier de Saint-Paul. Seconde édition, revue, et avec une nouvelle préface, 1890.

[2] Luc, XVII, 32.

[3] *Ibid.*, 27.

des Juifs, qui, par sa réalité reconnue, garantirait la croyance dans sa propre résurrection, il cite Jonas qui a été trois jours et trois nuits dans le ventre de la baleine [1]. »

Le prédicateur écarte ensuite le prétexte apologétique commun — j'allais presque dire vulgaire — que Jésus se servait d'arguments *ad hominem*, ou « accommodait » son savoir supérieur à l'ignorance populaire, tout en indiquant l'impossibilité d'admettre l'autre alternative, suivant laquelle il aurait partagé l'ignorance populaire. Et à ceux qui adoptent la dernière opinion il distribue le sarcasme d'une main peu avare.

« Mais ils feront difficilement croire à l'humanité que, s'il a pu se tromper sur une chose d'une telle importance religieuse que la valeur de la littérature sacrée de ses compatriotes, il peut être cru, en toute sincérité, sur toute autre chose. Le degré de foi en l'Ancien Testament est, en réalité, inséparable de la foi en Notre-Seigneur Jésus-Christ ; et, si nous croyons qu'il est la vraie Lumière du monde, nous fermerons l'oreille à toute suggestion tendant à détruire la confiance en ces Ecritures juives qui ont reçu l'estampille de sa divine autorité [2]. »

En outre, j'apprends par les feuilles publiques que, l'autre jour, on a exhibé, dans ce grand kaléidoscope théologique, la chaire de Saint-Mary, un aperçu brillant et vigoureux de l'orthodoxie, rappelant le temps

1 Mathieu, XII, 40.
2 Page 23.

si lointain où un conférencier Bampton, au même endroit, exécutait l'exploit inaccoutumé de laisser en repos la foi des Chrétiens à la viéille mode.

Pourtant, il s'est passé bien des choses, durant les trente et un ans écoulés. Le conférencier Bampton, en 1859, n'avait à lutter qu'avec l'Hercule-enfant de la critique historique, qui maintenant est un athlète arrivé à sa maturité, portant sur ses épaules la dépouille de tous les lions qui ont traversé sa route. Assurément, il faut le courage aussi bien que la foi du martyr à qui, en ce temps, se prépare à appuyer le plaidoyer suivant en faveur de la véracité du Pentateuque :

« Adam, selon le texte hébreu original, aurait été deux cent quarante-trois ans contemporain de Mathusalem, qui a pu parler à Sem pendant cent ans. Sem a été, pendant cinquante ans, contemporain de Jacob qui, probablement, vit Jochebed, la mère de Moïse. Ainsi, Moïse aurait pu, par la tradition orale, recevoir l'histoire d'Abraham et même celle du Déluge de troisième main, et celle de la Tentation et de la Chute de cinquième main.....

Si l'on accorde — ainsi que cela paraît être — que les événements importants et saillants de la vie d'une nation laissent, dans des circonstances ordinaires (à part de tout témoignage écrit), des souvenirs, qui pendant cent cinquante ans se transmettent en cinq générations, il faut convenir (même par des raisons humaines) que l'on peut admettre comme croyable le récit que Moïse donne de la Tentation et de la Chute, puisqu'il n'a passé que par quatre bouches, entre lui et Adam [1]. »

[1] *Bampton Lectures*, 1859, pp. 50-51.

Si la « croyance en Notre-Seigneur Jésus-Christ » doit subsister ou tomber avec la croyance en la transformation soudaine des composés chimiques du corps d'une femme en chlorure de sodium, ou sur la « réalité admise » de l'expulsion de Jonas, en bonnes condition et santé, sur les rivages du Levant, après une traversée de trois jours dans le ventre d'un animal marin gigantesque, quel prétexte possible nous reste-t-il pour éprouver la moindre suspicion à l'égard de la vérité exacte de la longévité attribuée aux Patriarches ? Qui donc, parmi ceux qui ont avalé le chameau en croyant au voyage de Jonas, se rendra coupable de l'affectation de rejeter un moucheron — un simple cousin — en se refusant de croire que la mère de Moïse a entendu l'Histoire du Déluge de la bouche de Jacob, lequel la tenait de Sem, qui était en bons termes avec Mathusalem, lequel était intime avec Adam ?

Pourtant, par l'étrange ironie des choses, l'illustre frère du prêtre qui avançait cette remarquable théorie a été le guide et le chef de file de cette bande de chercheurs des annales de l'Assyrie et de la Babylonie, qui ont ouvert à nos yeux, non pas seulement un nouveau chapitre, mais un nouveau volume de l'histoire primitive, concernant le peuple même qui a eu les points de contact les plus nombreux avec la vie des anciens Hébreux. Quelles que soient les imperfections qui obscurcissent encore la valeur complète des annales de la Mésopotamie, tout ce qui a été clairement constaté tend à faire conclure qu'il est impossible de n'assigner que quatre mille ans à la durée de la période comprise entre l'origine de l'humanité et celle de César-Auguste. Par conséquent, la chronologie biblique, à laquelle le chanoine Rawlinson croyait si implicitement en 1859, est reléguée par tous les critiques sérieux dans le domaine de la fable.

Mais, si la méthode scientifique, opérant dans la région de l'histoire, de la philologie, de l'archéologie, au cours des trente ou quarante dernières années, est ainsi devenue formidable pour le théologien dogmatisant, que ne peut-on dire de la méthode scientifique opérant dans le domaine de la science physique? Car, s'il est vrai que les Ecritures canoniques ont d'innombrables points de contact avec l'histoire civile, il n'est pas moins vrai qu'elles en ont presque autant avec l'histoire naturelle, et leur exactitude est mise à l'épreuve aussi rigoureusement par la dernière que par la première. L'origine de l'état actuel des cieux et de la terre est un problème qui est strictement du domaine de la science physique; il en est de même du problème de l'origine de l'homme parmi les êtres vivants, et de celui des changements physiques que la terre a subis depuis l'origine de l'homme; de même aussi pour le problème de l'origine des diverses races et nations d'hommes, avec toutes leurs variétés de langage et de conformation physique. Savoir si la terre se meut autour du soleil, ou si c'est le contraire; savoir si les maladies corporelles ou mentales des hommes et des animaux sont causées, ou non, par de mauvais esprits; savoir s'il y a, ou non, des agents de sorcellerie: — voilà autant de questions purement scientifiques; et les Ecritures canoniques prétendent donner à toutes des réponses vraies. Et, bien que rien ne soit plus commun que d'admettre que ces livres ne sont en opposition qu'avec la partie spéculative de la science physique moderne, rien n'est moins fondé que cette manière de voir.

L'antagonisme entre la science naturelle et le Pentateuque serait tout aussi grand quand bien même on laisserait entièrement de côté les spéculations de notre temps. Il nait de la contradiction sur des questions de fait. Les livres d'autorité ecclésiastique déclarent que certains événements se sont passés d'une certaine manière : les livres d'autorité scientifique disent que non. Comme il semble que cette vérité incontestable n'a pas encore pénétré parmi beaucoup de ceux qui parlent et écrivent sur ces sujets, il peut être utile d'en donner un exemple complet. Et, dans ce but, je me propose de traiter, avec détail, le récit du déluge de Noé donné dans la Genèse.

Le conférencier Bampton, en 1859, et le chanoine de Saint-Paul, en 1890, s'accordent entièrement pour dire que cette histoire est vraie, dans le sens où j'ai défini la vérité historique. Le premier est d'avis que le récit attribué à Bérosus raconte une tradition

« ... non point tirée d'annales hébraïques, et moins encore formant le fondement de ces annales, mais pourtant coïncidant avec elles d'une manière remarquable. La version babylonienne est falsifiée avec quelques extravagances, telles que les dimensions monstrueuses du navire et la traduction de Xisuthros mais, autrement, c'est l'histoire Juive, *jusque dans les plus petits détails* [1]. »

En outre, corrigeant Niebuhr, le conférencier Bampton indique que le récit de Bérosus implique l'universalité du Déluge :

« Il est évident que l'on représente les eaux comme dominant les sommets des montagnes les plus élevées de l'Arménie, hauteur qui, on l'a vu, implique la submersion de tous les pays que connaissaient les Babyloniens [2].

Je puis faire remarquer, en passant, que beaucoup de gens pensent que les dimensions de l'arche de Noé sont « monstrueuses », étant donné l'état probable de l'art de la construction navale, 1600 ans seulement après l'origine de l'homme ; tandis que d'autres sont assez déraisonnables pour demander pourquoi la traduction d'Enoch est moins une « extravagance » que celle de Xisuthros. Il est plus important, toutefois, de remarquer que l'universalité du Déluge est reconnue non seulement comme une partie de l'histoire, mais comme une conséquence nécessaire de quelques-uns de ses détails. Le plus récent représentant de l'orthodoxie anglicane, ainsi que nous l'avons vu, insiste sur l'exactitude de l'histoire du déluge dans le Pentateuque d'une manière encore plus pressante. Il cite cette histoire comme étant un des quelques récits sur lesquels l'autorité du fondateur du Christianisme est

[1] *Ibid.*, p. 64.
[2] *Ibid.*, p. 66.

engagée, sur l'authenticité desquels la « confiance à accorder à Notre-Seigneur Jésus-Christ » est en jeu, tout comme d'autres mettent en jeu cette confiance sur la vérité des histoires de démoniaques dans les Evangiles.

Lorsque ceux qui croient aux méthodes scientifiques de s'assurer de la vérité dans le domaine de l'histoire naturelle se trouvent face à face en opposition, sur leur propre terrain, avec des prétentions ecclésiastiques à un savoir supérieur, il est, indubitablement, très désirable pour eux qu'ils s'assurent que leurs conclusions, quelles qu'elles soient, ont des fondements sûrs. Et, s'ils considèrent qu'on empiète à tort et sans raison sur leur domaine, et s'ils relèguent l'histoire du Pentateuque dans la région de la pure fiction, ils sont tenus de s'assurer qu'ils agissent ainsi parce que les enseignements les plus clairs de la nature (en dehors de toute spéculation douteuse) sont inconciliables avec les assertions qu'ils rejettent.

De notre temps, il est difficile de persuader à des chercheurs scientifiques sérieux de s'occuper, d'une façon quelconque, du déluge de Noé. Ils vous regardent en souriant et en haussant les épaules, et disent avoir mieux à faire que de s'occuper de questions d'antiquaires. Mais il n'en était point ainsi lorsque j'étais jeune. Alors, géologues et biologistes pouvaient à peine suivre jusqu'au bout une étude quelconque sans trouver leur route barrée par Noé et son arche, ou par le premier chapitre de la Genèse; et c'était une affaire sérieuse, en ce pays en tous cas, quand un homme était soupçonné de douter de la vérité littérale de l'histoire du Déluge, ou de tout autre récit du Pentateuque. C'est, si je ne me trompe, en 1874, au cinquantième anniversaire de la fondation du *Geological Club* que Sir Charles Lyell parla, pour la dernière fois, en public, même devant l'auditoire le plus restreint. Le maître et vétéran s'anima une fois encore, et, faisant allusion aux difficultés qui avaient gêné ses premiers efforts pour créer une science rationnelle de géologie, il parla, avec sa clarté et sa vigueur habituelles, de l'ostracisme social qui le poursuivit après la publication des *Principes of Geology*, en 1830, à cause de la tendance évidente de ce noble ouvrage à discréditer les récits de la Création et du Déluge qui se trouvent dans le Pentateuque. Si mes plus jeunes contemporains ont de la peine à me croire, je puis les renvoyer à un livre grave, *On the Doctrine of the Deluge*, publié huit ans après, et dédié par l'auteur à son père, alors archevêque d'York. Le premier chapitre a trait à la façon dont le Dr Buckland et M. Lyell ont parlé du « Déluge de Moïse » dans les termes suivants :

« Leur respect pour la religion révélée les a empêchés de se mettre ouvertement en armes contre le récit qu'en font les Écritures — encore moins d'en nier la vérité, — mais ils sont très pressés d'échapper à l'examen de ce récit, et s'accordent évidemment avec Linné pour affirmer qu'on ne peut découvrir dans la structure de la terre aucune preuve quelconque d'un Déluge [1]. »

[1] *Loc. cit.*, p. 1.

Et, après une tentative de réponse à quelques-uns des arguments de Lyell, qu'il y aurait cruauté à reproduire, l'auteur continue :

« Si donc, sur des raisons aussi fragiles, on se décide, en réponse à ceux qui insistent sur son universalité, à considérer le Déluge mosaïque comme un événement surnaturel, bien au-delà de la portée de l'étude scientifique, non seulement quant aux causes employées pour le produire, mais quant aux effets qui en résultent probablement, cette décision a un aspect de scepticisme qui. pour tant qu'il puisse être involontaire dans l'esprit de l'écrivain, ne saurait cependant que produire une impression nuisible sur ceux qui sont déjà prédisposés à gloser et ergoter sur les preuves de la Révélation [1]. »

L'auteur bienveillant et courtois de ces curieux passages est évidemment peu disposé à faire des géologues les victimes de l'opprobre général en poussant jusqu'au bout les conséquences évidentes de leur enseignement. On est donc affligé, en songeant aux sentiments avec lesquels, s'il a vécu assez longtemps pour connaître le *Dictionary of the Bible*, il doit avoir lu l'article « Noé » écrit par un dignitaire de l'Eglise pour ce recueil de premier ordre, et publié en 1863. Car, ici, on renonce entièrement à la doctrine de l'universalité du Déluge, et je me flatte de l'espérance que c'est une longue critique de cette histoire, au point de vue de la science naturelle, que j'ai, sur sa requête, fournie au théologien érudit qui a écrit l'article, qui

[1] *Loc. cit.*, pp. 8 et 9.

a pu, en quelque degré, contribuer à cet heureux résultat.

Malgré des recherches actives, je n'ai pas réussi à découvrir s'il reste un seul défenseur de l'universalité du Déluge, à tout le moins parmi ceux qui possèdent assez les rudiments de la science naturelle pour être à même d'apprécier le poids du témoignage contraire. Par exemple, lorsque j'ouvris la *Speaker's Bible*, publié sous la sanction d'une haute autorité anglicane, j'y trouvai l'énoncé suivant, à la fois juridique et judicieux, dont la phraséologie habile peut orner, mais ne cache pas l'abandon complet de l'ancienne doctrine :

« Sans nous prononcer trop vite sur aucune induction à l'égard des paroles de l'Ecriture, nous pouvons, raisonnablement, dire que leur interprétation la plus naturelle est que toute la race humaine s'était lamentablement corrompue depuis que les fidèles s'étaient mêlés aux impies ; que le monde habité était, en conséquence, rempli de violence, et que Dieu avait décrété de détruire toute l'humanité, une seule famille exceptée ; que, par suite, toute la partie de la terre, peut-être encore très petite, où l'humanité s'était répandue, fut submergée par les eaux. L'arche fut commandée pour sauver une famille fidèle ; et de peur que cette famille, lorsque les eaux se seraient écoulées, ne trouvât plus qu'un désert dans tout le pays qui l'entourait, on conserva avec elle un couple de toutes les bêtes de la terre et de tous les oiseaux de l'air, et ceux-ci sortirent avec elle pour repeupler le continent devenu désolé. Les paroles de l'Ecriture (confirmées, ainsi qu'elles le sont, par la tradition universelle) semblent du moins signifier cela. Elles ne signifient pas nécessairement davantage [1]. »

Dans la troisième édition de la *Cyclopædia of biblical Litterature* de Kitto (1876) l'article « Déluge », écrit par mon ami le chef distingué actuel du *Geological Survey of Great Britain*, détruit la doctrine de l'universalité aussi complètement qu'on pouvait l'attendre de son auteur ; et puisque l'auteur de l'article « Noé » renvoie ses lecteurs à l'article « Déluge », il est à supposer, malgré son ton généralement orthodoxe, qu'il n'est pas en désaccord avec ses conclusions. En outre, les auteurs de la *Real-Encyclopedie* de Herzog [2] et du *Handwœrterbuch* de Riehm (1884) — deux ouvrages de tendance conservatrice — sont du même avis, et Diestel [3], dans sa discussion complète du sujet, rejette sans remords la doctrine de l'universalité. Zöckler [4] lui-même, cet opposant solide du Rationalisme scientifique — dois-je dire de la rationnalité ? — Zöckler recule devant cette thèse, et pourtant toute opposition à celle-ci, si je me souviens bien, était accueillie, par les orthodoxes, avec des hurlements, comme étant de « l'infidélité » pure. Tout ce à quoi, dans son grand embarras, le Dr Zöckler aboutit, c'est à faire un faible éloge d'une tentative particulièrement absurde de conciliation, qui ferait du Déluge de Noé une catastrophe ayant eu lieu vers la fin de l'époque

[1] *Commentary on Genesis*, par l'évêque d'Ely, p. 77.
[2] Tome X, 1882.
[3] *Die Sintflut*, 1876.
[4] *Theologie und Naturwissenschaft*, II, 784, 791 (1877).

glaciaire. Cette hypothèse implique la petite bagatelle d'une révolution physique dont la géologie ne sait rien et qui, si elle parvenait à garantir l'exactitude de l'auteur du Pentateuque sur le fait du Déluge, laisserait les détails de son récit aussi inconciliables que jamais avec les vérités de la science physique élémentaire. On me permettra donc d'épargner à mes lecteurs et à moi-même l'ennui d'une récapitulation des arguments accablants contre l'universalité du Déluge, qu'ils trouveront maintenant exposés, aussi complètement et graphiquement qu'on le peut désirer, par des théologiens, anglicans et autres, dont l'orthodoxie et les tendances conservatrices ont été, jusqu'ici, au-dessus de tout soupçon. Pourtant, beaucoup admettront (et en vérité rien n'est plus clair) que le narrateur du Pentateuque veut exprimer le fait que toute la terre qui lui était connue a été submergée ; et il n'est pas moins évident que, à moins que toute l'humanité, à l'exception de Noé et de sa famille, n'ait été réellement détruite, les allusions au Déluge, dans le Nouveau Testament, sont inintelligibles.

Mais je sais très bien que la puissance de la démonstration d'après laquelle il n'y a jamais eu de déluge universel a produit un changement de front dans l'armée des écrivains apologétiques. Ils ont imaginé qu'en substituant l'adjectif « partiel » à celui d'« universel » ils sauveraient le crédit du Pentateuque, et pourraient se permettre ensuite, sans trop rougir, de déclarer que le progrès de la science moderne ne fait que fortifier l'autorité de Moïse. Nulle part, mieux que dans la conférence du professeur Diestel, déjà citée, je n'ai trouvé exposé l'argument de ceux qui pensent ainsi échapper aux difficultés de leur vraie position. Après avoir admis, franchement, que la vieille doctrine de l'universalité implique des impossibilités physiques, il continue ainsi :

« Toutes ces difficultés se dissipent dès que nous renonçons à l'universalité du déluge, et que nous imaginons une submersion *partielle* de la terre, dans l'Asie Occidentale, par exemple. Mais avons-nous le droit de ce faire? Le récit parle de « toute la terre ». Mais que signifie cette expression? Ce n'est assurément pas toute la surface de la terre selon les idées des géographes *modernes*, mais celle que connaissait l'auteur biblique. Cette conclusion, très simple, toutefois, ne se présente jamais assez à l'esprit des lecteurs de la Bible. Mais il suffit de jeter les yeux sur le dixième chapitre de la Genèse pour connaître l'horizon géographique des Juifs. Au nord, il était borné par la mer Noire et les montagnes de l'Arménie ; il s'étendait, à l'est, très peu au-delà du Tigre, il atteignait à peine le sommet du golfe Persique, passait alors entre le milieu de l'Arabie et la mer Rouge ; traversait l'Abyssinie au sud, et puis tournait à l'ouest vers les frontières de l'Égypte, renfermant les îles les plus orientales de la Méditerranée [1]. »

Il faut admettre la justesse de cette observation, non moins que la remarque qui suit que, en des temps encore plus anciens, les Hébreux pasteurs avaient des notions encore plus restreintes de ce qui constituait « toute la terre ». En outre, pour ma part

[1] *Loc cit.*, p. 11.

je suis entièrement d'accord avec le professeur Diestel sur le fait que le motif ou incident générateur de toute l'histoire doit être cherché dans les inondations excessives et destructives qui, à l'occasion, ravagent les vallées de l'Euphrate et du Tigre.

Acceptons donc, provisoirement, la théorie d'un déluge partiel, et essayons de nous faire un tableau précis de cet événement. Supposons que, durant quarante jours et quarante nuits, une telle quantité d'eau ait été versée sur la terre que toute la surface de la Mésopotamie a été couverte d'eau, à une hauteur certainement supérieure — et probablement de beaucoup — à 15 coudées, ou vingt pieds [1]. L'inondation règne sur la terre pendant cent cinquante jours ; puis le déluge diminue graduellement, jusqu'à ce que, au dix-septième jour du septième mois, l'arche qui, précédemment, avait flotté à la surface, touche sur « les montagnes d'Ararat [2] ». Alors, ainsi que l'a finement fait observer Diestel [3], nous devons imaginer que la décroissance du déluge s'est opérée si graduellement que ce ne fut que deux mois et demi après ce temps (c'est-à-dire au premier jour du dixième mois) que les « sommets des montagnes » devinrent visibles. D'où il suit que, si même l'arche avait 20 pieds de tirant d'eau, le niveau de l'inondation baissa très lentement — au taux de quelques pouces seulement par jour — jusqu'à ce que

[1] *Genèse*, VII, 20.

[2] *Genèse*, VIII, 34. — Il est très douteux que ceci veuille désigner la région de l'Ararat arménien. Il est beaucoup plus probable qu'il s'agit d'une partie de la chaîne des Kurdes, ou de sa continuation au sud-est.

[3] *Sintflut*, p. 13.

le sommet de la montagne sur laquelle elle reposait devint visible. C'est là une décroissance qui, si elle se produisait en mer, ne serait pas remarquée par les gens ordinaires sur le rivage. Mais la plaine de Mésopotamie est en pente douce, d'une élévation de 500 ou 600 pieds à son extrémité nord, jusqu'à la mer à son extrémité sud, et c'est à peine si un monticule rompt sa platitude uniforme, pendant trois ou quatre cents milles. Telles étant les conditions, l'étude suivante se présente, non pas, qu'on en prenne note, comme un problème engendré par la spéculation moderne, mais comme une simple idée émanant de cette connaissance très ordinaire et ancienne que l'eau ne saurait être entassée comme le sable, et qu'elle cherche le niveau le plus bas. Quand, après cent cinquante jours, les « sources de l'abîme et les bondes des cieux furent fermées, et la pluie du ciel fut arrêtée [1] », qu'est-ce qui empêchait cette masse d'eau, haute de plusieurs coudées, de beaucoup peut-être, qui couvrait, par exemple, l'emplacement où se trouve maintenant Bagdad, de descendre vers la mer en un torrent furieux, et de laisser à nu en très peu d'heures non seulement les « sommets des montagnes », mais toute la plaine, sauf quelques légères dépressions ? Comment son écoulement pouvait-il être une affaire de semaines et de mois ?

Et si ce n'est point assez de cette difficulté, qu'on essaye d'imaginer comment une masse d'eau, haute peut-être d'un très grand nombre de coudées, pouvait être accumulée sur une surface plate de terre assez

[1] *Genèse*, VIII, 2.

élevée au-dessus de la mer, et n'en étant séparée par aucune sorte de barrière ? Presque tout le monde connaît le terrain à cricket de Lord[1]. Ne serait-ce pas en contradiction absurde avec notre connaissance ordinaire des propriétés de l'eau que d'imaginer que, si toutes les conduites maîtresses de la canalisation de Londres étaient dirigées sur ce terrain, elles parviendraient à y maintenir une masse d'eau de 20 pieds de hauteur sur sa surface? N'est-il pas évident que l'eau, quelle que soit l'accumulation momentanée qui puisse se produire d'abord à la surface, ne s'y arrêterait point, mais se précipiterait, comme une puissante chute de moulin, vers le sud, le long de la pente douce qui finit à la Tamise ? Et n'est-il pas évident, en outre, que, quelque hauteur d'eau qui pût être maintenue sur le terrain tant que les conduites s'y déverseraient, les choses quelconques qui se trouveraient y flotter seraient emportées en un tourbillon rapide par le courant, comme un bouchon dans une rigole pendant un orage ? Mais, s'il en est ainsi, il n'est pas moins certain que le navire de Noé, chargé à couler, sans voiles, sans rames et sans gouvernail, si par une chance inouïe il n'avait chaviré dans un tournant d'eau, ou été défoncé par des troncs d'arbres (tels que ceux qui détruisent même les bateaux à vapeur bien construits du Mississipi de nos jours), se serait trouvé bien vite fort loin dans le golfe Persique, et peu après dans l'océan Indien, quelque part entre l'Arabie et l'Hindoustan. Quand bien même, par

[1] Emplacement bien connu et nécessairement plan destiné aux parties de cricket. (Trad.)

hasard, l'arche aurait échoué, avec d'autres épaves, sur les côtes de l'Arabie, ou celles de l'Hindoustan, ou des Maldives, ou de Madagascar, son retour aux « montagnes d'Ararat » eût été un miracle plus étourdissant que tout le reste.

Ainsi, les conciliateurs de l'histoire du Déluge avec les faits vont de Charybde en Scylla. Tout ce qu'ils ont fait, c'est de transférer les contradictions avec la vérité établie de la region de la science propre à celle de la connaissance ordinaire et du sens commun. Car, en réalité, l'assertion que le niveau d'une masse d'eau profonde, à laquelle on n'ajoute rien et que rien n'empêche de courir à la mer, n'a diminué que de quelques pouces ou même de quelques pieds par jour, est tout simplement un outrage aux enseignements les plus ordinaires et les plus familiers de l'expérience quotidienne de chacun. Un enfant même peut en saisir l'absurdité.

En outre, j'ajouterai qu'il n'est pas possible de soutenir l'hypothèse, nécessaire à l'idée du « Déluge partiel » (s'il est limité à la Mésopotamie), que l'écrivain hébreu a dû désigner des collines basses quand il a écrit « de hautes montagnes ». Du côté oriental de la plaine de la Mésopotamie, les pics neigeux de la chaîne frontière de la Perse sont visibles de Bagdad[1], et les plus ignorants des gardeurs de troupeaux dans le voisinage « d'Ur de Chaldée », près de sa limite orientale, pouvaient à peine ignorer la proxi-

[1] C'est ce que dit Reclus (*Nouvelle Géographie universelle*, IX, 386); mais une autorité de premier ordre dément cette assertion.

[2] *Genèse*, VII, 19.

mité du plateau, relativement élevé, du désert de Syrie. Mais, assurément, nous devons croire que l'écrivain biblique connaissait les plateaux de Palestine et les masses de la péninsule du Sinaï qui s'élèvent à 8,000 pieds au-dessus de la mer, s'il ne connaissait pas de plus grandes hauteurs, et dans ce cas il ne pouvait réellement avoir fait allusion à de simples coteaux quand il disait que « toutes les hautes montagnes qui étaient sous tout le ciel furent couvertes[2] ».

La partie montagneuse de la Galilée elle-même a une élévation de 4,000 pieds, et le déluge qui l'aurait couverte n'eût pu être qu'universel dans son étendue superficielle. On ne peut réellement faire séjourner de l'eau à 4,000 pieds au-dessus du niveau de la mer, en Palestine, sans couvrir le reste du globe à la même hauteur. Si même, au cours du VIe siècle de l'existence de Noé, quelque convulsion prodigieuse avait fait s'affaisser toute la région comprise dans « l'horizon de la connaissance géographique » des Israélites, de la même profondeur, et qu'une autre l'eût fait s'élever de nouveau, juste à temps pour rattraper l'arche sur les « montagnes d'Ararat », les choses ne s'arrangent pas mieux. Je frémis en pensant à ce que pouvait devenir une embarcation aussi peu propre à naviguer que l'était l'arche, avec ses très nombreux passagers, au milieu des obstacles que de si rapides mouvements de dépression et de soulèvement devaient engendrer.

Donc, et sans m'occuper, je le répète, des spéculations des philosophes infidèles, mais en présence des faits constatés les plus simples et les plus communs, l'histoire du Déluge de Noé n'a pas plus de droit à être crue que celle du Déluge de Deucalion; et qu'elle ait été ou non suggérée par la connaissance familière qu'avaient ceux qui ont connu les effets des grandes inondations exceptionnelles du Tigre et de l'Euphrate, elle est absolument dépourvue de vérité historique.

Voilà, à mon avis, le résultat nécessaire de l'application de la critique, basée sur une connaissance physique certaine, à l'histoire du Déluge. Et il est satisfaisant de voir que la critique, qui est basée, non sur des spéculations littéraires et historiques, mais sur des faits dûment reconnus dans les domaines de la littérature et de l'histoire, tend exactement vers la même conclusion.

Car je trouve que tous les savants bibliques de quelque réputation s'accordent à dire que l'histoire du Déluge, dans la Genèse, peut se séparer en deux séries au moins, d'affirmations, et lorsque celles-ci, une fois séparées, sont combinées de nouveau dans l'ordre qui leur est propre, chaque série fournit un récit de l'événement, cohérent et complet en soi, mais divergent, à quelques égards, de celui que fournit l'autre série. Ce fait, si je comprends bien, n'est point discuté. Que l'un de ces récits soit l'œuvre d'un élohiste, et l'autre celui d'un jéhoviste; que les deux aient été attachés ensemble de cette étrange façon, parce que, dans l'idée des compilateurs et des éditeurs du Pentateuque, ils avaient une autorité égale, ou non; qu'il y ait quelque autre manière de l'expliquer, tout cela constitue autant de questions dont les réponses n'affectent pas le fait. J'évite quand cela est possible, les arguments *a priori*. Mais pourtant, je pense qu'on peut avancer, sans imprudence, qu'un récit ainsi combiné n'est point ce qu'on devrait attendre d'un auteur possédant un savoir complet et une exactitude infaillible. Encore un coup, il semblerait que ce ne sont pas nécessairement la simple inclination de l'esprit sceptique à mettre en doute, ni l'aveuglement volontaire des infidèles, qui suggèrent des doutes sérieux quant à la valeur d'un récit aussi étrangement différent du genre ordinaire des histoires véridiques.

Mais la voix de la critique archéologique et historique n'a point encore été entendue ; et son jugement n'est pas équivoque. On a retrouvé d'une façon merveilleuse les annales d'une antiquité bien supérieure à celle qu'on peut attribuer au Pentateuque ; les déchiffreurs de caractères cunéiformes nous ont mis en possession d'une série, encore un coup, non de spéculations, mais de faits très instructifs à l'égard de la question de la confiance qu'il faut accorder au récit du Déluge. Il est reconnu que des siècles avant que Térah ne quittât Ur de Chaldée (départ qui, selon les interprètes orthodoxes du Pentateuque, eut lieu après l'an 2000 avant Jésus-Christ), la Mésopotamie inférieure était le siège d'une civilisation où l'art, la science et la littérature avaient atteint un développement qu'on ne soupçonnait point autrefois, ou qu'on traitait de fabuleux quand il en venait quelques vagues rumeurs. Et ce n'est pas, non plus, une hypothèse ou une spéculation, mais un fait, que les bibliothèques de ces peuples contiennent des versions d'un long poème épique dont un des douze livres raconte l'histoire d'un Déluge, qui, avec nombre de traits principaux, correspond à l'histoire attribuée à Bérosus, non moins qu'à l'histoire donnée dans la Genèse, avec une singulière exactitude. Donc, la justesse de la conclusion, donnée ci-dessus, du chanoine Rawlinson d'après laquelle l'histoire de Bérosus n'était point tirée des annales juives, ni n'en formait la base, peut à peine être mise en question. Il est très probable, sinon certain, que Bérosus s'est appuyé sur une des versions (car il semble qu'il y en ait eu plusieurs) des vieilles épopées babyloniennes qui existaient de son temps; et si la conclusion est raisonnable, pourquoi serait-il déraisonnable de croire que les deux histoires, que le compilateur juif a réunies d'une manière aussi peu artistique, étaient, en définitive, dérivées de la même source? Je dis en définitive parce qu'il ne s'ensuit pas du tout que les deux versions, peut-être arrangées par l'écrivain jéhovistique, d'une part, et par l'écrivain élohistique, de l'autre, pour satisfaire les exigences hébraïques, n'aient pas eu cours chez les Israélites pendant des siècles. Et elles peuvent avoir acquis une grande autorité avant de se combiner dans le Pentateuque.

En considérant la convergence de toutes ces preuves vers une seule conclusion, savoir que l'histoire du Déluge, dans la Genèse, n'est qu'une version remaniée d'un des plus anciens morceaux de la littérature purement fictive qui existent; que, quelle qu'en soit l'origine, les événements qui s'y trouvent affirmés comme ayant eu lieu n'ont assurément pas existé; en outre, qu'en réalité le récit dans le sens simple et logiquement nécessaire de ses mots n'est plus défendu, depuis longtemps, par les commentateurs orthodoxes et conservateurs de l'Église établie, — je ne puis qu'admirer le courage et la prévision confiante du prêtre anglican qui nous dit que nous devons nous préparer à choisir entre la véracité de la méthode scientifique et la véracité de ce que l'Eglise appelle l'autorité divine. Car, à mon sens, cette déclaration de guerre à mort contre la science séculière, même sous sa forme la plus élémentaire, ce rejet sans un moment d'hésitation de tout témoignage en conflit avec les dogmes théologiques — est la seule position qui puisse logiquement se concilier avec les axiomes de l'orthodoxie. Si les Évangiles ont dit vrai en annonçant une incarnation du Dieu de vérité communiquée au monde, il est sûrement absurde d'écouter tout autre témoignage concernant des sujets dont il a parlé, ou dont la vérité est distinctement impliquée par ses paroles. Si la vérité historique exacte des Évangiles est un axiome du Christianisme, il est tout aussi juste et raisonnable pour un chrétien de dire : « Fermons nos oreilles à toutes les suggestions » des critiques scientifiques, qu'il l'est pour l'homme de science de refuser de perdre son temps avec des gens cherchant la quadrature du cercle, ou la preuve que la terre est plate.

On dit, communément, que le manifeste par lequel le chanoine de Saint-Paul proclame qu'il a cloué le drapeau de la plus rigoureuse infaillibilité biblique au mât du vaisseau ecclésiastique fut lancé comme réponse à *Lux Mundi*, et que les passages que j'ai plus particulièrement cités sont dirigés contre l'Essai sur « le Saint-Esprit et l'Inspiration », dans cette collection de traités due à des prêtres anglicans de haute renommée, qui doit certainement être exonérée de l'accusation de penchants « infidèles » conscients. J'imagine que, cette fois, la rumeur publique n'a pas tort, car il est impossible d'imaginer une contradiction plus directe que celle qui existe entre les passages du sermon cité ci-dessus et ceux qui suivent :

« Ce qui est mis en doute, c'est que les paroles de Notre-Seigneur empêchent certaines attitudes critiques à l'égard du caractère de la littérature de l'Ancien Testament. Par exemple, son emploi de la résurrection de Jonas comme *type* dépend-il, en aucun degré véritable, du fait que ce soit de l'histoire ou de l'allégorie?... Une autre fois, Notre-Seigneur se sert du temps écoulé avant le Déluge pour montrer l'insouciance des hommes avant sa venue... En parlant du Déluge, il donne certainement à penser qu'il le traite comme étant typique, car il y introduit des circonstances — « mangeant et buvant, se mariant et donnant en mariage » — qui n'ont aucune contre-partie dans le récit primitif [1]. »

Tout en insistant sur le flot d'inspiration qui traverse tout l'Ancien Testament, l'auteur de l'Essai n'admet pas son universalité. Ici, aussi, le nouvel apologiste demande un déluge partiel :

« Mais l'inspiration de l'historien garantit-elle la vérité historique exacte de ce qu'il raconte? Et, dans le fait, le récit, tous les égards étant accordés à la critique

[1] *Loc. cit.*, p. 358-9.

historique légitime, peut-il être reconnu pour vrai ? Pour la dernière de ces deux questions (et elles sont très distinctes), nous pouvons répondre que rien n'empêche que nous croyions, ainsi que notre foi nous dispose fortement à le croire, que le récit, à partir d'Abraham, est, en substance, historique dans le sens strict du mot. [1] »

Il semblerait, donc, que rien ne nous empêche de croire que le récit, en remontant depuis Abraham, se compose d'histoires qui ne sont pas historiques au sens strict du mot, et que les narrations pré-abrahamiques ne sont que des « types » et des paraboles morales et religieuses.

J'avoue que je m'égare très vite lorsque j'essaye de suivre ceux qui savent marcher, sans broncher, parmi les « types et les allégories ». Il y a en moi, une certaine passion pour ce qui est clair qui me force à demander, crûment, si l'écrivain entend dire que Jésus ne croyait pas aux histoires en question, ou s'il y croyait ? Quand Jésus dit, comme parlant d'un fait, que le « Déluge vint et les détruisit tous », a-t-il cru, ou non, que le Déluge avait réellement eu lieu ? Il me semble que, comme le récit parle de la femme de Noé et des femmes de ses fils, il y a une bonne garantie biblique de la déclaration qu'avant le déluge on se mariait et on donnait en mariage ; et j'aurais cru que le fait qu'ils mangeaient et buvaient pouvait être accepté par le croyant le plus ferme dans la vérité littérale de l'histoire. En outre, j'oserai demander

[1] *Loc. cit.*, p. 351.

quelle sorte de valeur, comme exemple des manières dont Dieu traite le péché, peut avoir le récit d'un événement qui n'est jamais arrivé ? Si aucun déluge n'a balayé les insouciants, de quelle valeur peut être l'avertissement, et n'est-ce point un cri de : « Au loup ! » alors qu'il n'y a point de loup ? Si le séjour de trois jours de Jonas dans la baleine n'est pas une « réalité admise » comment peut-elle « garantir la foi » en la « résurrection prochaine » ? Si la femme de Loth n'a pas été changée en un pilier de sel, ordonner à ceux qui s'éloignent du sentier étroit de « s'en souvenir », c'est moralement aussi élevé que de dire à un enfant qui a été sot qu'un croquemitaine va venir le prendre. Supposons qu'un orateur conservateur annonce à ses auditeurs de grands changements politiques et sociaux qui pourraient aboutir, comme en France, à la domination d'un Robespierre, que devient, non seulement son argument, mais sa véracité, si lui, personnellement, ne croit pas que Robespierre ait existé et commis les actes qui lui sont imputés ?

Comme toutes les autres tentatives pour concilier les résultats de l'investigation conduite scientifiquement avec les exigences des Credo usés du Cléricalisme, l'Essai sur l'Inspiration est un exemple de l'insuccès qui doit toujours accompagner les efforts de médiation, lorsque le médiateur ne peut réellement se rendre compte du poids du témoignage en faveur de l'une des parties. La question d' « inspiration » ne possède réellement aucun intérêt pour ceux qui ont jeté au loin le Cléricalisme et ses œuvres, et n'ont de foi en aucune source de vérité, sauf celle qu'atteignent leurs méthodes scientifiques, patiemment appliquées. Les théories d'inspiration sont des spéculations ou des moyens par lesquels les auteurs d'affirmations, dans la Bible ou ailleurs, ont été amenés à dire ce qu'ils ont dit, — et elles admettent que les agents naturels sont insuffisants pour ce but. Je préfère ne point aborder ce problème, trouvant plus profitable d'entreprendre l'étude qui le précède naturellement, et de demander si ces affirmations sont vraies ou fausses? Si elles sont vraies, il peut valoir la peine d'entrer dans la question de leur origine surnaturelle; si elles sont fausses, elles ne valent certainement pas la peine que je prendrais.

Non seulement je tiens pour prouvé que l'histoire du Déluge est une pure fiction, mais je n'hésite pas à en dire autant de l'histoire de la Création [1]. Entre les deux, il y a l'histoire de la création de l'homme et de la femme, et de leur chute de leur innocence primitive, qui est encore plus monstrueusement improbable qu'aucune des deux autres, bien que moins difficile à réfuter directement en raison de sa nature même. On peut démontrer que la terre a pris plus de six

[1] A ma connaissance, le récit de la Création n'est point tenu, maintenant, pour vrai, dans le sens où j'ai défini la vérité historique, par aucun des conciliateurs. Quant aux tentatives faites pour étendre les jours du Pentateuque en des périodes de milliers ou de millions d'années, le verdict de l'éminent savant biblique, le Dr Riehm (*Der biblische Schöpfungsbericht*. 1881, pp. 15, 16) sur de telles fantaisies d'« Auslegungskunst » doit être final. Pourquoi les conciliateurs ne prennent-ils point au sérieux le conseil de Gœthe?

Im Auslegen seyd frisch und munter!
Legt ihr's nicht aus, so legt was unter.

jours à créer, et que le Déluge, tel qu'il est décrit, est une impossibilité physique ; mais on ne saurait prouver, surtout à ceux qui sont habiles en l'art de fermer les oreilles pour ne point entendre, qu'un serpent n'a point parlé, ou qu'Ève n'a pas été tirée d'une des côtes d'Adam.

Le compilateur de la Genèse, sous la forme actuelle de celle-ci, a eu, évidemment, un plan défini dans sa tête. Ses compatriotes, comme tous les autres hommes, étaient sans aucun doute curieux de savoir comment le monde avait commencé ; comment les hommes, et surtout les hommes pervers, étaient venus au monde, et comment les races et les nations existantes naquirent des descendants d'une seule souche, et finalement quelle était l'histoire de leur propre tribu. Comme nous-mêmes, ils désiraient résoudre les quatre grands problèmes de la Cosmogénie, de l'Anthropogénie, de l'Ethnogénie et de la Généogénie. Le Pentateuque fournit les solutions qui parurent satisfaisantes à son auteur. Une d'elles, ainsi que nous l'avons vu, était empruntée à une fable Babylonienne, et je n'ai pas lieu de croire que les autres eussent une origine différente. Je demanderai, maintenant, si l'histoire de la fabrication d'Ève doit être regardée comme un de ces récits pré-abrahamiques, dont la vérité historique est une question en suspens, en présence de l'allusion qui y est faite dans un discours malheureusement fameux par l'oppression légale à laquelle il a servi à tort de prétexte ?

« N'avez-vous point lu que celui qui les fit au commencement, les fit mâle et femelle, et dit : C'est pour cela que l'homme quittera son père et sa mère, et s'attachera à sa femme ; et les deux seront une seule chair [1]. »

Si l'on ne réclame point ici l'autorité divine pour le vingt-deuxième verset du second chapitre de la Genèse, quelle est donc la valeur du langage ? Et puis, je le demande, si l'on peut jongler avec l'histoire de la chute, comme « type » ou « allégorie », que deviennent les fondements de la théologie de Paul ?

« Car puisque, par l'homme, la mort est venue, par l'homme, aussi, est venue la résurrection des morts. Car, de même que tous meurent en Adam, de même tous revivent par le Christ [2]. »

Si l'on ne peut tenir Adam pour un personnage plus réel que Prométhée, et si l'histoire de la chute n'est qu'un « type » instructif, comparable au mythe profond de Prométhée, quelle valeur a donc la dialectique de Paul ?

Donc, tandis que tout homme de cœur droit doit sympathiser avec les efforts que les théologiens qui n'ont pu fermer leurs oreilles à la petite voix de la raison font pour échapper aux chaînes qu'a forgées le cléricalisme, il reste tristement vrai que la position qu'ils ont prise n'est pas tenable. Elle est balayée également par l'artillerie démodée des Églises et par

[1] Mathieu, XIX, 5.
[2] *Corinthiens*, XV, 21-22.

les fatales armes de précision dont sont armés les *enfants perdus* des forces de la science qui s'avancent vers eux. Ils doivent se rendre, ou se retirer dans une position plus abritée. Et il se peut d'ailleurs qu'ils trouvent longtemps la sécurité en pareille retraite.

Il est, à la vérité, probable que le nombre de ceux qui croient en la transsubstantiation de la femme de Loth, et en l'expérience anticipée de navigation sous-marine de Jonas, au fait de l'eau s'élevant de plusieurs coudées sur une pente sans rien qui la soutienne, et en des diables qui entrent dans des porcs, n'augmentera pas. Mais il n'y a pas non plus beaucoup lieu d'espérer que la proportion de ceux qui rejettent ces fictions, et acceptent les conséquences de cette répudiation soit, pendant quelques générations, en voie de constituer la majorité. Notre siècle est un temps de compromis. Le présent et l'avenir rapproché semblent livrés à ces gens heureusement et curieusement constitués qui voient aussi peu de difficultés à rejeter une quantité quelconque de narration biblique post-abrahamique, que n'en voient les auteurs de *Lux Mundi* à sacrifier les histoires pré-abrahamiques, et, ayant éliminé tout sujet incommode de l'histoire chrétienne, continuent à rendre les honneurs divins à ce qu'il en reste. Il ne semble pas, réellement, qu'aucune raison s'oppose à ce que la génération prochaine puisse écouter une conférence Bampton sur le modèle de la suivante :

« Il fut un temps — et il n'est pas très éloigné — où tous les récits des auteurs bibliques, concernant l'ancien monde, étaient acceptés avec une foi docile; les croyants acceptaient, sans raisonner, sans critiquer, avec une satisfaction égale, le récit de la captivité et des agissements de Moïse à la cour de Pharaon, celui de la réunion des Apôtres dans l'Épître aux Galates, et celui de la fabrication d'Ève. Nous pouvons presque tous nous rappeler, comment, en ce pays, on exposait toute l'histoire de l'Exode, et même la légende de Jonas, sérieusement, aux enfants, comme étant de l'histoire, et comment on en discourait sur un ton aussi dogmatique que l'on pourrait parler d'Azincourt ou de l'histoire de la conquête normande.

« Mais tout ceci est changé maintenant. Le siècle dernier a vu la critique scientifique atteindre son développement complet. Tout le monde de l'histoire a été révolutionné, et la mythologie, qui embarrassait les chrétiens sérieux, s'est évanouie comme un brouillard malfaisant dont la disparition n'a révélé que plus complètement les traits de l'infaillible vérité. N'étant plus en contact avec des faits d'une espèce quelconque, la foi reste maintenant et à jamais fièrement inaccessible aux attaques de l'infidèle. »

Ainsi parlera l'apologiste de l'avenir. Pourquoi pas? *Cantabit vacuus.*

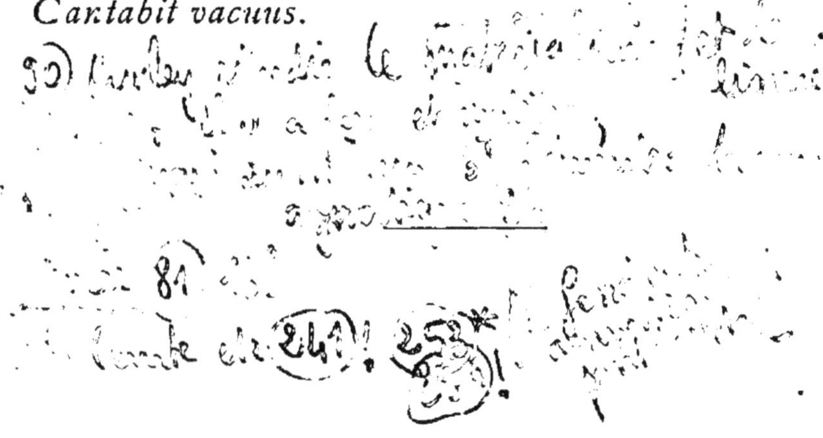

TABLE DES MATIÈRES

Tours, imp. Deslis Frères, 6, rue Gambetta.

PHYSIQUE

LE MICROSCOPE

ET SES APPLICATIONS A L'ÉTUDE DES ANIMAUX ET DES VÉGÉTAUX

Par Ed. COUVREUR

Chef des Travaux de physiologie à la Faculté des Sciences de Lyon.

1 vol. in-16, avec 112 figures. . . . . 3 fr. 50

LA LUMIÈRE ET LES COULEURS

AU POINT DE VUE PHYSIOLOGIQUE

Par Aug. CHARPENTIER

Professeur à la Faculté de Nancy.

1 vol. in-16, avec 22 figures. . . . . 3 fr. 50

LES COULEURS

AU POINT DE VUE PHYSIQUE, PHYSIOLOGIQUE, ARTISTIQUE ET INDUSTRIEL

Par E. BRUCKE

Professeur à l'Université de Vienne.

1 vol. in-16 de 344 pages, avec 46 figures. . . . . 3 fr. 50

LES ANOMALIES DE LA VISION

Par IMBERT

Professeur à la Faculté de Montpellier

Introduction par E. JAVAL, membre de l'Académie de médecine.

1 vol. in-16 de 363 pages, avec 48 figures. . . . . . 3 fr. 50

ART MILITAIRE

L'ARTILLERIE ACTUELLE

EN FRANCE ET A L'ÉTRANGER, CANONS, FUSILS, POUDRES ET PROJECTILES

Par le Colonel GUN

1 vol. in-16, avec 96 figures. . . . . 3 fr. 50

L'ÉLECTRICITÉ

APPLIQUÉE A L'ART MILITAIRE

Par le Colonel GUN

1 vol. in-16, avec figures. . . . . 3 fr. 50

ENVOI FRANCO CONTRE UN MANDAT POSTAL

CHIMIE

LE LAIT

ÉTUDES CHIMIQUES ET MICROBIOLOGIQUES

Par DUCLAUX

Professeur à la Faculté des sciences de Paris, membre de l'Institut.

1 vol. in-16 de 336 pages, avec figures. . . . . . . 3 fr. 60

LES THÉORIES ET LES NOTATIONS DE LA CHIMIE MODERNE

Par Antoine de SAPORTA

Introduction par C. FRIEDEL, membre de l'Institut

1 vol. in-16. . . . . 3 fr. 50

LA COLORATION DES VINS

PAR LES COULEURS DE LA HOUILLE. MÉTHODES ANALYTIQUES ET MARCHE SYSTEMATIQUE POUR RECONNAITRE LA NATURE DE LA COLORATION

Par P. CAZENEUVE

Professeur à la Faculté de Lyon.

1 vol. in-16, avec 1 planche. . . . . 3 fr. 50

FERMENTS ET FERMENTATIONS

ÉTUDE BIOLOGIQUE DES FERMENTS. ROLE DES FERMENTATIONS DANS LA NATURE ET DANS L'INDUSTRIE

Par Léon GARNIER

Professeur à la Faculté de Nancy.

1 vol. in-16, avec 65 figures. . . . . 3 fr. 50

L'ALCOOL

AU POINT DE VUE CHIMIQUE, AGRICOLE, INDUSTRIEL, HYGIÉNIQUE ET FISCAL

Par A. LARBALETRIER

Professeur à l'École d'agriculture du Pas-de-Calais

1 vol. in-16, avec 62 figures. . . . . 3 fr. 50

ENVOI FRANCO CONTRE UN MANDAT POSTAL

INDUSTRIE

LA LUMIÈRE ÉLECTRIQUE

GÉNÉRATEURS, FOYERS, DISTRIBUTION, APPLICATIONS

Par L. MONTILLOT

Directeur de télégraphie militaire.

1 vol. in-16 de 406 pages, avec 190 figures. . . . . 3 fr. 50

LA TÉLÉGRAPHIE ACTUELLE

EN FRANCE ET A L'ÉTRANGER

LIGNES, RESEAUX, APPAREILS, TÉLÉPHONES

Par L. MONTILLOT

Directeur de télégraphie militaire.

1 vol. in-16 de 334 pages, avec 131 figures. . . . . 3 fr. 50

LA PHOTOGRAPHIE

ET SES APPLICATIONS AUX SCIENCES, AUX ARTS ET A L'INDUSTRIE

Par Julien LEFÈVRE

Professeur à l'École des sciences de Nantes

1 vol. in-16, avec 93 figures et 3 photographies. . . 3 fr. 50

LA GALVANOPLASTIE

LE NICKELAGE, LA DORURE, L'ARGENTURE
ET L'ÉLECTRO-MÉTALLURGIE

Par E. BOUANT

Agrégé des sciences physiques.

1 vol. in-16, avec 34 figures. . . . . 3 fr. 50

LA NAVIGATION AÉRIENNE

ET LES BALLONS DIRIGEABLES

Par H. de GRAFFIGNY

1 vol. in-16 de 344 pages, avec 43 figures. . . . . 3 fr. 50

ENVOI FRANCO CONTRE UN MANDAT POSTAL

ANTHROPOLOGIE, ARCHÉOLOGIE

L'ÉGYPTE AU TEMPS DES PHARAONS

LA VIE, LA SCIENCE ET L'ART

Par Victor LORET

Maître de conférences à la Faculté des Lettres de Lyon.

1 vol. in-16, de 316 pages avec 18 planches. . . . . 3 fr. 50

LE PRÉHISTORIQUE EN EUROPE

CONGRÈS, MUSÉES, EXCURSIONS

Par G. COTTEAU

Correspondant de l'Institut.

1 vol. in-16, de 313 pages, avec 87 figures.. . . . . 3 fr. 50

L'ARCHÉOLOGIE PRÉHISTORIQUE

Par le baron J. de BAYE

Membre de la Société des antiquaires de France.

1 vol. in-16, avec 51 figures. . . . . 3 fr. 50

L'archéologie des temps primitifs est une science de date récente. Elle emprunte beaucoup à d'autres sciences presque aussi nouvelles. Elle est en effet intimement associée à la géologie, à la paléontologie, à la minéralogie et à l'anthropologie. C'est par l'heureux accord de ces diverses sciences que M. le baron de Baye a étudié successivement l'époque néolithique, la pierre polie, les grottes, les sépultures, la trépanation préhistorique, les flèches, les haches, les parures, la céramique. C'est là un ensemble plein d'intérêt, qui ne peut manquer d'attirer l'attention des collectionneurs.

LES PYGMÉES

LES PYGMÉES DES ANCIENS D'APRÈS LA SCIENCE MODERNE
LES NÉGRITOS OU PYGMÉES ASIATIQUES
LES NÉGRILLES OU PYGMÉES AFRICAINS
LES HOTTENTOTS ET LES BOSCHIMANS

Par A. de QUATREFAGES

Professeur au Muséum, Membre de l'Institut

1 vol. in-16, avec figures. . . . . 3 fr. 50

L'HOMME AVANT L'HISTOIRE

Par Charles DEBIERRE

Professeur à la Faculté de Lille.

1 vol. in-16, de 304 pages avec 84 figures.. . . . . 3 fr. 50

ZOOLOGIE, BOTANIQUE

LA GÉOGRAPHIE ZOOLOGIQUE

Par le Docteur E.-L. TROUESSART

1 vol. in-16 de 320 pages, avec 50 figures . . . . 3 fr. 50

LA LUTTE POUR L'EXISTENCE

CHEZ LES ANIMAUX MARINS

Par L. FREDERICQ

Professeur à l'Université de Liège

1 vol. in-16 de 303 pages, avec 37 figures. . . . . 3 fr. 50

LES FACULTÉS MENTALES DES ANIMAUX

Par le Docteur FOVEAU DE COURMELLES

1 vol. in-16 de 330 pages, avec fig. . . . . 3 fr. 50

LE TRANSFORMISME

Par Edmond PÉRIER

Professeur au Muséum.

1 vol. in-16, avec 80 figures. . . . . 3 fr. 50

L'auteur étudie la doctrine transformiste pour arriver à une explication du monde vivant. Il fait connaître les origines de la question, ce qu'elle était avec Lamarck, Geoffroy Saint-Hilaire, Ch. Darwin et Hœckel, ce qu'elle est devenue entre les mains des naturalistes de l'époque actuelle, et comment elle est arrivée à grouper en un même faisceau les données si longtemps éparses de la paléontologie, de l'anatomie comparée, des sciences descriptives, et de l'embryogénie. En laissant de côté les hypothèses, il résume ce que l'on a réussi à savoir de plus précis sur l'origine des formes actuelles du Règne animal et sur celle de l'Homme.

SOUS LES MERS

CAMPAGNES D'EXPLORATIONS DU *TRAVAILLEUR* ET DU *TALISMAN*

Par le marquis de FOLIN

Membre de la Commission scientifique d'exploration des grands fonds de la Méditerranée et de l'Atlantique.

1 vol. in-16, avec 46 figures. . . . . 3 fr. 50

LA BIOLOGIE VÉGÉTALE

Par P. VUILLEMIN

Chef des travaux d'histoire naturelle à la Faculté de Nancy.

1 vol. in-16, avec figures. . . . . 3 fr. 50

ENVOI FRANCO CONTRE UN MANDAT POSTAL

Lyon. — Imp A. REY, 4, rue Gentil. — 59

LIBRAIRIE J.-B. BAILLIÈRE ET FILS

Éléments de paléontologie, par Félix BERNARD, assistant au Muséum d'histoire naturelle. 1893, 1 vol. in-8. de 900 pages, avec 250 figures .... 20 fr.

Éléments d'anatomie comparée. par Rémy PERRIER, docteur ès sciences, agrégé des sciences naturelles. 1893, 1 vol in-8 de 1,000 p., avec 600 fig et 5 planches en couleurs, cart. 22 fr.

Le transformisme, par Ed. PERRIER professeur au Muséum d'histoire naturelle. 1 vol in 16 de 320 pages, avec 100 fig. (*Bibliothèque scientifique contemporaine*)........ 3 fr. 50

La terre, les mers et les continents. Géographie physique. géologie et minéralogie, par Fernand PRIEM, ancien élève de l'École normale supérieure. agrégé des sciences naturelles 1893 1 vol. grand in-8 de 720 pages, à deux colonnes. avec 700 figures (*Merveilles de la nature de Brehm*).. .... 11 fr.

L'évolution des formes animales avant l'apparition de l'homme. par F. PRIEM. 1891, 1 vol in-16 de 380 pages et 175 fig. (*Bibliothèque scientifique contemporaine*)........ 3 fr 50

L'évolution sexuelle dans l'espèce humaine, par H. SICARD. 1892, 1 vol. in-16, 320 pages. avec figures. (*Bibliothèq e scientifique contemporaine*)........ 3 fr. 50

Les ancêtres de nos animaux. dans les temps géologiques. par Albert GAUDRY. membre de l'Institut. professeur au Muséum d'histoire naturelle. 1 vol. in-16 de 296 pages, avec 49 figures. (*Bibliothèque scientifique contemporaine*)........ 3 fr. 50

La lutte pour l'existence chez les animaux marins. par Léon FRÉDÉRICQ. 1880, 1 vol. in-16 de 303 pages avec 50 figures. (*Bibliothèque scientifique contemporaine*)........ 3 fr. 50

Traité élémentaire d'histoire naturelle, zoologie, par Léon GÉRARDIN, professeur à l'école Turgot et à l'école Monge. 1893, 1 vol. in-8 de 480 pages, avec 500 figures........ 5 fr.

La cellule animale, sa structure et sa vie Étude biologique et pratique. par J. CHATIN. professeur adjoint d'histologie à la Faculté des sciences de Paris. 1 vol. in-16 de 304 pages avec 149 figures. (*Bibliothèque scientifique contemporaine*)........ 3 fr. 50

Principes de philosophie positive, par A. COMTE, précédés de la Préface d'un disciple et suivis d'une étude sur les Progrès du Positivisme, par E. LITTRÉ. 1890, 1 vol in-16 de 256 pages. (*Bibliothèque scientifique contemporaine*)........ 3 fr. 50

Tours, imprimerie DESLIS Frères, rue Gambetta, 6.

www.ingramcontent.com/pod-product-compliance
Ingram Content Group UK Ltd.
Pitfield, Milton Keynes, MK11 3LW, UK
UKHW021903260726
13966UKWH00006B/227

9 782012 769182